Elmar Langenbacher

Mein Licht. Meine Stille.
Der Kinzigtäler Jakobusweg

ELMAR
LANGENBACHER
VERLAG

1. Auflage 2014
Verlag: Elmar Langenbacher Verlag, 77656 Offenburg
www.Jakobusweg-Schwarzwald.de
Gestaltung und Satz: tanzender stern Konzeptionsdesign® Offenburg,
www.tanzender-stern.de
Gesetzt in Minion (Fließtext) und Dax (Überschriften)
Druck: GGP Media GmbH, Pößneck
Fotos: Elmar Langenbacher
Motiv Umschlagfoto: Berglekapelle Gengenbach

Elmar Langenbacher

Mein Licht. Meine Stille.
Der Kinzigtäler Jakobusweg

Quer durch den Schwarzwald –
eine Reisereportage mit Tiefgang.

Vorwort

Manchmal gibt es im Leben Dinge, die man einfach tun muss. So wie dieses Buch zu schreiben. Obwohl es gar nicht geplant war. Autor Elmar Langenbacher erhält als Inhaber einer Werbeagentur den Auftrag, ein Stück des Kinzigtäler Jakobusweges zu gehen und darüber eine Reportage zu schreiben. Aus dem Stück Jakobusweg wurde Gesamtheit, aus der Reportage wurde ein Buch. Dieses Buch. Eine Reisereportage mit Tiefgang.

Das Buch erzählt von den Schönheiten der Schwarzwälder Landschaft und der Natur, von Traditionen und Geschichte entlang des Weges. Und es erzählt Geschichten von, mit und über Menschen entlang des Weges.

Elmar Langenbacher hat dazu während seiner Reise sowie in seiner Nachrecherche zu dem Buch mit vielen interessanten Menschen entlang des Weges gesprochen: vom Bundesfinanzminister bis zum Handballbundestrainer. Vom Glasbläser bis zum Hundertjährigen. Vom Global-Player bis zum Künstler. Vom BUNTE-Verleger bis zum ehemaligen Fußball-WM-Spieler. So entstand eine Momentaufnahme des Kinzigtales im Jahre 2013 und 2014.

Das Buch erzählt aber auch, wie der Weg den „Werbefuzzi" verändert. Wie die Langsamkeit des Wanderns das schnelle Rad im Kopf anhält: Burnout-Prävention in reiner Naturform! Es wird die Leserin oder den Leser animieren, den eigenen Weg gehen zu wollen. Längst vergessene Kindheitserinnerungen wieder zu entdecken, Stille zu erfahren. Und es will helfen, das berühmte „Päckchen", welches jeder vielleicht seit Jahren mit sich trägt, leichter werden zu lassen. Das rasante Rad der schnelllebigen Zeit langsamer zu drehen. Der Autor steht somit stellvertretend für uns alle.

Das Buch erhebt nicht den Anspruch auf geschichtliche Vollständigkeit. Es berichtet vielmehr davon, was den Autor während seiner Wanderung neugierig gemacht hat. Die Inhalte wurden sorgfältig und mit bestem Wissen und Gewissen recherchiert, die Gespräche nach bestem Wissen wiedergegeben. Alle Gesprächspartner kannten nicht den Gesamtinhalt und stehen somit nur für ihr Kapitel. Die genannten Gastronomen können als Tipp verstanden werden, dies sagt aber nichts über die Qualität der Nichtgenannten aus. Die Auswahl erfolgte eher zufällig.

Der Autor erhielt keine Sponsorengelder, das Buch wurde aus Überzeugung privat finanziert.

Ein besonderer Dank gilt den Menschen, die sich während oder nach der Reise Zeit für ein Gespräch mit dem Autor genommen haben (siehe Anhang am Ende des Buches).

Viel Spaß beim Lesen und – hoffentlich – beim Nachwandern. Der Kinzigtäler Jakobusweg und die Menschen entlang des Weges hätten es verdient. Und vor allem Sie selbst!

Auf geht´s: einmal quer durch den Schwarzwald!

Mutter

„Sie kommt nicht mehr…". Ein Schluchzen versagte meinem Vater die Stimme. Noch nie hatte ich meinen Vater weinen sehen. Tränen liefen über sein Gesicht, er nahm uns zwei Kinder in den Arm. Mein Onkel stand hilflos daneben. Was hätte er auch tun sollen? Meine Mutter war gestorben. Mit neununddreißig Jahren. Ich war elf Jahre alt, meine Schwester zwölf. Meine beiden Brüder geradeso aus dem Haus. Wie konnte sich der liebe Gott dieses erbärmliche Bild damals nur antun?

Schnell an etwas anderes denken! Das menschliche Gehirn kann immer nur einen Gedanken gleichzeitig denken. Sagt Joseph Murphy. Einen schlechten oder einen guten Gedanken. Das nennt man dann positives Denken. Oder Davonlaufen. Willkommen auf dem Jakobusweg.

Der Werbefuzzi

Ich bin ein Werbefuzzi. Einer von denen, die Menschen schöne Dinge verkaufen wollen, die diese eigentlich ja gar nicht brauchen. Seit zwanzig Jahren mache ich das jetzt schon. Die Ausbildung nicht mitgerechnet. Das Haus eines Werbefuzzis muss repräsentativ und die Einrichtung schick sein. Und die ganz wichtigen Werbefuzzis müssen Art Director heißen. Noch wichtigere Senior Art Director. Manche Werbefuzzis stellen sich auch noch einen Tischkicker in das Foyer und diskutieren bei einem Spiel in der Kreativpause über Human Ressources. Und bei Meetings gibt es Häppchen, pardon, Canapés.

Aber manchmal, da machen Werbefuzzis wie ich nicht nur schöne, sondern ganz schöne Dinge. Werbung für den Tourismus zum Beispiel. Für den Schwarzwald. Oder genauer gesagt für das Kinzigtal.

Und deswegen sitze ich nun hier, in der Sitzung des Kinzigtal Tourismus, in einem schmucken, historischen Besprechungsraum. Und alle schauen mich plötzlich ungläubig und doch irgendwo hoffnungsvoll an. „Ich könnte das ja machen", hatte ich eben gesagt, nachdem zuvor längere Stille herrschte. Und weil sonst niemand etwas gesagt hatte. Weiß ich eigentlich, was ich da eben gesagt habe? Warum schauen die mich plötzlich alle so verwundert mit großen Augen an? Schauen auf den melierten Werbefuzzi mit Bauchansatz. Der Werbefuzzi hat eben gesagt: „ich könnte das doch machen". Wahrscheinlich haben *die* sich ja auch alle gedacht, soll *er* das doch machen. Es war ja schließlich auch *seine* Idee. Die anderen sind Touristiker und ich nun mal der Werbefuzzi.

Im Brainstorming, also auf gut badisch „im Zammehocke un schwätze", kam ich gerade eben auf die Idee, es könnte doch

Irgendjemand den Kinzigtäler Jakobusweg gehen und darüber eine Reportage für das Kinzigtal Magazin schreiben. Und schöne Bilder dazu machen. Mit blauem Himmel und Sonnenschein. Tja, und der Irgendjemand ist nun der Werbefuzzi.

Welcher Rucksack eigentlich?

Mein Bürostuhl hat ein Vermögen gekostet, ich glaube, da gibt es nichts, was ich nicht einstellen kann. Auf ihm sitze ich nun wenig später, zurück in der schicken Werbefuzzi-Agentur. In meiner Komfortzone. Bequem, die Oberarme im richtigen Winkel auf den gepolsterten Lehnen, die Lendenwirbel optimal abgestützt. Die Füße still und mindestens ebenso bequem auf dem warmen Heizteppich, nur Parkettboden wäre ja zu kalt. Hat mir der Mann vom Elektrizitätswerk einmal erzählt. „Wenn die Füße warm sind, ist die gefühlte Raumtemperatur höher. Dann sparen Sie auch Strom". Ist ja schließlich erst April.

„Nur läppische neunzig Kilometer" denke ich, als ich mir die Beschreibung des Kinzigtäler Jakobusweg von Loßburg nach Gengenbach anschaue. Ich habe von den Kinzigtäler Touristikern ein Infopaket bekommen, wie es alle bekommen, die den Kinzigtäler Jakobusweg als Pauschale buchen. Das könnte ich in drei Tagen ablaufen, aber ich will es ja realistisch machen für das Magazin, denke ich mir. Also nehme ich mir eine Woche dafür Zeit. Aber „Wandern ohne Gepäck", wie die Pauschale anbietet, das muss dann aber wirklich nicht sein. Meinen Rucksack kann ich schon noch selber tragen.

Welchen Rucksack eigentlich? Ich habe doch gar keinen. Nur ein Rucksäckchen für die Tagesausflüge der Aida. Bis zum Strand. Also, Freundin Alexandra anrufen, die hat einen. Die packt ja einmal im Jahr ihr Bündel und durchstreift dann ferne Länder. Tolle Wanderschuhe habe ich, die habe ich letzten Sommer gekauft. Da waren wir ein paar Tage in Südtirol. Am Kalterer See zur Weinprobe.

Loßburg

Ich kann Berlin sehen, welches nur 568 Kilometer entfernt ist. Zumindest bei schönem Wetter und wenn die Erde eine Scheibe wäre. Ist sie vermutlich aber nicht. Und so muss ich der Infotafel auf dem Vogteiturm, einem Aussichtsturm oberhalb Loßburgs, einfach mal glauben. Auf dessen hoher Plattform stehe ich nun. „Zugspitze 220 Kilometer", da ist die Wahrscheinlichkeit schon höher, bei guter Fernsicht. Die Plattform bietet einen atemberaubenden Blick in die Ferne. Über die Wiesen, über Loßburg und über die Wälder. Kein Wunder. Loßburg liegt auf einer Hochebene des nördlichen Schwarzwaldes, nichts verdeckt die Sicht. In den Wäldern unter mir entspringt die Kinzig, der längste Fluss des Schwarzwaldes. Sie gab meinem Jakobusweg den Namen. Zart zeichnen sich in der Weite die Erhebungen der Schwäbischen Alb am Horizont ab. Die Sonne strahlt, warm ist die Luft, es ist Mitte August. Bei Regen wäre ich ja auch Zuhause in der warmen Agentur geblieben und wäre später losgegangen. Schon der schönen Fotos wegen. Für das Magazin. Regenwetterbilder will doch niemand anschauen. Das hätte mir zudem auch meine Werbefuzzi-Ehre untersagt.

Richtige Pilger, also solche, die schon den Weg von Horb am Neckar zu Fuß bis Loßburg gekommen sind, können von hier oben aus einen wunderbaren Blick auf das bereits Erreichte werfen, bevor es weiter geht auf den Kinzigtäler Jakobusweg. Und sie können stolz auf das bereits Erreichte sein. Ich bin vorhin mit der Bahn angekommen. Das war eine tolle Fahrt von Offenburg aufwärts durch das Kinzigtal. Nun muss ich das Tal ja nur wieder hinunterlaufen. Wann bin ich eigentlich das letzte Mal mit dem Zug gefahren? Am Fahrkartenautomat stand ich jedenfalls wie der erste Mensch.

Ä Reigschmeckder

Die Hohengeroldsecker, ein Rittergeschlecht, erbauten Mitte des dreizehnten Jahrhunderts auf der Passhöhe eine Burg. Bauern und Handwerker siedelten sich an. Tal abwärts die noch unbezwungene geheimnisvolle Wildnis des Schwarzwaldes. Eine unwirkliche dunkle Schlucht, durch die sich das Wasser der Kinzig in den Sandstein grub. Als den Geroldseckern das Geld ausging, verpfändeten sie an das Haus Württemberg, das Kloster Alpirsbach wurde Grundeigentümer und legte einen Wassergraben um das Gemäuer. Die Burg zerfiel. Heute ist nichts mehr sichtbar. Außer man weiß genau wo sie stand. Oder man geht in das Heimatmuseum im alten Rathaus. Und wenn man Glück hat, dann trifft man dort auf Werner Joppek. „Ä Reigschmeckder" wie Alteinheimische sagen. Aber ein Zugezogener mit viel Herz für seine neue Heimat in Loßburg. „Durch den Fremdenverkehr konnten die sogar schon Hochdeutsch verstehen, als ich vor vielen Jahren durch die Arbeit nach Loßburg kam". Und er weiß Bescheid über alles was den Ort bestimmte. Das Museum ist eine Fundgrube an Nostalgie. Siebentausend Ehrenamtsstunden hat er und weitere Heimatfreunde in das Museum investiert. Das sieht man. Und, ich erfahre, dass von der nahen Kinzigquelle ein Kanal abgezweigt wurde, um die Mühlen von Loßburg am Laufen zu halten. Lohmühlen für die Rotgerber und Getreidemühlen für die Bauern. Lohmühlen zerkleinerten getrocknete Rinde von Eichen und Fichten zu einer Masse, der Gerblohe. Wichtiger Bestandteil, um vor allem Rinderhäute, das spätere Rotleder, edler, robuster und haltbarer zu machen. Wasser war knapp und musste streng reglementiert werden. Die mächtigen Zahnräder der Lohmühle stehen heute vor dem Heimatmuseum.

Loßburg entwickelte sich bereits zur Marktstadt, lange bevor, nur einen Katzensprung entfernt, Freudenstadt mit dem bekannten großen Marktplatz gegründet wurde. Neunzig Gasthöfe besaß die Gemarkung damals. Der „Hirsch“ zeugt noch heute von der Schwarzwälder Gastlichkeit mit schwäbischem Akzent in den Stimmen. Rehfuß heißen die Besitzer. Seit über vierhundert Jahren. Naturpark-Wirt ist der „Hirsch“. Das bedeutet, dass der Koch die Lieferanten seiner Produkte beim Vornamen kennt. „33 Kilometer Menü“ steht demnach auf der Karte. Ich glaube, das hat kein Werbefuzzi erfunden. So etwas macht man, oder man macht es nicht. Ich bin Komfort-Pilger und lasse meinen Gaumen verwöhnen. Refugien wie in Spanien gibt es hier ohnehin nicht.

Die Kinzigquelle

Wo kommen wir her, wo gehen wir hin? Für mich kann ich das im Moment nicht so genau beantworten, da habe ich mir auch noch gar keine Gedanken darüber gemacht. Ich bin auf Erfolg programmiert. Seit vierundzwanzig Jahren. Studium miteingerechnet. Für die Kinzig kann ich das allerdings beantworten. Ich stehe an ihrem Ursprung in 680 Meter Höhe im Zauberwald von Loßburg. Frisch und kühl gleitet der Schluck Wasser durch meinen Hals, den ich eben mit den bloßen Händen aus der kleinen, mit Steinen liebevoll eingefassten Quelle geschöpft habe. Wasser, so kristallklar und so rein und unschuldig wie die Seele eines Neugeborenen. Nun bin ich bereit, dem Lauf dieses Flusses – obwohl, im Moment muss ich eher noch Rinnsal sagen – zu folgen. Nach zweiundneunzig Kilometern wird die Kinzig in Kehl an der französischen Grenze in den Rhein fließen. Ich werde mich auf den Kinzigtäler Jakobusweg begeben, einmal quer durch den Schwarzwald. Zu Fuß. Ich bin bereit. Den geliehenen Rucksack geschultert.

Der Zauberwald, wie ihn die Loßburger Marketing-Fachleute treffend genannt haben, macht seinem Namen alle Ehre und gibt diesem fließenden neuen Leben einen würdigen Rahmen. Märchenhaft und verwunschen wirkt er und das junge Morgenlicht bricht sich leuchtend in den Blättern und Zweigen der Bäume. Mystisch und romantisch. Und irgendwie auch unheimlich. So habe ich mir als kleines Kind den Wald vorgestellt, in dem die Hexen wohnen. Also nichts wie los jetzt, meinem eigenen unbekannten Schicksal entgegen.

Die tote Frau

Ein schweres Schicksal hatten bestimmt die Pilger zu tragen, welche sich bereits vor hunderten von Jahren auf diesen Weg machten, gen Westen, gen Santiago de Compostela. Da habe ich es wahrlich einfacher mit Alexandras High-Tech Trekking-Rucksack mit Seitentaschen und Lendenwirbelstütze. Meinen Funktions-Wanderschuhen und vor allem meinen Traverse AirFlow Chanell System Socks, sprich Wandersocken für siebzehn Euro und fünfundneunzig Cent. Selbstverständlich mit zwei Jahren Garantie und neu entwickelten High Tech-Garnen für trockene

Füße und reduziertem Bakterienwachstum. Links sowie rechts sauber auf den Socken markiert. Und natürlich nicht zu vergessen meine nagelneue Soft-Cell-Primaloft-Mikrofaser Outdoor-Jacke. Nur wandern muss ich noch selbst. Und ich will ja nur bis Gengenbach. Läppische neunzig Kilometer, wie gesagt.

Welches Schicksal jedoch die Frau ertragen musste, die ich im Loßburger Heimatmuseum gesehen habe, ist nicht ganz gewiss. Denn sie ist tot. Seit über tausendvierhundert Jahren. Eine Alemannin. Ihr Skelett wurde bei Bauarbeiten im nahen Wittenfeld gefunden. Sehr gut erhalten, so wie der Schmuck, den sie getragen hat. Schmuck, wie er heute im Laden liegen könnte. Kleine bunte Steinchen, fein säuberlich aneinandergereiht. Manche Dinge überdauern eben die Zeit. Vielleicht lassen sich die Senior Art Directors der Schmuck Designer Gilde ja auch in Heimatmuseen inspirieren.

Der Weg beginnt

Genau genommen beginnt der Weg nicht an der Kinzigquelle, sondern im Ortskern von Loßburg. Bei der alten Dorfkirche, vor welcher ein historischer sandsteinener Kornspeicher steht. Der Ursprung der Jakobuskirche geht bis auf das Jahr 1409 zurück. Wegen ihr beginnt der Kinzigtäler Jakobusweg auch hier. Heute dient die alte Kirche als Gemeindesaal. Und damit auch ungeübte Pilger wie ich den Start finden, haben die Jakobusfreunde Kinzigtal vor genau zwanzig Jahren an der Stirnseite des alten Speichers auch noch einen großen, hohen Pilgerstein aufgestellt. Auf ihm kann ich lesen, dass ich richtig bin. Und noch genauer genommen führt der Weg gar nicht einmal an der Kinzigquelle vorbei, aber diese rund zweieinhalb Kilometer Umweg sollte man absolut in

Kauf nehmen. Dann ist der läppische Weg eben rund fünfundneunzig Kilometer lang.

Der Weg führt zunächst an einem Freibad mit bequemer Liegewiese vorbei, das Wasser ist verlockend. Mit Arschbombe ins Wasser, so wie früher als Pupertierender, die Mädchen fest im Blick. Ohne Bauchansatz. Ich widerstehe dem Freibad und laufe vorbei. Meine erste erfolgreiche Prüfung als Pilger. Es werden noch einige folgen.

Gegenüber baut sich ein mächtiger Unternehmenskomplex auf und zeugt von schwäbischem Tüftlertum. Eher aus der Not heraus wurde dort die erste Kunststoffspritzmaschine erfunden. Heute ist Arburg einzigartig in der Welt. Kaum ein Präzisionsteil aus Kunststoff, das nicht aus einer Arburg geschaffen wurde. Die Wildnis ist erobert, die Kinzigtalbahn schmiegt sich an den Berg, daneben die Straße.

Ein Duft aus Kindertagen

Ein romantischer Pfad führt in den Wald hinein. Friedlich und wie aus dem Bilderbuch plätschert das kleine Bächlein Kinzig über die mit Moos bewachsenen Steine. Silbern glitzert die Sonne im Wasser und spielt mit den quirligen Wellen. Ein Anblick, der mich eine ganze Zeitlang begleiten und immer wieder neu verzaubern wird. Der bequeme Weg folgt dem Lauf dieses kleinen Bächleins. Es wird treuer Begleiter bis hinunter ins knapp zehn Kilometer entfernte Alpirsbach sein, mein erstes Etappenziel. Man soll am ersten Tag ja nicht gleich übertreiben. Ich habe ja eine Woche Zeit.

Stille umgibt mich und außer dem schon lieb gewordenen Plätschern der jungen Kinzig ist nichts zu hören. Es ist so ungewohnt.

Kein Telefon klingelt und kein „Sie haben eine neue E-mail"-Plink reißt mich aus den Gedanken. Niemand reißt die Bürotür auf und will irgendetwas von mir. Ich setze mich auf eine Bank, schließe die Augen und lausche diesem Hauch von Nichts. Eine ganze Weile sitze ich so da, als mir plötzlich der Rettungswagen und der Notarztwagen in den Sinn kommen. Mit eingeschaltetem Blaulicht standen diese vor einem Haus in der Nachbarschaft, als ich gestern Morgen in Offenburg zum Bahnhof ging, um nach Loßburg zu fahren. Im Haus herrschte offensichtlich ein hektisches Treiben, ein Kampf um Leben und Tod. Möge das Leben gesiegt haben.

Als ich die Augen wieder öffne, entdecke ich neben mir zwei strahlend rote Fliegenpilze im Wald stehen. Die sind mir vorhin gar nicht aufgefallen. Unscheinbar und von wunderschöner Gestalt, aber Tod bringend, wenn man sie isst. Über den Weg, das quirlige Wasser der Kinzig. Belebend, wenn man es trinkt. Tod und Leben, Leben und Tod. „Geht das so früh los mit dem Philosophieren, wenn man auf dem Jakobusweg unterwegs ist?" frage ich mich.

Auf einmal nehme ich auch die Melodien der Singvögel wahr, der Duft des Tannenwaldes steigt mir in die Nase. Ein Duft aus Kindertagen, als ich mit meiner Schwester Vera durch die heimischen Wälder in meinem Geburtsort Hornberg gestreift bin. Der Duft der Tannennadeln erinnert mich an Weihnachten.

Erste Flößerspuren

Es geht locker und gemütlich abwärts, ein Paar mit einem Hund kommt mir entgegen. Der Hund hechelt nicht, also kann der Weg, der noch vor mir liegt, auch nicht so schlimm sein. An einem Infoschild stelle ich fest, dass ich nicht nur auf dem Kinzigtäler Jakobusweg unterwegs bin, sondern auch auf dem Kinzigtäler Flößerpfad. Klingt absurd, ein kleiner Bach und Flößen. Es wurde hier auch gar nicht geflößt, wie ich lese, aber das Wasser als Transportmittel für Holzstücke genutzt. Ganz schön clever, diese Schwarzwälder. Die Holzstücke werden dann auch immer größer, mit jeder Infotafel, die ich erreiche. Gefällte Bäume wurden über sogenannte Riesen, einer Art Rutsche, den steilen Waldabhang hinunter befördert. Und von dort mit immer wieder angestautem Wasser des Baches – immerhin ist er jetzt schon fast einen Meter breit – zu Tal geschwemmt. Die Holzstücke in den Bach zu werfen war eine Arbeit für die Buben jener Zeit. Nicht so gefährlich wie die Arbeit im Wald mit den großen Stämmen.

Einsame Heidelbeeren an den Sträuchern und erste gelbbraun gefärbte Blätter in den Bäumen zeugen davon, dass der Sommer bald vorbei sein wird. Es macht Spaß, diesen Weg zu gehen. Ich beginne zu singen, animiert von dem Plätschern des Baches. Franz Schubert, wenn ich nicht irre: „ich hört ein Bächlein rauschen". Weiter komme ich nicht. Text vergessen. Ist ja auch schon lange her die Schule. Mit „la la la" geht es weiter, meiner Laune macht dies keinen Abbruch.

Ein Schild. Aha! Die größte Tanne im Schwarzwald haben die hier auch in ihrem Zauberwald. Das wundert mich jetzt nicht wirklich. Zweihundertdreißig Jahre alt und fünfundvierzig Meter hoch. Großvatertanne haben sie diese liebevoll genannt. Herzig diese Schwarzwälder. Und um den Nachwuchs kümmern sie sich auch gleich. Knallorangene Klammern haften an den Spitzen von winzigen Tännchen am Wegesrand. Frisch von Menschenhand gesetzt. Jungwald wie es die Förster nennen. Die Klammern schützen vor Wildverbiss und signalisieren uns zudem, dass wir Wanderer diese Klammern auch bitte dran lassen sollen.

Ich erreiche ein Schaufloß. Mühe geben sich die Touristiker hier ja. Langweilig wird es mir auf dem Weg jedenfalls nicht. Das Floß gibt mir einen Eindruck davon, dass es auf dem langsam aber sicher breiter werdenden Bach ernst wird mit der Flößerei. Die Kinzig wird an dieser Stelle von kleinen Nebenbächlein gespeist, die auch später des Weges immer wieder vom Berg einfließen und den Bach zum Fluss werden lassen. Stauwehre, sogenannte Schwallungen, gaben den Flößern zusätzlich Wasser unter den Stämmen. Trotzdem nicht vorstellbar. Vielleicht liegt das am Sommer und der Bach ist im Frühjahr, nach der Schneeschmelze, ja ein reißender Fluss. Was wohl die Mühlenbesitzer dazu gesagt haben, als ihnen die Flößer das Wasser weggenommen haben?

Paradies auf Erden

Vorbei an einer alten Mühle, herrlichen Bauerngärten und einer alten Steinbrücke geht es weiter. Aus dem weichen Waldweg ist mittlerweile eine schmale geteerte Straße geworden. Vor mir baut sich ein mächtiger Schwarzwaldhof auf. So, oder zumindest so ungefähr, kennt man das aus den Schwarzwaldbüchern. Ich entdecke ein geschnitztes Schild, auf welchem der Name des Hofes, „Metzgerbauernhof", steht. Befestigt am Balkon an der Stirnseite des Hofes. Es zeugt von dem Stolz der Bauern dieses mächtigen Gutes mit seinem typischen, tief heruntergezogenen großen Walmdach, welches Schutz vor schlechtem Wetter und kalten Wintern bietet. Üppiger Blumenschmuck an den hölzernen Balkonen und um das Haus. Ein buntes Parfüm für meine Nase. Aus vielen Bauern sind mittlerweile gestandene Hoteliers geworden, bieten viele solcher Höfe doch Ferien auf dem Bauernhof an. Oder zumindest Schwarzwälder Vesper in ihrer guten heimeligen

Bauernstube. Für alle Nicht-Schwarzwälder: Vesper bedeutet so viel wie Brotzeit und hat nichts mit dem kirchlichen Vesper zu tun. Oder doch? Wie dem auch sei, wenn eine Vesperwirtschaft einlädt, dann wird es lecker. Mein Werbefuzzi-Bauchansatz weiß das zu genau. Unter dem Apfelbaum auf der Wiese vor dem Hof baumelt eine Hängematte. Ein kleines Paradies auf Erden. Auch für den Bauchansatz.

Luxusprobleme

Kurz vor dem Ortsteil Ehlenbogen kommt mir ein junges Mädchen mit einem Pferd entgegen. Heile Welt. Für eine Handvoll Menschen gab es früher in Ehlenbogen ein eigenes Schulhaus und ein eigenes Rathaus. Heute werden in Städten mit drei- oder viertausend Einwohnern bereits Schulen geschlossen. Zentralisierung nennt sich das. In einem der reichsten Länder der Welt. Ein armes Land?

Zu jedem Bauernhaus entlang des Weges eine Infotafel. Nein, langweilig wird es mir nicht. Vor lauter Lesen habe ich auch gar keine Zeit in mich zu gehen, wie ein richtiger Pilger. Dafür komme ich auf andere Gedanken. Egal die Liste der unbeantworteten E-mails und Freundschaftsanfragen unbekannter Menschen in Facebook.

An den folgenden Schwarzwaldhöfen erfahre ich anhand von liebevoll gearbeiteten Modellen über die alte Technik der verschiedenen Wasser- und Mühlräder. Unterschlächtig und oberschlächtig. Oberschlächtige Mühlen stehen am Hang, bekommen über einen Zulauf das Wasser von oben in das Rad. Unterschlächtige stehen am Fluss, das Rad wird unten angetrieben. Und ich erfahre etwas über fünfhundertfünfzigjährige Hofgeschichte. Das nenne ich mal alt. Kontrastprogamm zur modernen Werbefuzzi-Agentur mit Designersessel aus Kapstadt. Die meisten der Höfe bieten auch Übernachtungsmöglichkeiten an.

Und was ist das? Das muss wohl Deutschlands kleinster Skilift sein. Mit einer urigen Hütte im alten Backhäusle. Diese Winterabende kann ich mir gut vorstellen. Da wäre ich gerne dabei.

Dann wird es schlagartig urkomisch bis dramatisch. Ich bin zurück bei Leben und Tod. Ich erfahre, dass Schwangere Anspruch auf Forellen aus dem Bach zwecks besserer Eiweißernährung hatten. Und dass am nächsten Hof von zweiundzwanzig Kindern nur neun das Erwachsenenalter erreichten. Und dass die Bäuerin nach dem Tod ihres Mannes zunächst den einen Schwager und nach dessen Tod den anderen Schwager geheiratet hat. Damit der Hof in Familienbesitz bleibt und seinen Hofnamen behält. So wie er in Landkarten verzeichnet ist. Was habe ich da hingegen bloß für Luxusprobleme?

Das Schicksal hatte sich in Ehlenbogen damit aber noch nicht zur Ruhe gesetzt. 2009 schlug es mit voller Wucht erneut zu, versetzte den Ort in tiefe Trauer. An seinem einundzwanzigsten Geburtstag wurde Sebastian Faißt, Nachwuchshoffnung des deutschen Handballs, in seinem Heimatort beerdigt. Wenige Tage zuvor war er im Länderspiel gegen die Schweiz bewusstlos zusammengebrochen. Einfach so. Im Internetblog war zu lesen: „Wir meckern jedes Wochenende über schlechte Schiedsrichter, freuen uns über gewonnene Spiele, ärgern uns über verlorene, stellen Trainer in Frage und sind heute schmerzlich daran erinnert worden, dass diese Gedanken im Endeffekt scheißegal sind, weil es um viel Wichtigeres im Leben geht."

Was habe ich da hingegen bloß für Luxusprobleme?

Vom Klosterbier

Wenig später zeugt ein Campingplatz mit holländischen Nummernschildern an den Autos vom Hier und Heute und schon bald steigt mir ein wohliger Duft von Hopfen und Malz in die Nase. Ich erreiche Alpirsbach und vor mir baut sich das alte Kloster mit der Klosterbrauerei auf. Schlicht der Klosterturm, Blau strahlt das Zifferblatt der Uhr in der Sonne. Das Kloster ist eines der wenigen in Süddeutschland noch erhaltenen Bauten im Stile der Hirsauer Reform. Blumenübersät der Kurpark als Portal für das Kloster. Die Terrasse der Brauereiwirtschaft ruft förmlich nach mir, die Klosterbesichtigung kann warten. Das Kloster steht seit 1095 schon da. Dann wird es auch morgen noch stehen. Die Biermaultaschen wären morgen jedoch alt. Das will ich nicht verantworten müssen.

Lecker diese Biermaultauschen. In der Speisekarte der Brauereiwirtschaft lese ich, dass der Großvater des heutigen Inhabers vom Klosterbier die Brauerei schon mit achtzehn Jahren übernehmen musste, weil sein Vater früh gestorben war. Als ich später im Jahr mit Carl Glauner, dem heutigen Besitzer der Familienbrauerei rede, spüre ich Schwarzwälder Bodenständigkeit. Wir sitzen im Wirtshaus und essen Tagesgericht. Er grüßt seine Arbeiter, kennt sie beim Namen. Er redet auf Augenhöhe mit mir. Wir reden über den Ort und dessen Geschichte. Und über Bier. Kein Wort über das Lebenswerk der Alpirsbacher Klosterbräu, die als einzige von vielen Brauereien im Ort auch heute noch braut. Hervorgegangen aus dieser Brauereiwirtschaft. Schwarzwälder Bescheidenheit. Nur eine Bitte hat Herr Glauner an mich, „erhalten Sie die Erinnerung an Sebastian Faißt".

Schnapsdrosseln und Schluckspechte

Die Biermaultaschen machen Lust auf mehr. Auf mehr Bier. Ich schaue mir das Brauereimuseum an, da gibt es eine Bierverkostung gratis dazu. Das Kloster kann weiter warten.

Ein witziger Kerl, dieser Herr John, der durch das Brauereimuseum führt. Immer einen Spruch auf den Lippen. Auf schwäbisch versteht sich, das macht das Ganze noch amüsanter. Und mit Geschichten, statt mit vielen Jahreszahlen. „Besonders in der Fastenzeit war Bier bei den Mönchen sehr beliebt, war ja flüssig und nicht verboten. Außerdem konnte man Bier vertrauen. Denn Wasser war damals mangels Abwasserkanalisation oftmals unbekömmlich. Das Wasser des Bieres wurde beim Brauen jedoch abgekocht und Hopfen ist ja schließlich heute noch sehr gesund, da Bakterien hemmend". „Und antiseptisch", falls ich weiß, was das sei, fragt Herr John mit einem Grinsen. Ich grinse zurück. „Keimfrei". Jetzt grinsen beide gleichzeitig. Als Werbefuzzi weiß man das, wenn man Werbung für Edelstahl-Container macht. „Martin Luthers Frau war übrigens auch Bierbrauerin", verrät er mit einem weiteren Grinsen, „heute ist der Job jedoch Männerdomaine". Vielleicht hat Martin Luther aus Liebe zu seiner Frau und wegen der katholischen Keuschheit den protestantischen Glauben eingeführt, geht es mir sofort durch den Kopf. Unsere kleine Besuchergruppe sieht historische Bierflaschen, früher waren diese viel größer als heute, hölzerne Bierkisten und vieles mehr. Und Herr John weiß zu berichten, dass Vögel die einzigen ihm bekannten Tiere sind, die Alkohol vertragen. Deswegen auch „Schnapsdrossel", „Schluckspecht" oder „einen zwitschern". Interessant. „Ne Kuh verträgt gar nichts, fällt nach ein paar Schluck um". Und, „dass Bier nicht dick macht, der Hopfen aber Appetit erzeugt". Auch interessant. Wer weiß, vielleicht frägt mich Günther Jauch das einmal, kurz vor der Million. Dann kann ich den Herrn Jauch angrinsen und die Million absahnen. Herr John bekommt dann was davon ab.

Heute wird das Brauwasser zwar immer noch erhitzt, aber nicht wegen Bakterien, sondern des Bieres wegen. „Das Wasser der Alpirsbacher Klosterbräu ist eines der reinsten und kalkärmsten überhaupt. Sehr weich." Schwarzwälder Standortvorteil, „World Beer Award" die Auszeichnung. Qualität statt Masse. Bier in Dosen Fehlanzeige. Aber dennoch modern. Eine neunhundert Meter lange Bierpipeline führt vom Brauhaus hinunter ins zweite Werk zur Abfüllung. Die würde ich gerne mal anbohren. Als in Firmen die Bierflaschen aus den Getränkeautomaten verbannt wurden, so spürte das die gesamte Bierbranche. Auch bei Alpirsbacher herrscht absolutes Alkoholverbot während der Arbeit. Vorbei die Zeit, als an der Pferdewagenbeladestelle ein „Stopp Emil"-Schild aufgehängt werden musste. Denn Emil wusste sehr gut ob der Gastfreundschaft in den Lokalen und nahm dankend nach dem Abladen überall ein kühles Bierchen an. Das Schild hängt noch, Emil ist Geschichte. Was ich noch erfahre, Brauerei-Rentner haben auf Lebenszeit Anspruch auf zwei Kasten Bier im Monat. Bis an ihr Lebensende. Und Schwarzwälder werden alt! Na dann, Prost!

Kloster Alpirsbach

„Do miesert ihr zum Metzger, der macht aich ä Wurschdweckle, mir händ nur Torten. Aber ä Kaffee, den griegert ihr von mir". Willkommen im schwäbischen Schwarzwald denke ich mir schmunzelnd, als ich am nächsten Morgen zur Metzgerei gehe und mir ein belegtes Brötchen hole. Und leckere geräucherte

Schwarzwälder Bratwürste für unterwegs gleich mit. Für den Bauchansatz. Zurück im Café genieße ich meinen heißen Cappuccino und blicke auf das Kloster, welches friedlich in der Morgensonne liegt. „Geöffnet ab 10.00 Uhr“ steht da. Da hätte ich auch noch etwas schlafen können. Also gemütlich Kaffee trinken, denn ich will da unbedingt mal rein. Friedlich rahmen Fachwerkensembles den Blick von der Caféterrasse ein.

Die Kirchturmuhr schlägt zehn, meine zweite Tasse ist geleert, auf geht's zur Klosterbesichtigung. Mit einem freundlichen „Grüß Gott“ werde ich dort empfangen und die Dame am Eingang erklärt mir, was es zu sehen gibt. Der Rucksack darf im Nebenraum warten. Ich bin offensichtlich nicht der erste Pilger, den das Kloster interessiert. Faszinierend und schauderhaft zugleich, wenn man bedenkt, unter welchen Bedingungen hier vor hunderten von Jahren die Mönche gelebt haben. Spartanisch und bescheiden, ohne Prunk und Gold, ganz in Nächstenliebe. Dem heutigen Papst Franziskus würde das bestimmt gefallen. Dem Bischof von Limburg vermutlich nicht.

Was man nicht vermutet, das Kloster ist evangelisch. Das war nicht immer so. Als es 1095 von Benediktinermönchen gegründet wurde, war es streng katholisch. Erst die Reformation machte es protestantisch und katholische Äbte zu Rebellen. Die Türzieher aus Bronze: stilisierte Löwenköpfe an den schweren mächtigen Türen im Portalflügel geben mir einen Vorgeschmack auf das, was ich sehen werde. Die romanisch-gotische Baukunst raubt mir den Atem. Monumentale Architektur der Benediktiner trifft auf klare Ordnungen des Romanismus und Stilelemente der Spätgotik. Ich bewundere eine dreischiffige, siebenjochige Säulenbasilika auf kreuzförmigem Grundriss. Flachdecke. Es sind die Details, die ich entdecke, wie zum Beispiel das Zickzackmuster, welches sich über den Säulen entlangzieht. Meisterhafte Kunst der optischen

Täuschung. Zwei Säulen signalisieren Gut und Böse durch Figuren an den Sockeln. Wie der kunstvoll geschnitzte spätgotische Marienaltar zur linken Seite die Reformation überlebt hat, weiß man nicht. Gut ist aber, dass er überlebt hat. Noch ganz jung ist die Orgel von Claudius Winterhalter und Bildhauer Armin Göhringer. Auf Luftkissen kann sie im Raum hin und her bewegt werden, die historischen Mauern hätten einen Anbau nicht vertragen. Zweigeschossig die Choranlage.

Von unten ist der Kreuzgang aus dem späten fünfzehnten Jahrhundert mit seinen verschiedenen Netzgewölben eine Pracht. Aufmerksame Beobachter finden auch die Jakobusmuschel in einem Gewölbe. Von oben ist er an einer Stelle einmalig. Dort wurde das Netzgewölbe bei Sanierungsarbeiten freigelegt, so dass die Konstruktion zu sehen ist. Beim Freilegen entdeckte man in der Zwischendecke außerdem zahlreiche Fundstücke, die nun im Klostermuseum zu bewundern sind. Fundstücke der Klosterschule, die nach der Reformation im Kloster eingerichtet wurde. Darunter die wohl älteste Hose der Welt, rund fünfhundert Jahre alt. Made in Germany eben. Die deutlich nach außen gewölbte Schamkapsel sieht lustig aus und entsprach dem Zeitgeist der Strumpfhosenmode Ende des fünfzehnten Jahrhunderts. Provokative Mode, wie ich finde. Und das in einem Kloster! Dass die Schüler auch damals schon frech waren, beweisen gekritzelte Karikaturen, welche Lehrer darstellen, frühe „Schülergraffiti", wenn man so will. Außerdem selbstgebastelte Spiele, obwohl spielen streng verboten war. Ora et labora!

Nicht verboten waren jedoch Bausünden zu Beginn des zwanzigsten Jahrhunderts, als in der Abstwohnung fleißig auf die historischen Wände gefliest wurde, Badewanne und Warmwassererwärmer samt Leitungen in die Mönchszelle eingebaut wurden. Perfekte Handarbeit. Die hielt. Made in Germany eben. So gingen trotz Rückbau der Wohnung wertvolle Zeitzeichen in der Klosteranlage verloren.

Besonders ist auch der Anbau am Kloster, in welchem sich eine schlichte katholische Kirche befindet. Davor war dies der Pferdestall der Brauerei. Als italienische Gastarbeiter beim Erbau der Eisenbahn in Alpirsbach eintrafen, kam auch der katholische Glaube zurück, eine katholische Kirche musste her. Zurück kam mit der Eisenbahn auch der Wohlstand nach Alpirsbach, denn die reichen Zeiten als Verwaltungsstadt endeten nach der Aufhebung des Klosteramtes. Armut und Hunger waren die Folge. Heute herrscht im Kloster ökumenische Harmonie. Pilger können hier auch schon mal Übernachtungsmöglichkeiten bekommen.

In der Metzgerei, in welcher ich mein Brötchen holte, befand sich einst das Klostergasthaus. Dort weilte Kaiser Maximilian der Erste. Gönnerisch durfte sich jeder Mönch genau das Essen bestellen, nach dem ihm gelüstete. Kleine, leckere Sünden wie ich vermute. Zur Amtszeit besuchte auch Bundespräsident Köhler das Kloster. Ich bin also in allerbester Gesellschaft. Ob er für die Belegschaft ein Wurschdweckle spendiert hat, weiß ich nicht.

Von schwäbischen, badischen und armen Schweinen

Neben dem Kloster befindet sich eine Confiserie. Ich widerstehe. Nein, ich widerstehe nicht. Ich gehe zurück und hole mir eine kleine Tüte handgemachter Pralinen. Über eine alte Steinbrücke überquere ich mitten im Ort die Kinzig, die mich auch heute für ein Stück begleiten wird, hinunter Richtung Rheinebene. Bei meinem Blick zurück verabschiedet sich anmutig der Klosterturm. Eine Frau auf einem Fahrrad kommt mir entgegen und frägt mich nach meinem Wohin. „Des isch ä schener Wäg“ freut sie sich für mich. Gar nicht schwer, der Rucksack, denke ich, als ich meinen ersten, noch leichten, Anstieg meistere. Eine Meinung, die sich im Laufe des Tages noch drastisch ändern wird.

Ich erreiche die Bundesstraße, doch bevor ich diese überquere, entdecke ich im Schaufenster eines Autohauses einen alten silbernen James Dean Porsche. Oder zumindest eine Replika, ein Nachbau. Mein Oldtimerherz schlägt höher. An der Fahrertüre die Namen der Fahrer. James Dean steht da und Rolf Wütherich. Witzig diese Schwarzwälder. Oder makaber? James Dean war ein armer Kerl. Er starb bekanntlich sehr jung hinter dem Steuer seines Porsches. Der gar nicht sein Porsche war. Denn der Porsche gehörte Rolf Wütherich. Das war kein armer Kerl, sondern ein richtig armes Schwein. Denn er war der Beifahrer. Und er überlebte. Körperlich. Seelisch war er von diesem Tage an kaputt. Das Unglück verfolgte ihn ein Leben lang. James Dean Fans quälten ihn bis zum letzten Tag mit bohrenden Fragen und Schuldzuweisungen. Selbstmordversuche scheiterten, so wie seine Ehen. Sechsundzwanzig Jahre nach James Dean wurde er erlöst. Durch einen Autounfall.

Der Wegweiser sagt mir, dass ich ein kurzes Stück die Straße zurück und über die Kinzig muss, um auf den Jakobusweg zu gelangen. Ich habe mich daran gewöhnt, dass ich nicht nur auf die weißen Schildchen mit orangefarbener stilisierter Muschel schauen muss, sondern auch auf den Hinweis auf den allgemeinen Wegweisern des Schwarzwaldvereines. Ich lasse die letzten Häuser von Alpirsbach hinter mir und gehe einige Schritte parallel der Eisenbahnschienen, bevor es in den Wald hinein geht. Ich treffe erneut auf den Flößerpfad, der wieder anschaulich die harte Arbeit der Flößer erklärt. Da fällt mir die Entscheidung nicht schwer, ob ich früher lieber spartanischer Mönch oder Flößer gewesen sein wollte. Weder noch, steht sofort fest.

Ein steinernes Holzofenbackhäuschen zieht meine Blicke auf sich, dann entdecke ich erst die alte Bäuerin, die unscheinbar in dunkler Bauerstracht am Eingang des Bauernhauses sitzt und strickt. Und die mir auch gleich bestätigt, dass die Familie ihr Brot noch selbst backe. „Was hat der Mensch von all seinem Wissen, wenn er nicht weiß, wo das Brot herkommt", sagt Pestalozzi. Diese Bäuerin weiß es.

An einem bunten Pfahl mit zwei Wappen überschreite ich die württembergisch-badische Grenze. Früher ein Frevel, heute ein Lächeln. Eine Geschichte aus einem Buch fällt mir ein, wo auf dem Fohrenbühl, der Passhöhe zwischen Hornberg und Schramberg, dort wo die Grenze zwischen Baden und Schwaben verlief, die Bauern sich gegenseitig die Schweine in den Stall getrieben haben sollen. Immer dann, wenn sich die eigenen badischen, beziehungsweise württembergischen Zöllner angekündigt hatten. Um die Steuern zu berechnen. Not schweißt bekanntlich zusammen. Geheime Steuer-CDs gab es ja noch nicht.

Der Auerhahn

An der nächsten Station des Flößerpfades lerne ich, warum Schwarzwaldtannen auch Holländer genannt werden! Ob es deshalb so viele Holländer immer wieder gerne in den Schwarzwald zieht? Immer noch unvorstellbar, wie die Flößer damals an dieser engen Flussstelle mit einem riesigen in den Fluss hineinragenden Fels, dem Wagodenstein, ihr langes Gestörfloß vorbei manövrierten! Ich ziehe meine Wanderschuhe aus und klettere in den Bach. Das will ich mir genauer betrachten. Das klare, plätschernde Wasser kitzelt an meinen Füßen. Herrlich frisch. Aus diesem Blickwinkel wirkt die Flößerei noch unvorstellbarer.

Die Schatten der Blätter führen ihr lustiges Spiel auf dem Weg vor mir auf, so wie sie sich im leichten Sommerwind wiegen. Unter mir taucht aus dem Nichts das Gleis der Kinzigtalbahn aus einem Tunnel auf und überquert den Fluss. Als Seitenarm der Schwarzwaldbahn hat diese ab 1886 den Holztransport sicherer gemacht. Und die Flößer arbeitslos. Dafür die Waldbesitzer noch reicher.

Der Wald öffnet sich und mein Blick fängt sich an einer Firmenhalle, an welcher das Duravit-Logo angebracht ist. So wie es über Jahre hinweg stolz auf der Brust der SC Freiburg Spieler prangte. „Freiburg hat jetzt auch einen Beckenbauer" war dann auch gleich der Werbeslogan in einer Duravit-Werbeanzeige. Das war bestimmt der Senior Art Director.

Der Schwarzwald war reich an Carolin, ideal zur Gründung der Steingutfabrik, wie die Firma mit fast zweihundertjähriger Geschichte noch heute im Volksmund heißt. Aus Steingut ist modernste Sanitärkeramik geworden, so wie die neue „Popo-Waschmaschine". Sprich WC mit integrierter, ganz besonderer Spülfunktion.

Das Besondere an dem Logo ist der stilisierte Auerhahn. Es ist mehr als ein Signet, es ist ein klares Bekenntnis zur Region. „Der Auerhahn als stolzes und schönes Symbol unserer Wälder" schwärmte mir Franz Kook, Vorstandschef der Duravit und heute Ruheständler, einmal vor. Doch der Auerhahn hat sich rar gemacht in den schwarzen Wäldern. Der Mensch als Gefahr für die seltenen Tiere. Die Duravit unterstützt die Wiederansiedlung der stolzen Vögel und den Erhalt der geschützten Lebensräume. 1970 kam Franz Kook von Bochum in den Schwarzwald und ist noch immer da. Auch wegen der Menschen hier. „Heute braucht es kein Carolin mehr, aber die Menschen von hier, seine Mannschaft". Vertrauensvorschuss der Führungsstil von Franz Kook.

„Jahrzehntelang arbeiten diese für die Firma. Immer wieder ergänzt durch Frischblut", wie er es nennt, „und neue Ideen". Loyalität und Schaffenskraft. Erfolgsrezept des Schwarzwaldes. In allem was er sagt, spricht er von Wir. Auch jetzt im Ruhestand. Abwerbeversuche anderer Unternehmen waren stets erfolglos, Loyalität auch ganz oben. Die Duravit im Herzen verankert. Und den Schwarzwald. Er erzählte mir, wie er es als Vorstandschef liebte, aus den urbanen, anonymen Großstädten der Welt in sein beschauliches neues Heimatstädtchen zurückzukommen. Ich glaube, ich weiß, was er da meinte.

Das Riesen-Klo

Dort, wo heute in Hornberg, am Stammsitz des Unternehmens, das von Stardesigner Phillipe Starck entworfene Duravit Design Center steht, war früher ein Minigolfplatz. Unser Minigolfplatz. Ein Ort des Glückes. Kinderbilder gehen mir durch den Kopf. Mit meinem Vater, meiner Mutter und meinen drei Geschwistern. Und der Oma. Wenn wir Kinder die Minigolfbahnen fegten, gab es zur Belohnung ein Eis. Oder eine Libella. Meine Schwester und ich malten bunte Bilder und verkauften diese in der hinteren Ecke des Minigolfplatzes im Schatten eines riesigen Kastanienbaumes. Einmal bekamen wir sogar fünfzig Pfennige für ein Bild. Ich fürchte, aus Mitleid. Anderntags wateten wir vom Minigolfplatz barfuß in der Gutach, die von den Triberger Wasserfällen kommend durch Hornberg fließt, mitten durch das Duravit-Gelände bis vor zum Sägegrün, wo wir wohnten. Heute besticht ein mehrere Meter hohes weißes WC mit Aussichtsplattform in der silbernen Außenfassade des Design Centers das Landschaftsbild. Das „Riesen-Klo" wie die Hornberger sagen. Da kann mein gemaltes

Bild von früher ohnehin nicht mithalten. Fünfzig Pfennige hätten bei Starck vermutlich auch nicht gereicht.

Im Sägegrün parken heute Autos. Das Elternhaus abgerissen. Minigolfplatz bebaut. Kindheit gelöscht. Nein, nicht ganz. Eine Ruhebank erinnert an die Vergangenheit. Mit „Vera und Elmar Langenbacher Kinderzimmer Gedächtnisbänkle"-Schild daran. Das war ich meinen Kindheitsträumen schuldig.

Schenkenzell

Ich erreiche Schenkenzell. Ein kunstvoller Ultreia-Stein mit dem heiligen Jakobus empfängt mich. Der Weg kommt der Kinzig hier sehr nahe, ich könnte die Füße in das Wasser strecken, aber ich gehe ein Stück am Ufer entlang. An diesem Ufer wurden die Floße gebunden und mit Oblasten beladen, wertvoller Ware. Ein großes Stauwehr sorgte nach dem Öffnen des Gambers für die perfekte Welle, auf der die Flößer ihre Fahrt bestritten. Schon die Römer folgten hier dem Lauf der Kinzig, als sie ihre Straße von Straßburg nach Rottweil bauten. 1244 wurde Schenkenzell urkundlich erstmals erwähnt. Am Ortausgang von Schenkenzell thront noch heute die Burgruine. Mein Weg ist noch weit, ich werde die Burgruine Burgruine sein lassen müssen.

Auf einer Anhöhe im Ort baut sich eine mächtige Kirche auf. Ein kunstvolles Portal empfängt mich und führt mich hoch zum Kircheneingang. In der Dorfkirche St. Ulrich strahlt mir goldverzierte barocke Altarkunst entgegen. Die Wände sind schlicht. Ich werde mich nicht das einzige Mal auf dieser Reise wundern, wie groß Dorfkirchen in Relation zur Ortsgröße stehen. Wohl aus Dankbarkeit für ein hartes aber dennoch glückliches Leben. Ohne Hektik, Smartphone, Facebook und hundertachtundvierzig

Mails checken. Bei dem Gedanken bin ich versucht, mein Handy, welches ich eigentlich Zuhause lassen wollte, anzumachen. Ich widerstehe. Die nächste Pilgerprüfung ist bestanden.

Nicht trödeln

Martin Schmid, der Mann von der Tourist-Information, freut sich, meinen Pilgerpass zu stempeln und hält wertvolle Tipps parat. Einer davon war sehr hilfreich: „Nicht trödeln", denn bis St. Roman, wo ich heute noch hin möchte, ist es noch weit. Und er meint: „wir von Schenkenzell schenken gerne" und drückt mir ein kleines Kirschwasserfläschchen in die Hand.

Kurz nach der Tourist-Information, an einem schmucken Christuskreuz, führt der Weg über eine Fußgängerbrücke. Ich gehe geradeaus weiter, steil den Berg hinauf und treffe auf eine kleine moderne Kirche aus Beton. Und ich treffe noch auf etwas. Auf eine Sackgasse! Ich hätte gleich nach der Brücke rechts gehen müssen, an den Tennisplätzen vorbei. Also, zurück! Dadurch ist mein Jakobusweg jetzt schon sechsundneunzig Kilometer lang. Und, meine neuen, an den Fersen bedrohlich reibenden Wanderschuhe, baumeln nun am Rucksack. Dafür habe ich jetzt die leichten sehr schicken Werbefuzzi-Sportschuhe an, die ich eigentlich für abends, im Hotel, mitgenommen habe. Leichter wird der Rucksack durch die baumelnden Wanderschuhe nicht. Was da sonst noch alles im Rucksack liegt, behalte ich lieber für mich.

Eine überdachte Holzbrücke erinnert mich ein klein wenig an Luzern und führt mich wieder auf die andere Seite der Kleinen Kinzig, die in Schenkenzell in die Kinzig fließt. Der Weg führt oberhalb eines Sägewerkes vorbei wieder zum Wald hin. Immer bergauf.

„Dammisch blöder Rucksack" ist aus meiner guten Laune geworden, als ich mich, ganz in meine schmerzenden Füße versunken, wenig später erneut in einer Sackgasse wiederfinde, weil ich die Wegabzweigung verschlafen habe. Aber ich lerne auch: der Kopf kann sich nur auf eines konzentrieren: fluchen oder jammern! Seit ich fluche machen die Füße auf einmal gar nicht mehr weh! Dafür ist mein Jakobusweg nun einhundertund, ich schätze mal, zwei Kilometer lang.

Kloster Wittichen

Wenig später ein Aha: an dieser Stelle stand einmal eine Färbermühle, die Kobaltblau für das Delfter Porzellan herstellte, Oblast für die Floße. Was es im Schwarzwald nicht alles gab. Es macht wieder Spaß zu gehen, auch wenn der Schmerz in den Füßen zurück ist. Nicht überall, sondern abwechselnd. Von einem Muskel zum anderen. Stolz macht sich breit. Jetzt bin ich ein echter Pilger, denn ein Pilger muss auch leiden können. Ich habe ja auch gut reden, habe ich für heute Nacht doch ein Wellnesshotel gebucht. Die Wanderschuhe am Rucksack baumeln im Takt. Die harte geteerte Straße fördert meinen Pilgerstolz, als ich in Vortal links abbiege, immer an dem Bächlein entlang.

Endlich, es geht wieder in den Wald, auf einen bequemen Weg. Aus dem Waldweg wird ein Wiesenweg und vor mir liegt, in der Einsamkeit friedlich eingebettet, das Kloster Wittichen. Ein ehemaliges Clarissenkloster. Wie eine Staumauer steht der Klosterbau quer zum Tal, Rundbögen erlauben der Straße ein Durchkommen. Das war nicht immer so. Ein prächtiges Renaissance-Portal war früher der Zugang zum Kloster, erst die Busse bohrten einen Rundbogen in die Mauer. Der Anblick lässt mich trotzdem schwärmen. Noch besser: eine öffentliche saubere Toilette im Kellerportal. Jetzt bin ich auch über mein Handy froh, und über dessen Lichtschein. Denn das Toilettenlicht ging sehr schnell automatisch wieder aus. Und im Klosterkeller kann es sehr dunkel sein.

Ein über vierhundertfünfzig Jahre alter Bergahorn und ein Lindenbaum spenden Schatten, ein Brunnen kommt gerade recht, um mich zu erfrischen. Ich entdecke alte Hofzeichen, mit denen die Waldbauern ihre Bäume nach dem Fällen markiert haben, damit keine Einnahmen verloren gingen. Die Klosterkirche strahlt Ruhe aus. Nicht nur außen, vor allem auch innen. Und sie strahlt im Innenraum barocke Schönheit aus. Die hölzerne Kassettendecke ist mit wundervollen Motiven bemalt. An der Empore gesellen sich zu den ansonsten vierzehn Motiven der Kreuzwegstationen hier noch zwei weitere, sogenannte Votive. Gestiftet von den dankbaren Bergleuten. Ein Stifter der Neuzeit hat hier nicht sein Zeichen hinterlassen, nur Schönheit nach der Renovierung. Klaus Grohe, Chef von Hansgrohe, dem Armaturenhersteller im benachbarten Schiltach. Schwarzwälder Bescheidenheit. Und Herzblut.

Bescheiden war auch Luitgard, welche das Kloster im vierzehnten Jahrhundert in dieser Einsamkeit gegründet hat. Ihr Bildnis sehe ich an der rechten Seite des Einganges. Das Gemälde gibt mir auch einen Eindruck davon, wie gewaltig das Kloster einmal gewesen sein muss. Daneben Grabsteine der Burgherren. Hans, Herr zu Schenkenzell, war einer von ihnen. Im Alter verfiel er der Schwermut, ließ sich einen Sarg bauen und wartete auf seinen Tod. Heute könnte man das auch Burnout nennen. Nach dem Tod begann der Nachlassstreit.

Nur der Langbau und die Kirche sind im Kloster Wittichen erhalten geblieben. Und der Pferdestall, wo sich heute ein Museum befindet. Aber es ist geschlossen. Wäre es offen, würde ich gestaltvolle Kirchenkunst und Dinge des früheren handwerklichen Lebens sehen. Und Mineralien. Wittichen wird unter Fachleuten auch „Klein-Peru“ genannt, so reich sind hier die Mineralvorkommen. Die Erde unter meinen Füßen muss durchlöchert sein. Einem Hobbysammler hätte das fast das Leben gekostet. Nun sind die alten Stollen verschlossen worden.

Schlamber-Toni und Creszentia

Auch eine geschnitzte Holzfigur vom „Schlamber-Toni“, dem Heiligen Antonius, steht in dem Museum. Wer ihm etwas spendet, der findet Dinge wieder, die man verlegt, oder wie man im Schwarzwald sagt, „verschlambert“ hat. Die Legende sagt, dass es schon hilfesuchende Menschen gegeben haben soll, die sich ihre Münze wieder geholt haben, nachdem das Verschlamberte wieder gefunden wurde. Aber das sind, wie gesagt, nur Legenden.

In einer Vitrine eine anmutige Fürstenberger Tracht. Aber nicht irgendeine. Sie gehörte der Wirtin Creszentia Mäntele, einem Schwarzwälder Original. Ihr Markenzeichen: Fürstenberger Tracht und Turnschuhe. Die waren bequemer. Und ihr Mofa. Damit fuhr sie regelmäßig nach Alpirsbach, dem Herrn Glauner sein Geld fürs Bier bringen. Überweisungen und den Banken traute sie nicht. Am Kriegerdenkmal die Namen der Gefallenen. Eine Mutter musste fünf Söhne beweinen. Die starken, kräftigen Schwarzwaldbauern wurden im Krieg besonders gerne verheizt.

Der Langbau des Klosters wechselte 1980 für eine Deutsche Mark von anderen Bierbrauern, den Fürstenbergern, in dessen Besitz er nach der Säkularisierung noch war, an die katholische Gemeinde zurück. Heute steht er leer. Es findet sich seit langem kein Priester mehr, der die Wohnung beziehen möchte. Und auch keine Nonnen, die einst den oberen Stock bewohnten und tagsüber fleißig ihren Arbeiten nachgingen. Mein Werbefuzzihirn beginnt zu rattern, was man aus diesen Schmuckstücken alles machen könnte. Zum Beispiel eine Pilgerherberge. Ich hätte zu gerne hier übernachtet. Wie ein richtiger Pilger. Meine Füße auch.

Uno, dos, tres

„Nicht trödeln" hat der Herr Schmid heute Mittag gesagt, fällt mir ein, als ich mich nach der ehemaligen Bergbausiedlung Hinter-Wittichen mit geschlossener Silberstollen-Wirtschaft, aber verlockender Alpirsbacher Klosterbräu-Werbung, mit trockener Kehle den steilen Berg hochkämpfe. Geradeaus. Aufwärts. In der Sonne. Das habe ich nun davon. Von meinen Schönwetterbildern. Lieber Gott schenke mir Wolken, von mir aus auch etwas Regen. Mein Wasser habe ich mittlerweile rationiert. Die geteerte Straße will nicht enden. „Uno, dos, tres. Quatro, cinco, seis. Un, deux, trois. Quatre, cinq, six. One two three. Four five, six" zähle ich immer wieder von vorne beginnend im Rhythmus meiner Schritte, um vom nicht enden wollenden Weg abzulenken. An einer kleinen Ansammlung von Häusern führt die Straße links den Berg hoch. Was in aller Welt bringt die Menschen dazu, hier zu wohnen? Die Straße wird noch steiler. Dafür mit Kehren. Und, das muss ich trotz meiner abgekämpften Lage sagen, mit toller Aussicht. Nützt aber nichts, es geht weiter bergan. Steil bergan. „Grausenloch" steht ganz oben auf einem Schild. Und ich weiß jetzt auch warum. Ich entdecke das mir bekannte weiße Schildchen. Dieses Mal ohne orangene stilisierte Muschel. Denn die ist ausgebleicht. Weiße Muschel auf weißem Grund sozusagen.

Am Waldrand setzte ich mich, es ist Zeit für die leckeren

Bratwürste. Und als Belohnung fällt mir gerade noch rechtzeitig das Fläschchen vom Herrn Schmid ein. Besser wird der Durst durch geräucherte Bratwürste nicht.

Dieses Licht, diese Stille

Immerhin, jetzt beginnt ein bequemer Waldweg. Steil ist aber auch er. Mein Wasser wird beängstigend knapp und der Wald wird dunkler. Die tieferstehende Sonne lässt dort, wo sie durch den Wald durchdringt, den Farn und die Blätter in einem faszinierenden Grünton im Kontrast zum dunkleren Wald leuchten. Schön sieht das aus. Aber nur ein schwacher Trost, bei dem Gedanken, sich zu verlaufen. Kann man zwar nicht, da es nur diesen Weg gibt. Aber der Gedanke in die Dunkelheit zu kommen, erweckt schon mulmige Gefühle und so wird mein Schritt schneller. Im Wipfel einer kleinen Tanne hat eine winzige Spinne ihr riesiges Wunderwerk gewebt, wo wir große Menschen nur staunen können. Ein kleines zerbrochenes Vogelei liegt auf dem Weg. Das zarte Leben endete vermutlich noch bevor es begann. Weiches Moos und Gras auf dem Weg erfreuen meine Füße. Und immer wieder dieses faszinierende Gegenlicht! Und diese Stille.

Ich erreiche einen breiten Querweg und stehe wieder inmitten der Sonne. Nur die Jakobs-Muschel an irgendeinem Baum fehlt und so entscheide ich mich mittels Menschenverstand und Wanderkarte nach rechts zu gehen. Hätte ich nur Zuhause das Karte-wieder-zusammen-Falten geübt! Nach so einem Aufstieg nervt das ziemlich! Ein Mountainbiker kommt mir entgegen und entlastet meinen Menschenverstand: ich bin auf dem richtigen Weg. Freude kommt auf, die abrupt wieder abbricht, als der Biker etwas von „noch rund acht Kilometer“ bis St. Roman erzählt. Also weiter! Der Gedanke an die Sauna hält mich bei Laune. Komfort-Pilger, denke ich. Aber besser ein Weichei als morgen früh ein Geräderter. Als ich Pfifferlinge am Waldrand entdecke und die Gedanken zu Schweinefilet mit Pfifferlingen wandeln, wird mein Schritt noch schneller und das Lächeln breiter. An der Salzlecke treffe ich an der Schutzhütte erneut auf Mountainbiker. Einheimische wie ich erfahre, und „Gott verwöhnte", wie ich denke. Es geht weiter bergan in der späten Nachmittagssonne und anschließend wieder auf einen schmalen Waldpfad. Die im Gegenlicht am Wegrand leuchtenden Sträucher erinnern mich an die Fußleuchten im Flieger. „Notausgang! Immer hier entlang!" Einen Notausgang könnte ich jetzt gebrauchen, denn dies war mein letzter Schluck aus der Flasche. Armer Pilger Elmar! Der Rucksack wiegt mittlerweile eine Tonne. Morgen werde ich den Wandern-ohne-Gepäck-Transportservice in Anspruch nehmen, welchen mir die nette weibliche Telefonstimme beim Reservieren angeboten hatte. Das ist schon mal sicher! Genauso wie ein Tiramisu mit Espresso nach den Schweinelendchen. Und ein schöner Rotwein. Und ein Schwarzwälder Kirschwasser sowieso. Wie grausam muss es sein, zu verdursten oder zu verhungern! Aber wie gesagt, beim Jammern machen wenigstens die Füße nicht mehr weh.

Das Trödeln hat sich gelohnt

Ich treffe auf Nordic-Walking-Rundweg-Schilder. Dann kann die Zivilisation nicht mehr so weit sein. „St. Roman 2,5 km" lese ich. Gott sei Dank! Ein Ehepaar mit einem kleinen Kind kommt mir entgegen. Jetzt kann es nun wirklich nicht mehr weit sein.

Zuhause lagern die besten Weine im Keller. Aber ich will jetzt einfach nur Wasser. Der Waldboden überzieht sich mit saftig grünem Moos. Nicht nur der Boden ist überzogen, auch die Baumstämme und die Baumstümpfe. Einfach alles. Das frühe Abendlicht funkelt an den Spitzen, so wie es auch in den Zweigen der Tannenäste geheimnisvoll funkelt. Ein zauberhaftes Bild. Auch ein Zauberwald. Ich reiße eine Handvoll Moos aus der Erde und rieche daran. Im Geiste sehe ich, wie meine Schwester und ich als Kinder im Wald Hütten bauen. Aus Zweigen und Ästen. Am Hüttenboden Moos, damit wir weich liegen, wenn wir in die Bäume hochschauen und beobachten, wie die Baumspitzen die Wolken kitzeln. Die Oma sitzt derweilen auf der Bank am Weg und liest ihren Arztroman.

Von nicht mehr als zu fern erklingt ein Kirchenglöckchen. Sanft und verheißungsvoll trägt der Sommerwind den Klang durch den Wald. Spuren einer Schnitzeljagd sagen mir, dass hier Kinder spielen. So wie wir früher. „Grüß Gott“ sagt die Frau, die mit Nordic-Walking Stöcken und einem zufriedenen Lächeln im Gesicht an mir vorbeizieht. Rechts der Teufelsstein, jetzt nur noch ein Stück bergab, dann bin ich da.

Das Trödeln hat sich gelohnt. Wäre ich früher hier gewesen, hätte ich diese Abendsonne nicht erlebt. Dann wäre es einfach nur schön gewesen. Jetzt ist es aber unglaublich. Als der Wald einen ersten Blick freigibt, liegt St. Roman vor mir. Eine kleine Ansammlung von Häusern und Höfen, mittendrin auf der Anhöhe eine kleine Kapelle. Umgeben ist St. Roman von Wiesen und Wäldern. Hier muss der Begriff Idylle erfunden worden sein. Ich harre aus und genieße. Das warme Abendlicht haucht Geborgenheit über das Bild. Und Ruhe. Selbst das kühle Apfelschorle in Sichtweite wird da zur Nebensache. Ein Bächlein hat das gleiche Ziel wie ich, hinunter ins Dorf. Ich nehme mit beiden Händen, wie an der Kinzigquelle, einen kräftigen Schluck. Aus den Tannen werden Wiesenblumen und vor mit streckt sich der schlichte

Turm des Wallfahrtskirchleins in den Himmel. Beim besten Willen, die Besichtigung muss warten. Ich bin müde, die Muskeln schmerzen. Und wie!

Die Idylle bettet sich

Hallenbad, Whirlpool, Nackenschwall, Massagedüsen, Brennereisauna mit alten Schwarzwälder Brennkesseln. Die Panoramasauna gibt den Blick frei auf die Kapelle auf der Anhöhe. Das Kirchenschiff schlummert schon sanft im Schatten, während die letzten Sonnenstrahlen den stolzen Turm bescheinen. Auf der Turmspitze eine goldene Kugel, majestätisch das kleine goldene Kreuz darauf. Das Gold reflektiert die Sonne zu einem blendenden Licht. Auch die Wiese und der Waldrand werden ganz langsam von den Schatten des kommenden Abends erfasst. Die Baumwipfel leuchten noch würdevoll in der Sonne. Bald wird die Idylle schlafen gegangen sein. Ich kann langsam, ganz langsam aber stetig zusehen, wie sie sich bettet. Hoffentlich wacht sie morgen früh wieder auf. Ein Vogel lässt sich auf dem äußeren Sims des Panoramafensters nieder und singt für uns. Auch wenn ich es nicht hören kann, es ist bestimmt wundervoll. Ich sage „Heile Welt", die anderen Saunagäste nicken wortlos mit dem Kopf. Ich weiß zwar, wann die Wale vor den Küsten Südafrikas kolossal aus dem Meer blasen. Aber was das für ein heimischer Vogel ist, weiß ich nicht. Würde nicht das Schweinelendchen mit Pfifferlingen rufen, ich hätte im Wellnessbereich übernachtet. An den Sanitäreinrichtungen Duravit- und Hansgrohe-Logos. Die Region gibt etwas zurück.

Ob ich zum Essen die Gabel heben kann, weiß ich noch nicht, so schmerzt mein Nacken. Die Frau, die mich im Restaurant begrüßt, kommt mir bekannt vor. Das war doch die nette Nordic-Walking-Dame von vorhin auf dem Waldweg hinunter nach St. Roman. Auch sie erkennt mich wieder und lächelt. Frau Haas, die Chefin des Hotels ist das. Nun trägt sie Dirndl statt Sportdress.

Schwarzwälder Erfolgsrezept

Der frühe Pilger fängt den Wurm, oder besser gesagt die aufgehende Sonne. Ich habe keinen Wecker gestellt, mein Instinkt weckt mich. Vom Balkon meines Hotelzimmers aus kann ich beobachten, wie das Licht am gegenüber liegenden Waldrand erscheint. Und das eben noch triste Grau der Wälder und Wiesen in strahlendes Gelb und Grün verwandelt, umrahmt von zartem Morgennebel. Die Sonnenstrahlen brechen sich im Dunst und lassen diesen vor den dunklen Wäldern leuchten. Nur für einen Moment, aber einen Moment für die Ewigkeit. Eine Ewigkeit, die weiter andauert, denn nun blitzt die Sonne zum ersten Mal zwischen den Baumwipfeln hindurch und entfaltet sich langsam zur strahlenden Scheibe. Die Bäume saugen das Licht förmlich auf, beginnen zu flimmern. Friedvoll grasen Rinder auf den Wiesen am Waldrand. Die Vögel beginnen zu zwitschern. Der neue Tag siegt über die Nacht. Von der Nacht habe ich nichts mitbekommen. So tief und fest habe ich schon seit Ewigkeiten nicht mehr geschlafen. Vergessen alle Alltagssorgen. Der Schmerz in Nacken und Rücken ist geblieben.

Beim Frühstück entdecke ich Manfred Haas, Chef des Hauses, aus dem Nebenraum kommen. Gestern Abend im Jacket, heute Morgen mit Staubsauger bewaffnet. Dirndl und Staubsauger. Schwarzwälder Erfolgsrezept. Fleiß sowie den Mut, am Ende der Welt Millionen zu investieren. Handeln statt Jammern.

Naturpark-Wirt. Wie zur Bestätigung strahlt mich das gemalte Schwarzwälder Bollenhutmädchen auf der Kachel des heimeligen Kachelofens an.

Nicht, weil ich Herrn Haas beim Erwirtschaften der Investitionen helfen möchte, sondern weil mein Nacken, mein Rücken und meine Füße trotz einem gefühlten halben Liter Franzbranntwein noch immer unglaublich schmerzen, verlängere ich spontan um einen Tag. Meine erste richtige Etappe hatte ich eindeutig unterschätzt und mich überschätzt. Bürohengst. Ende der Komfortzone. Ich muss mehr wandern gehen. Als ich nach einem erneuten Nackenmassagestrahl im Hallenbad auf der Freiterrasse in der Sonne liege, ziehen strammen Schrittes zwei Pilger, die ich am Stock erkenne, am Hotel vorbei, den Berg hoch. Ich habe nicht einmal einen Pilgerstab. Dafür Wanderstöcke. Und ich werde das Gefühl nicht los, dass ich Walkingstöcke gekauft habe. Und außerdem muss ich ja immer die Kamera in den Händen halten. Wegen der Bilder mit dem blauen Himmel. Ich bekomme ein schlechtes Gewissen, das aber schnell wieder verfliegt, als eine süße Französin mich nett anlächelt. Das menschliche Hirn kann nur einen Gedanken gleichzeitig denken. Ich lächle zurück. Eine Pilgerprüfung? Ein Flugzeug zieht seinen Streifen in den Himmel, der Korpus glitzert silbern in der Sonne und erinnert mich schmerzhaft an meine Vergangenheit. Ich stehe auf und gehe.

Der Teufelstein

Das Kiefernadelbad wirkt Wunder, ich spüre meine zahlreichen Muskeln wieder. Vor dem Hotel „Adler“ befindet sich ein großer Jakobusstein: „Es gibt viele Wege. Finde den richtigen“. Ich gehe hoch zur Kapelle, meine Füße tragen mich wieder. Neben der

Wallfahrts-Kapelle steht ein Christuskreuz, am linken Fuß fehlen Jesus die Zehen. Noch mehr Schmerzen für den Gepeinigten. Gotisch anmutende Fenster am Turm, ein kleines unscheinbares über dem Eingang. Ein hölzernes Netzgewölbe an der Decke, verziert mit den Hofzeichen der umliegenden Bauern. An der Wand, aus Holz geschnitzt, die vierzehn Kreuzwegstationen. Der Altar und die Predigtkanzel sind jeweils aus einem Baumstumpf gefertigt. Der Wald als prägendes Element. Romanus, der Kriegsheilige, gab dem Ort den Namen. Die Namen der toten Soldaten aus St. Roman sind in den Glasmalereien verewigt. Darunter auch ein Roman. Der Kriegsheilige hat versagt.

Der Schwarzwald ist voller Mythen und Sagen. Eine davon handelt vom Teufelstein, wo ich nun stehe. Ein mächtiger Stein mitten im Wald. Einfach so. Früher war hier vermutlich noch kein Wald, da muss der riesige Stein noch unerklärlicher gewesen sein. Die Sage sagt, dass der Teufel mit diesem die Kapelle unten in St. Roman wieder zerstören wollte, als diese fertig erbaut worden war. Seine Fingerabdrücke sind noch heute im Stein sichtbar. Und auch die drei Kreuze, die Gott in den Stein ritzte, so dass dieser so schwer wurde, dass der Teufel ihn nicht mehr heben konnte. Neueren Datums sind die Ritzereien und Liebesschwüre zahlloser Menschen. Der Stein könnte unzählige Geschichten erzählen, ein wahrer Geschichtsstein. Aber er schweigt. Das einzige Datum, welches ich richtig erkennen kann, lässt mich tief erschaudern: 14.04.76. Das war exakt auf den Tag drei Jahre, bevor meine Mutter gestorben war. Ob meine Mutter da schon wusste, dass sie sterben würde? Die letzten Jahre war sie so anders.

Vielleicht stammen die Spuren gar nicht vom lieben Gott oder dem bösen Teufel. Vielleicht waren es die Kelten? Oder gar die Natur?

Der Baum schreit

Das Knattern und Kreischen einer Motorsäge macht mich neugierig, so folge ich dem Geräusch. Etwas abseits treffe ich auf einen Waldarbeiter, der gerade im Begriff ist, eine mächtige Tanne unterhalb des Weges zu fällen. Ich beobachte. Noch steht sie sicher und streckt ihre Spitze stolz und majestätisch in den Himmel, obwohl ihr der Holzfäller schon zwei tiefe Kerben in den kräftigen Fuß geschnitten hat. Unsichtbar hält das fantastische Wurzelwerk sie noch am Leben. Der Mann legt die Stihl weg. Dafür setzt er nun einen Keil an und verpasst ihr geschickt und mit viel Erfahrung, wie ich vermute, einen Schlag von der anderen Seite. Ich schaue zur Spitze. Sie schwankt. Ein zweiter Schlag schallt durch die Stille. Der dritte Schlag versetzt dem Baum den Todesstoß. Langsam, wie in Zeitlupe, neigt er sich zur Seite, wird im Fallen schneller und schneller. Herzzerreißend die ächzenden Schreie, die er dabei von sich gibt. Wie zum letzten Abschiedsgruß streifen seine Äste ein allerletztes Mal die Äste der Nachbarsbäume. Mit einem dumpfen Schlag trifft er auf dem Boden auf, die Erde erzittert, das Zittern fährt mir durch Mark und Bein. Dann ist Stille. Todesstille. Leise rieseln kleine abgebrochene Ästchen behutsam zwischen den anderen Bäumen hindurch. Als ob sie diesen nicht weh machen wollten und landen zärtlich auf ihrer Mutter, Vater Baum. Sehr oft rächen sich Bäume auch, Waldarbeiter ist einer der gefährlichsten Berufe mit den meisten Todesfällen. Die Holzwirtschaft ist aber nach wie vor einer der wichtigsten Wirtschaftszweige der Region, Wälder das „Schatzkästele“ der Gemeinden. Das wussten schon die Mönche. Roman Gebele heißt der Mann, zu welchem ich nach unten, in den Wald hinein, geklettert bin. Ob dies ein Holländer sei, frage ich ihn nach der Begrüßung. „Dafür ist die Tanne viel zu klein, ein Holländer ist viel mächtiger“. Er habe keine Holländer mehr in seinem kleinen Privatwald. Er sei auch kein Waldarbeiter, sondern Nebenerwerbslandwirt wie das heute so schön heißt. Und er hat auch noch einen anderen, einen richtigen Beruf. Denn „lebe kannsch davon net". Ob er in seinem Privatwald eigentlich fällen kann, was er will, möchte ich wissen, die Schmerzensschreie der Tanne noch in meinen Ohren. „Ja, aber im Privatwald hat er Verantwortung, auch für die nächste Generation." Der Begriff Nachhaltigkeit wurde übrigens in der Waldwirtschaft erfunden. Es sei aber notwendig hin und wieder einen Baum zu fällen. Bäume nehmen sich gegenseitig das Licht, das ist nicht gut für die Jungbäume. Und das Leben am Boden.

Das Langenbacher Tier

Zugegeben, etwas peinlich ist es mir jetzt schon, so nach Franzbranntwein riechend, mich ins Restaurant zu setzen. Ich sitze alleine, dann wird es schon nicht so schlimm sein. Mein Nacken und meine Füße danken mir auf jeden Fall das Einreiben. Die junge hübsche Bedienung mit blondem Pferdeschwanz und Dirndl stellt mir meinen Sauerbraten hin. Sie trägt ein Namensschild. „Haas" steht da. Sie lächelt. Das Schwarzwälder Erfolgsrezept hat also auch Zukunft. Und Vergangenheit. Auf über dreihundertfünfzig Jahre Geschichte blickt der Adler stolz zurück. Ein schlauer Vorfahre hat ihn als Wallfahrtsgaststätte gegründet. Ein Wirt hatte sage und schreibe vierundzwanzig gesunde Kinder, wie Hansjakob, Pfarrer und Heimatschriftsteller, berichtete. Am Nebentisch sitzt eine junge hübsche Frau in einer Gruppe. Sanftes Lächeln, lockiges, blondes Haar. Sie sitzt im Rollstuhl. Zu gerne hätte ich mich mit ihr über ihr Schicksal unterhalten, aber die Hemmschwelle ist zu groß.

Nach dem Essen setze ich mich noch an die Bar zu einer lustigen Gruppe. Darunter auch ein Einheimischer, wie ich unschwer an der Sprache erkennen kann. Als ich mich mit Langenbacher vorstelle, fängt er an zu lachen. In St. Roman, so die Sage, gab es Ungeheuer, die im Seitental Langenbach die Menschen erschreckten. Heute heißen Sie Langenbacher Tiere und sind eine Fastnachtsfigur. Jetzt muss ich selbst lachen. Da muss ich wohl mal über eine Mitgliedschaft nachdenken. Passiv versteht sich.

Der Sternenhimmel

Der Nachthimmel ist sternenklar, die Sichel des Mondes leuchtet. Die Luft ist so frisch und rein. Die Kapelle wird beleuchtet, vereinzelte Lichter in den umliegenden Häusern malen auch nachts eine verzaubernde Idylle in das Dunkel. Ich stehe auf dem Balkon meines Zimmers und genieße den Augenblick. Mich zieht es hinaus und hinauf. Egal, was die Füße dazu sagen.

Hinter dem Hotel geht der Weg steil in die Höhe, vorbei an einer Wildzucht, an den Waldrand. Es ist so still, nur das feine Licht des Mondes erhellt meinen Weg. Ein zarter Wind weht. Mich zieht es weiter, bis ganz nach oben auf die Ebene. Ich folge meinem Instinkt. Ich will den unberührten Sternenhimmel erleben. Ich zweige links ab, vorbei an einsamen geduckten Schwarzwaldhöfen, warm schimmert das Licht aus den kleinen Fenstern. Ein Hund bellt. Noch einmal rechts ab, danach einen kurzen Anstieg. Dann bin ich oben.

Ich erkenne eine Bank, aber ich lege mich in das Gras. So wie früher. In den Zeltlagern bei den Pfadfindern. Wir lagen alle im Kreis. Kopf neben Kopf, die Füße von uns gestreckt. Unter uns die Erde, über uns die Sterne. In uns die Träume. Was ist aus diesen

Träumen geworden? Was ist aus den Jugendfreunden geworden? Warme Tränen rollen über meine Wangen, der Nachtwind trocknet sie. Habe ich heute noch Träume?

Ich muss bestimmt eine Stunde hier gelegen haben. Wolken ziehen vor die Sterne, ein frischer Wind kommt auf. Ich fühle mich gut.

Auf dem Weg wieder nach unten zum Hotel strecke ich meine Hand aus, Sträucher kitzeln meine Haut. Es ist als sitze ich am Rand der Bavaria, die uns mit ihrem weißen Segel sicher über das Mittelmeer fährt. Mein Arm ausgestreckt, die Wellen streicheln meine Hand.

Mein Herzschlag

Die ersten Sonnenstrahlen wecken mich, ich freue mich auf den Duft des Kaffees, auf den Schinkenspeck, auf selbst gemachte Marmelade, auf frisches Bauernbrot. Den Rucksack gebe ich an der Rezeption ab. „Wandern ohne Gepäck bitte". Weiß ja sonst niemand.

Ich bin wieder auf dem Weg. Was letzte Nacht im Verborgenen lag, strahlt nun friedlich im Morgenlicht. Den kurzen steilen Anstieg bewältige ich locker und mit einem Lächeln. Denn mein schweres Gepäck fährt heute vermutlich Mercedes bis Wolfach, meinem heutigen Etappenziel.

Wenig später, nach der Linkskurve, erreiche ich ein Gefühl von Heimat. Und Geborgenheit. Was im Dunkel nur als Umriss erkennbar war, entfaltet nun seine ganze Pracht. Ein großer stattlicher Bauernhof, umgeben von saftigen blühenden Wiesen, liegt vor mir. Streuobstbäume säumen den Weg, der zum Hof führt. Im Hintergrund die geheimnisvoll verschwommenen Linien der

Schwarzwaldberge. Dunst liegt im Tal. Nur das Bollenhutmädchen fehlt. Ich setzte mich auf eine Bank und genieße den Anblick. Auf den Hof und in das Tal.

Schade, der Tag hat so schön begonnen, aber als ich da so sitze, zieht der Himmel zu. Das wird für den Werbefuzzi nichts mit schönen Fotos und blauem Himmel heute. Ich genieße den Anblick trotzdem, während ich hoffe, dass die Sonne doch noch ein Einsehen hat.

Ein kleines gelbes Postauto zieht einsam seinen Weg auf der schmalen Straße hoch zum Hof. Und so wie es gekommen ist, entschwindet es auch wieder. Es ist still. Sehr still. Wie still doch Stille sein kann! Ich höre nur das Summen der Bienen. Und ich höre noch etwas: meinen Herzschlag! Er wird immer lauter. Lauter und lauter. Und ich spüre ihn auch immer deutlicher. Mehr und mehr. Er pocht. Vom Herzen bis zum Magen. Innere Unruhe ergreift mich. Es ist ein so unbekanntes Gefühl. Mir macht die Stille Angst und es wird mir bewusst, dass uns das selbstverständlichste nicht mehr bewusst ist: in unseren Körper zu hören. Wir haben ja auch gar keine Zeit mehr dazu. Zu kurz die Abstände zwischen Telefonieren, E-mailen und Meetings. Und wenn dann doch eine Pause wäre, dann schauen wir ins Facebook. Man könnte ja etwas verpassen. Will mir mein Körper etwas sagen?

Ich wehre mich gegen die Unruhe, die Angst entschwindet langsam und wandelt sich zum Glücksgefühl. Nun höre ich auch den Klang der Kuhglocken und die Schreie der Rehe der Wildzucht auf der Anhöhe. Ich wusste gar nicht, dass Rehe auch schreien können. Wie göttlich muss diese Landschaft bei Sonnenschein sein, denke ich und mache trotzdem meine Fotos. Der schleierverhangene Himmel hat auch seinen Reiz. Ich gehe weiter und höre Kinderlachen. „Ferienwohnungen, Zimmer, Vesperstube“ lese ich da. Glückliche Urlauber denke ich. Der Bauerngarten ist eine wahre Blumenpracht, ein kleines Kätzchen spielt vor dem Eingang und wartet auf die Kinder. Ein alter Traktor wurde zum Spielgerät umfunktioniert. Eine Schaukel hängt im Apfelbaum. Eine Wassertretanlage. Der Hofhund kommt angerannt und begrüßt mich freudig und Schwanz wedelnd. Der Benzenhof und der Alexenhof bieten in dieser Höheneinsamkeit Zimmer an. Der Hund ist fremde Menschen gewöhnt. Berührungsängste hat er keine. Er begleitet mich ein Stück, als würde er schon immer zu mir gehören.

Die wilde Kuhherde

Auf der Anhöhe, dem Kreuzacker, wo ich heute Nacht gelegen habe, steht ein Kreuz auf einem schlichten aber hohen Holzstämmchen. Das habe ich im Dunkel gar nicht wahrgenommen. Die Kinzigtäler Jakobusfreunde haben es erstellt in Anlehnung an das Cruz de Ferro auf dem Rabanalpass in Spanien, wie ich aus Kurt Kleins Buch „Der Kinzigtäler Jakobusweg“ erfahre. Bei dem Kreuz die bekannte Bank. Darunter liegen leere Bierflaschen. Vermutlich müssen auch ausgewachsene rebellierende Jugendliche mit ihren Eltern hier ihren Urlaub verbringen. Am Ende der Welt. Einer schönen Welt. Ich hoffe für sie, dass sie zumindest ihre Träume zu den Sternen geschickt haben.

Der Weg führt nicht links und nicht rechts weiter, sondern geradeaus über ein Feld, hinein in den Wald und an den Abstieg Richtung Wolfach. Wunderschön schlängelt sich der Pfad nach unten, begleitet von zart rosafarbenen Blüten. Wie die Blumen heißen, weiß ich leider nicht. Dafür kennt der Werbefuzzi aber die angesagtesten Bars in Palma. Eine ganze Weile schlängelt sich der Pfad so dahin, bis er auf eine Schotterstraße trifft, der ich weiter folge, hinunter ins Tal, nach Ippichen, einem Seitental von Wolfach.

Der Weg trifft auf eine Straße. Ich bin in Ippichen angelangt. Ein romantisches Seitental. Ich erreiche einen Schwarzwaldhof und merke: nun bin ich so richtig im Schwarzwald angekommen. Wie aus dem Prospekt und aus dem Bilderbuch. Um das zu unterstreichen, reißt der Himmel wieder auf, und die Sonne bestrahlt die Szenerie. Das Klischee wird perfekt, als eine Kuhherde mit kleinen Kälbern und kräftigem Bullen am Wegesrand grast. Als die erste Kuh mich sieht, kommt sie zu mir, die anderen folgen ihr. Ich schnalze mit der Zunge, sie kommen angerannt. Ich laufe weiter, die Kühe hinterher. Ich gehe schneller, die Kühe rennen. Der stattliche Bulle voraus, die anderen Tiere dicht dahinter. Herdentrieb nennt man das wohl. Zugegeben, mir wird mulmig. Mein Schritt wird noch schneller. Mir wird sehr mulmig. Die Herde rennt. Ich schaue mich nach einer rettenden Sprungmöglichkeit über den Bach auf der anderen Seite des Weges um. Hoffentlich hält dieser kleine Elektrodraht, der die Weide von der Straße trennt, die „wildgewordene" Herde davon ab, mich zu überrennen. Ich erinnere mich an „König der Löwen", als der arme Löwe von einer wilden Herde tot getrampelt wurde. An der Tränke bleiben sie stehen. Hoffentlich ist Bier drin, dann fallen sie gleich um, wenn das vom Herrn John stimmt. Vielleicht haben sie mich auch für den Azubi des Bauern gehalten, der sie holen kommt, um sie zu melken. Oder werden Kühe abends gemolken? Ich weiß es nicht, die Milch kommt ja schließlich aus der Tüte im Supermarkt. Und kein Mensch macht sich Gedanken, wie viel Arbeit dahinter steckt. Hauptsache billig.

Ippichen

Abwärts geht die geteerte Straße, die hier oben endet. Sackgasse. Deswegen kommen auch keine Autos angefahren. Oder zumindest nur sehr selten. Im Moment auf jeden Fall nicht. Rechter Hand baut sich ein uriger Schwarzwaldhof auf. Weiß und stark das Mauerwerk des Erdgeschosses. Im Mauerwerk große Türen und kleine Fenster. Jeweils eingerahmt durch Sandstein. Im Erdgeschoss befinden sich die Ställe für das Vieh. Das wurde so geplant, dass die Wärme des Viehs die gute Stube darüber heizt. Das Wohngeschoss mit der Stube und die Tenne darüber sind mit Holzbrettern verkleidet, ausgeblichen von der Sonne. Ausgespart die Sprossenfenster. Schützend legt sich das graue Walmdach aus Schiefern darüber. Neben dem Hof ein bunt blühender Bauerngarten. An der Wäscheleine baumelt zum Trocknen die frisch gewaschene Wäsche. Daneben duckt sich ein weiterer, kleinerer Bau an das Ensemble. Gleiches Material, anderer Zweck. Der Speicher. Am Speicher ein hoher Stapel Holz, für den kommenden Winter.

Weiter des Weges ein Hinweis auf die Erzwäsche. Wieder baut sich rechts ein mächtiger Hof auf, statt des Speichers daneben, nun ein modernes Wohnhaus. Die Bauweise dieses Hofes unterscheidet sich vom vorherigen. Ihm fehlt das an der Stirnseite tief heruntergezogene Walmdach. Die ersten zwei Stockwerke fest gemauert, darüber strahlen mir hellbeige Holzschindeln entgegen. Jede Schindel rund vier Finger groß, unten abgerundet. Feinsäuberlich eine neben die andere an die Fassade genagelt. Dann die nächste Reihe versetzt darüber. Eine unglaubliche Arbeit. In den kalten Wintermonaten war es im Schwarzwald die Aufgabe der Knechte, Schindeln aus dem Holz der widerstandsfähigen Tanne herzustellen. Heute unbezahlbar, ein Fall für Idealismus. Kinzigtäler Haus nennt sich dieser Baustil ohne

Walmdach. Ein Christuskreuz verbindet den Jakobshof mit dem Wohnhaus. Zum Hof gehört ein Bauernladen, Nebenerwerbsquelle für den Landwirt.

Die Herren von Gippichen gaben dem Tal den Namen. Es wird vermutet, dass auf den Grundmauern des nächsten Hofes ihre schützende Burg stand.

Die Feuerwehrprobe

Wieder treffe ich auf Kinderlachen. Dieses Mal ist es ein Ferienhof, in welchem Kinder aus der Region eine Ferienwoche verbringen. Glückliche Kindheit. Ein mächtiger Hof. Das Erdgeschoss weiß gemauert, schweres, fast schon schwarzes, massives Holz für die Stube. Fast winzig und unscheinbar die Fensterchen, zwei mal vier nebeneinander. Innerhalb des Fensters mit zahlreichen Sprossen die kleinen Scheiben gehalten. Das oberste Geschoss, die Tenne, mit Holzlatten verkleidet, darin eine Reihe mit acht kleinen Fenstern. Und ein Walmdach. Aber mit Ziegeln, obwohl der Hof schon sehr alt ist, der älteste im Kinzigtal. Ein Hof, der eine ganz besondere Geschichte erzählen kann. Im Jahre 1504 wurde der „Abrahamshof" erbaut, in den 1960er Jahren kaufte ihn eine Nachbargemeinde. Nicht wegen des Hofes, sondern wegen des Waldes, der zu dem Hof gehörte. Wald, das Sparschwein von Gemeinden. Der Hof störte nur, also wurde kurzerhand eine realistische Feuerwehrprobe beschlossen. Denkmalschutz war damals noch ein Fremdwort. Aber der fast fünfhundert Jahre alte Schwarzwaldhof kämpfte gegen die Feuersbrunst. Er gewann und überlebte, so dass einige Jahre später Zwillingsbrüder, zwei Pastoren aus Essen, ihn kaufen und sanieren konnten. Zwei Meister des Organisierens und Motivierens waren die Brüder Balkenhohl, wie sich herausstellte. Wochenende für Wochenende trafen an dem Hof freiwillige Helfer aus Essen ein und renovierten die alten Gemäuer und Gebälke. Und machten ihn zu dem, was er heute ist: ein Schmuckstück und ein Ferienhof für Kinder. Ich denke wieder an meine Jugendzeit bei den Pfadfindern, die Ferienzeiten und die Zeltlager zurück. Noch weit weg von Terminkalendern, Versicherungs- und Müllgebühren, Straßenverkehrsordnungen und Diätplänen. Ich muss an Jess Haberer denken, auch so ein Organisations- und Motivationskünstler wie die Balkenhohl-Brothers. Er leitet schon über Jahrzehnte hinweg die St. Georgs Pfadfinder in Offenburg. Geboren sind die Balkenhohls übrigens in Bochum. Die Bochumer müssen wohl ein ganz besonderes Herz für den Schwarzwald haben.

Die Bundesstraße

Ein von Kinderhand auf Holz selbstgemaltes Bild, das ein lustiges Kind beim Fußball spielen zeigt und die wenigen Autos auf dem Sträßchen zur Vorsicht anhält, bringt mich zum Schmunzeln. Eine Schlachterei bringt Realität in die Idylle. Ob die wilde Herde da oben einmal hier unten enden wird? Und dann auf meinem Teller? Sonnenblumen in den Vorgärten strahlen um die Wette. Ein weiteres Jesuskreuz erinnert mich daran, dass ich auf dem Jakobusweg bin. Zur Linken der „Bartleshof", ein Bauernhof mit uriger Stube und Schwarzwälder Vesper. Leider noch geschlossen. Ich könnte schon wieder etwas vertragen. Vergessen die Schlachterei. Ich bin ja auch schon eine Zeitlang unterwegs.

Der letzte Hof im Tal, oder wenn man so will der erste Hof, rundet die Baureihen ab. Er trägt überwiegend noch ein Strohdach, wie es im Schwarzwald sehr verbreitet war. Damals eine gefährliche Sache. Besonders bei Blitz und Donner. Heute nahezu unbezahlbar. Nur noch wenige Menschen, die das Handwerk des Strohdachdeckens beherrschen. Im angrenzenden Tal steht das Schwarzwälder Freilichtmuseum Vogtsbauernhof. In Gutach. Dort kann man alle Schwarzwälder Bauweisen und auch traditionelle Handwerker bei der Arbeit bewundern.

Eine große Gewerbehalle beendet die Romantik, dann die Bundesstraße, die ich überqueren muss. Wenn ich kann. Zurück in der Realität! Als es mir nach einiger Zeit lebend gelingt, treffe ich wieder auf die Kinzig, die sich durch Schiltach ihren kürzeren Weg bis hier her gebahnt hat und schon ganz schön breit geworden ist, seit ich sie in Schenkenzell zum letzten Mal gesehen habe. Schiltach ist ein wunderschönes geschichtsträchtiges Fachwerkstädtchen und liegt an der Talvariante. Gut zu wissen für Pilger und Wanderer, die Bergetappen scheuen.

Omas Tannenzapfen

Auf einer modernen schicken Brücke, das Auge wandert schließlich mit, überquere ich den Fluss. Auch die Kinzigtalbahn ist zurück und rauscht dicht neben dem Weg an mir vorbei. Es geht am Gewann Schmelzegrün entlang, wo einst das Eisenerz geschmolzen wurde. Nach kurzer Zeit tauche ich wieder in den Wald ein. Wieder umgibt mich die liebgewordene Stille. Ob wohl neue Aufträge im E-Mailfach liegen, Kunden ungeduldig warten?

Ein breiter Weg, in der Mitte mit Gras bewachsen, das Licht streift über ihn. Die Bäume werfen ihre Schatten neben die Lichtbänder. Wie ein Scherenschnitt. Steil steigt der Waldhang links des Weges an, dort das gleiche Spiel aus Licht und Schatten. Dazwischen Moos. Hell leuchtet die Kante des Hanges, als der

Weg eine scharfe Linkskurve macht. Wildromantisch das Bächlein rechts unter mir. Das weiße Schild mit orangener Muschel führt mich auf einen Trampelpfad, wie meine Oma jetzt sagen würde. Ein schmaler Waldpfad, bedeckt mit Tannennadeln, hin und wieder mit Wurzeln überzogen. Knorrig. Weich federn die Nadeln meine Schritte ab. Tannenzapfen liegen neben dem Weg. Diese hätten wir früher für Oma gesammelt, für ihren Küchenherd. Zum Anfeuern. In der Küche stand eine große Holzkiste, da kamen all die Zapfen und „Bengele", sprich trockene Äste rein. Was für ein wunderbarer Duft das in der Küche war. In der Adventszeit vermischt mit dem Duft von frischem Tannenreisig und Kerzenwachs.

Über ein Brett geht der Weg über das Bächlein, steigt anschließend weiter an. Verwunschen. Glücksklee am Rand. Ein Baumstumpf, mächtig muss der Stamm gewesen sein, muss schon viele Pilger gesehen haben. An einem anderen Stamm ein kunstvolles Täfelchen, noch kunstvoller die Muschel, die darauf angebracht ist. Ein Schild. „St. Jakobus-Kapelle" steht da. Und ein Pfeil.

St. Jakobus-Kapelle

Vor mir ein Wiesenstück, vereinzelt die Obstbäume. Auf einer geteerten Straße geht es bergauf zur St. Jakobs-Kapelle. Sicher schmiegt sich diese an den Waldrand und wird von der frühen Nachmittagssonne angestrahlt. Frieden strahlt dies aus. Es ist ein Ensemble. Eine kleine Kirche mit unscheinbarem Glockentürmchen, quer dazu die kleine Antoniuskapelle, vor der Kirche das Mesnerhaus. Marienbilder stehen am Straßenrand, hinauf zur Kapelle, es ist ein Stationenweg. In früheren Tagen ist die Kapelle ein beliebter Wallfahrtsort gewesen und der Weg hinauf war die

Prozessionsstrecke. Ich treffe auf zwei ältere Touristen aus dem Sauerland, die aus dem Schwärmen ob der Kapelle und der Aussicht hinunter ins Tal und in die Ferne nicht mehr herauskommen. Sie haben ja auch Recht, es ist einfach wunderschön. Ich mache ein Foto von ihnen und verspreche, dass ich die Datei in der Tourist-Info in Wolfach abgebe. Der Blick fällt auf das Vor Langenbach Tal. Ein Schwarzwaldbild, vereinzelte Höfe, wie von Künstlern in die Landschaft gestellt. Zwischen mir und der Idylle, die Straße. Motorräder zerreißen den Frieden. Dann bin ich oben. Im Mesnerhaus leben sogar noch Nonnen.

Legenden umweben die Kapelle. Hirtenbuben hörten hier einst ein Singen aus einem Baum. Er wurde gefällt, zu Tage kam eine holzgeschnitzte Statue des Heiligen Jakobus. 1433 wurde deshalb hier eine Kapelle gebaut. Graf Wilhelm zu Fürstenberg hat sie in der Reformation aber kaputt gemacht. Auf den Ruinen beteten Kinder. 1660 Wiederaufbau und schon bald erneut zu klein. Besonders wegen der Bruderschaft um den Heiligen Jakobus. Wieder machte ein Fürstenberger Graf sie kaputt. Nur dieses Mal baute er sie größer wieder auf. Im Brunnen fand man die besagte Statue wieder, die ursprünglich im Baum entdeckt wurde. Vor der ersten Zerstörung war diese im Brunnen versteckt worden. Heute steht sie im barocken Hochaltar. Deckenbilder verweisen auf die beiden Legenden. Am Leuchter Jakobusmuscheln.

Und man fand noch etwas: einen Steintrog. Daraus wurde ein Heiliges Grab, die Antonius-Kapelle wurde dafür neben die Kapelle angebaut. Interessant die beiden Beichtstühle neben dem Eingang zur Kapelle. Zu klein wird die Kirche auch heute noch. Immer zum Jakobitag am 24. Juli. Und dem Sonntag darauf. Dann wird im Freien gebetet. Der Jakobusstein mit dem Abbild des Mannes mit der Muschel am Hut schaut dann besonders erfreut auf die Kapelle. Am Mesnerhaus Holzschindeln. Das goldene

Kreuz auf dem Glockentürmchen funkelt in der Sonne. Auf dem Kreuzchen kein Wetterhahn. Dafür steht dort der Heilige Jakobus mit seinem Pilgerstab. Am Portal ein Brunnen, im Mesnerhaus Toiletten. Beides erfreut den Pilger.

Auf Ritterspuren

Der schmale fußfreundliche Weg zieht sich weiter durch den Wald hinunter und gelangt an ein hölzernes Pavillon auf einem Plateau. Fantastisch der Ausblick. Es folgen verschiedene Aussichtspunkte, die den Blick auf das Wolftal und auf Wolfach freigeben. Die Stadt schmiegt sich halbrund und geborgen um den Berg, während die Kinzig durch den Ort fließt. Ein beschauliches Bild. Ich erkenne das mächtige Fürstenberger Schloss am Ortseingang. Stolz die Spitze des Glockentürmchens des historischen Rathauses, welches leider gerade im Baugerüst steht. Christo lässt grüßen. Im Hintergrund der Kamin der Dorotheenhütte, einer Glashütte, in welcher bis auf den heutigen Tag nach alter Schwarzwälder Handwerkskunst noch Glas geblasen und geschliffen wird.

Ein Aussichtspunkt ist besonders spannend, wandle ich doch auf den Überresten einer alten Burg aus der Ritterzeit, welche die Herren von Wolva bauten. Die erste Erwähnung reicht bis auf das Jahr 1084 zurück. Unterhalb der Burg entstand die Stadt. Das muss ein ziemlich hartes Leben hier oben auf der Burg gewesen sein. Ohne Designermöbel, dreiundfünfzig Fernsehsendern und ohne Heizteppich für gefühlt bessere Raumtemperatur. Im Vergleich zum Ritterdasein muss das Mönchs- und Flößerleben ein wahres Zuckerschlecken gewesen sein.

Verlockend plätschert das Wasser an einem Brunnen, auf welchen ich später treffe. Wasser als kostbares Nass. Lebensquell für die Ritter. Für mich wurde Wasser an den bisherigen Tagen in mein Bewusstsein gehoben. Erst wenn mal keines da ist, merkt man, wie wichtig es ist. Vielleicht kämpften die Ritter auch um Wasser. Uns nachfolgende Generationen werden dies auf jeden Fall tun. Glaube ich. Die Aussicht auf dem Wolfacher Panoramaweg ist mit Sträuchern zugewachsen, dies macht meiner Vorfreude auf die Stadt aber keinen Abbruch.

Arme Wölfe

Das Stadttor, verziert mit Wappen und Jahreszahlen empfängt mich. Es ist umrahmt von dem mächtigen Fürstenberger Schloss. Dahinter verbirgt sich liebevoll das schmucke Städtchen. Haus an Haus. Es herrscht wenig Verkehr. „Des isch seit dem Tunnl so“ erfahre ich, also wegen der Ortsumfahrung der Bundesstraße. Einige stolze Cabriobesitzer des Ortes beleben die Straße trotzdem. Stolze Cabriobesitzer müssen vergesslich sein, denn sie kommen immer wieder, da sie vermutlich etwas vergessen haben. Es ist auch gut, dass die Straße nicht viel befahren ist, denn ich stehe mitten auf ihr und blicke hoch zum Tor. Vor der Besiedelung der Stadt, die mit Ackerbau und Viehzucht begann, gab es in den Wäldern noch Wölfe. Und die hatten oft und viel Appetit. Besonders auf die Tiere der Züchter. Das wiederrum gefiel den Züchtern nicht, so dass diese sogenannte Wolfshaken erfanden, mit denen die Wölfe gefangen wurden. Das Zeichen im Stadtwappen ganz links am Tor und der Name Wolfach erinnern daran. Die Wölfe überlebten das nicht.

Heute geht man andere Wege. Im Wolftal entstand ein alternativer Wolf- und Bärenpark, welcher gequälte Wölfe und Bären aufnimmt und diesen ein menschliches Tierleben ermöglicht.

Auch Yurka, die Mutter des Problembären Bruno, ist darunter. Bruno erlitt bekanntlich das gleiche Schicksal wie früher die Wölfe. Weil er den Menschen zu nahe kam.

Wolfach

Wäre ich vor einigen hundert Jahren hier vor dem Tor gestanden, so würde, wenn ich Glück hätte, zumindest noch mein Kopf aus dem Wasser schauen. Denn ein Wasserschutzgraben umzog die Stadt, über mir wäre eine Zugbrücke. Mauerreste neben mir deuten das äußere Ende an. Eine Schautafel links des Turmes gibt einen Eindruck davon, wie es ausgesehen haben mag. Das Schloss der Fürstenberger ist gewaltig und nach dem Rastatter Residenzschloss die zweitgrößte Anlage dieser Art in Mittelbaden. Linker Hand endet die Mauer mit einem Rundtürmchen. Früher wäre die Sicht von innen nach außen sehr unangenehm gewesen, war es doch das Verließ. Das Fürstenberger Geschlecht herrschte in Wolfach ab dem Jahr 1305 wie die Jahreszahl unter dem zweiten Wappen auf dem Stadttor verrät. Als eine gewisse Udilhilt, letzte Witwe der Herren von Wolfach, einen Fürstenberger heiratete. Das Schloss wurde gegen Ende des siebzehnten Jahrhunderts erbaut. Napoleon gefiel diese Fürstenberger Macht nicht. Das Napoleon freundliche Hause Baden hingegen hat es gefreut, bekam es doch 1806 Wolfach im Zuge des linksrheinischen Gebietstausches zugesprochen.

Ich betrete das Städtchen. Hier ist die Lebensqualität zu Hause. Wie eine große liebe Familie reihen sich die bunten Häuser aneinander. Bäckereien, Metzgereien, Wirtshäuser, Geschäfte, Wohnhäuser. In einem Bächle, sprich einem kleinen eingefassten Wassergraben, wie ich es aus Freiburg kenne, plantschen und spritzen die barfüßigen Kinder im knöcheltiefen Wasser. Überall Blumenschmuck. Bunte Fahnen wehen über der Straße. Heile Welt. Das „ach“ aus Wolfach leitet sich übrigens aus dem früheren Wort „Aach“ für „Fluss“ ab. Viele Orte entlang der Kinzig tragen deshalb diese Endung.

Von Geldbeutelwäschern und Nasen

Das Zimmer ist schnell gefunden, ein historisches großes Fachwerkhaus mitten im Ort. Noch schneller war mein Gepäck. Es ist schon da. Schon Kaiser Wilhelm III weilte hier. Vielleicht heißt das Hotel deswegen Hotel Krone. Auch Zarah Leander soll hier genächtigt haben. Und Sepp Herberger. Ich bin also wieder in bester Gesellschaft. Vor dem Haus ein blumengeschmückter Stadtbrunnen mit liebevoller Steinmetzarbeit und einer kunstvollen Nepomuk-Statue oben drauf. Am Wasserauslauf Eulengesichter. Die Wolfacher Geldbeutelwäscherzunft verleiht zur Fasnachtszeit den Eulenorden. Aha. Und am Aschermittwoch macht sich die Zunft auf, in Frack und Zylinder, im Brunnen ihren leeren Geldbeutel zu waschen. Selbst wenn der Tunnel gerade mal gesperrt ist. Dann müssen die Autos eben warten. Und die Cabrios auch. Gefährlich ist es für eine bestimmte Spezies Frauen bereits am Fasnachtsdienstag. Ebenfalls an diesem Brunnen. Dann bewegt sich der Nasenzug durch die Stadt, der ausschließlich Männern vorbehalten ist. Fantasievolle Kostüme und vor allem selbstgebastelte Nasen zeichnen diese Männer aus. Außerdem ist vorgeschrieben den Kittel „letzrum“, sprich den Mantel linksseitig zu tragen. Ein Hut mit Kienspan auf dem Kopf zu haben, und eben: man muss ein Mann sein. Immer wieder schleicht sich dann doch diese Spezies Frauen ein, die ebenfalls verkleidet, verbotenerweise auch mitmarschieren. Kleine Sünden bestraft der liebe Gott sofort. Wird eine Frau erwischt, landet sie im kalten Brunnen. „Da haben vier Stück Platz“ wie mir Gerhard Maier, Wolfacher Urgestein, Tourist-Info Leiter und überzeugter Narr, mit einem Schmunzeln zu berichten weiß, als ich mir meinen Pilgerstempel auf der Tourist-Information im Rathaus abhole. Selbst ist er ein Nussschalenhansele, eine der zahlreichen Narrenfiguren in Wolfach. Denn Wolfach ist eine Narrenhochburg oder wie man in Wolfach sagt: Fasnethochburg. Vor der Nussschalen-Narretei steht aber die Arbeit. Über tausend Walnüsse müssen gesammelt werden, fein säuberlich halbiert, gesäubert und anschließend auf das Häs, wie man hier für Kostüm sagt, aufgenäht werden. Streng nach Vorschrift, die Hüter der schwäbisch-alemannischen Zünfte wachen darüber! Ordnung muss sein.

Mr. Melody

Ein Blick auf Ansichtskarten verrät wie schön das Rathaus ist, wenn das Baugerüst erst einmal wieder weg ist. Ein prächtiges Fresko schmückt die stattliche Fassade des Rathauses, dessen Vorgänger 1892 einem Brand zum Opfer fiel. Einem Brand zum Opfer fiel auch das alte Benz-Feuerwehrauto von 1926, ganzer Stolz der historischen Feuerwehrtruppe. Nicht aufgeben und Zusammenhalten ist seither die Devise. Benz-Aktien werden herausgegeben und die halbe Stadt spendet für die Restaurierung. Wieder schlägt mein Oldtimerherz höher. Ich kaufe Ansichtskarten. Ob meine Freunde mit dem Zeigefinger wohl über das Bild wischen, weil sie glauben, es kommen dann noch weitere Fotos?

Die Speisekarte in der Krone reicht von Pizza Quattro Stagioni über Gnocci Romana bis hin zu Saltimbocca. Typisch

Schwarzwald eben. Aber sehr lecker, wie ich feststelle. Als ich in der Gartenwirtschaft vor dem Haus meinen zweiten Lambrusco bestelle, wird die Straße gesperrt! Warum das denn? denke ich. Bierbänke werden aufgebaut und wenig später erklingt das Kuhglocken-Duo. Auf der Straße, mitten vor dem Rathaus. Er mit Kuhfleckenkrawatte. Schwarz und Weiß. Heile Welt. Begeistert lauschen die Besucher dem Kurkonzert, singen und klatschen kräftig mit. Ich nehme mein Handy aus der Tasche und filme es. Sonst glaubt mir das Zuhause keiner. Zwischen den Liedern Witze. Zur Sicherheit mache ich noch einen Tonmitschnitt.

Fast dreißig Jahre ist es nun her, als ich als Alleinunterhalter Mr. Melody Hochzeiten, Feiern und Hotel-Brunches mit meinem Spiel, Gesang und Witzen bereichert habe. Ich möchte nicht wissen, wie viele Ehen davon heute noch existieren. Bei diesem Start! Sechzehn war ich damals, als ich dazu meine erste Firma gegründet habe. Gründen musste. Wegen der Steuern. Und der Gema. Heute darf man mit sechzehn Jahren nach zweiundzwanzig Uhr nicht einmal mehr alleine auf der Straße sein. Ich glaube, früher auch nicht, da hat es aber wohl keinen interessiert. Ein Highlight war Silvester in der Schwarzwaldklinik. Alkoholverbot. Achthundert Mark Gage! Bis ich früh morgens auf der Silvesterparty zu Hause ankam, war der Frauenmarkt vergeben. Achthundert Mark der Preis des Loosers. Das war an Silvester immer so. Als das Kuhglocken-Duo „Die Kleine Kneipe" spielt, bestelle ich mir noch mal einen Rotwein. Auch lecker. Nicht lecker ist der Himmel. Er zieht zu und später beginnt es zu regnen. Der Juniorchef erzählt mir drinnen noch seine Geschichte: Mitte vierzig und einen Schlaganfall überlebt, „und schon wieder auf dem Wege der Besserung." Ich hoffe es für ihn. Und er erzählt mir, wie Bürgermeister Moser ihn besuchen kam, als dieser auf Motorradtour an der Lahrer Herzklinik vorbei kam. „Nach seinen Schäfchen schauen". Auch besucht hat ihn der Oberwolfacher Unternehmer Heizmann, erzählt Björn, der Juniorchef, weiter. Da war es für ihn auch keine Frage, Heizmann, als dieser später in Wolfach im Krankenhaus lag, eine Grillwurst, frisch vom Markt, zu bringen. „Heizmanns samstägliche Leibspeise". Geschichten, die nur das Leben schreibt. In Wolfach. Zwei Rotweine später hilft Björn mir die Treppe hoch.

Ich bin ein Werbefuzzi und kein Pilger. Und ich will schöne Fotos mit blauem Himmel. Das war schon immer so. Aber es regnet. Soll ich morgen etwa im Regen laufen? Dann wird doch meine nagelneue Soft-Cell-Primaloft-Mikrofaser Outdoor-Jacke nass. Und mit den schicken Sportschuhen kann ich auch nicht laufen, die saugen sich doch sofort mit Wasser voll. Und die neuen Wanderschuhe reiben immer noch an den Fersen. Ich werde morgen den ersten Zug nach Hause nehmen und später, bei schönem Wetter wiederkommen. Das bin ich den Touristikern schuldig ist der letzte Gedanke, bevor ich einschlafe.

Dienst nach Vorschrift

Über Nacht ist der Regen verflogen. Der Tag scheint schön zu werden, vielleicht fahre ich ja doch nicht nach Hause. Als ich aus meinem Zimmer auf die Straße und die noch tief schlummernden Häuser schaue, fährt gerade ein kleines orangenes Vehikel der Stadtwerke zum Brunnen. Auf der Pritsche ein Wassertank. Ein Mann im Orangemann steigt aus und klettert auf den nassen Brunnenrand. Und gießt die Blumen. Nepomuk auf dem Brunnen schaut ihm zu. Dienst nach Vorschrift. Wer weiß, ob der Regen auch wirklich Wasser war. Ich halte die Kamera bereit, falls er in den Brunnen fällt. Darf ein Pilger eigentlich schadenfroh sein? Ich packe die Kamera wieder weg. Das kleine gelbe Postauto kommt die Straße entlang. Ob es nach St. Roman fährt? In der Bäckerei gegenüber brennt nun Licht und schimmert auf die Pflastersteine des Gehweges. Wie bei Van Goghs Café-Szene in Arles. Vereinzelte Frühaufsteher holen ihre Frühstücksbrezel, bevor es zur Arbeit geht. Die Sonnenschirme an dem Gasthof gegenüber waren die ganze Nacht hindurch geöffnet und haben die kleinen Tische darunter beschützt, die auch heute wieder auf Gäste warten. Stolz strahlt das schmiedeeiserne Wirtshausschild über dem Eingang. Das war mir gestern noch gar nicht aufgefallen. Aufgefallen war mir jedoch das ebenfalls schmiedeeiserne Schild der alten Apotheke neben dem Gasthaus. Die Apotheke will ich mir nachher genauer anschauen. Die ersten Sonnenstrahlen streifen die Dächer der Häuserreihe.

Im Frühstücksraum richtet Björn schon hektisch das Frühstücksbuffet. Wie gesagt, ich hoffe für ihn, dass alles gut geht. Von einem langjährigen Weggefährten musste ich mich im Frühjahr für immer verabschieden. Auch einen Schlaganfall überlebt. Aber die zweite Chance nicht genutzt.

Ich erkunde die Stadt im aufkommenden Morgenlicht. Ich liebe es, erwachende Städte zu besichtigen. Wildfremde Menschen grüßen mich mit einem Lächeln. An der Stadtbrücke, wo einst das prächtige obere Tor den Eingang zur Stadt markierte, geht rechter Hand schon bald die Sonne auf, wie ich an dem verschleierten Licht, welches sich über dem Waldrand und über der Kinzig breit macht, erkennen kann. Zarter Morgennebel liegt in den Wäldern und über dem Fluss. Die Silhouette der Kirche zeichnet sich vor diesem Naturschauspiel ab. Und dann ist es wie gestern in St. Roman. Die Wälder verfärben sich und beginnen zu strahlen, der Nebel bricht das Licht. Nur dieses Mal bekommt die Szenerie noch einen Akkord hinzugefügt. Die Kinzig wird zum Spiegel und reflektiert diese Symphonie für die Sinne. Rötlich, lila und orange. Dazwischen Blautöne. Zart und in Pastell. Und dann ist sie da, die Sonne, strahlt mir warm ins Gesicht. Heute wird ein guter Tag.

Von Wolfacher Flößern

Gleichsam einer Promenade in mediterranen Gefilden sind die beiden Ufer der Kinzig befestigt, diese fließt mitten durch den Ort. Das warme Morgenlicht unterstreicht den einladenden Charakter. Vermutlich nicht ohne Grund. Zu Beginn des neunzehnten Jahrhunderts war Wolfach ein bekannter Kiefernadelbad-Erholungsort. Mit Kurhotel und allem Drum und Dran. Eine Mineralquelle speiste die Bäder, Kiefernadeln gab es genügend. Erfindung des Wellnessurlaubes sozusagen. Als die Quelle versiegte, versuchte man mit Bohrungen nachzuhelfen. Der Bohrkopf brach ab. Ende der Geschichte. Der Erste Weltkrieg steuerte zudem seinen Teil dazu bei. Ein Kurhotel gibt es aber immer noch und meine zwei Pfälzer Freunde von der Jakobuskapelle schwärmten davon.

Die Flößerei bestimmte über Jahrhunderte die Entwicklung der Stadt. Die Uferwiesen zeugen von der Flößergeschichte, als hier von den Schifferschaften die Flöße gebunden wurden und so Wohlstand in die Stadt kam, wie mir Margarete Dieterle bei meinem Besuch später im Flößermuseum berichtet. Als die Alleinherrschaft der Schifferschaften durch die Gewerbefreiheit beendet wurde, endete auch der Neid. Aber auch die Pflege der Anlagen und der notwendigen Wehre. Denn die Pflege wollte sonst keiner bezahlen. Manche Eigenschaften überleben die Zeit. Die aufkommende Industrialisierung und damit der Bedarf auch anderer Nutzer der Wasserkraft sowie der Bau der Eisenbahn beendete die Diskussion endgültig.

Heute erinnern Flößerfeste und die Flößergilde an die traditionsreiche Vergangenheit. Am Ufer liegt eine original Holländertanne und gibt mir einen Eindruck davon, wie mächtig die größten der Schwarzwaldtannen sind. Und was es bedeutet haben muss, diese bis zur Kinzig zu bringen. Um anschließend, mehrere nebeneinander liegende Stämme miteinander zu Gestören verbunden, zu flößen. Die mächtigen Segelschiffe der holländischen Flotte benötigten die Stämme für ihre hohen geraden Masten. Auch der Städtebau in Straßburg, Amsterdam und anderswo wartete sehnsüchtig auf das Schwarzwälder Holz.

Im Flößerpark, welchen ich über eine Fußgängerbrücke, den Gassensteg erreicht habe, erinnert zudem ein Wiedenofen an die harte Arbeit der Menschen in den Wintermonaten. Dann wurden dicke Weidenäste erhitzt, gebogen und gebunden. Mit diesen Wieden wurden anschließend die einzelnen Gestöre zu einem flexiblen und gelenkigen Floß zusammengebunden, um die Kurven der Kinzig zu besiegen. Ganz hinten der Bremser, der mit seiner schweren Sperre tief in den Grund des Flusses stechen konnte, um das Floß zu bremsen und somit zu strecken, damit es sich nicht verkeilte. Und um nicht schneller zu sein, als die Welle, auf der sie ritten. An den Hauswänden entdecke ich Hochwassermarkierungen in Augenhöhe. Die Kinzig. Freund und Feind der Menschen. Auf dem Gassensteg ebenfalls eine Nepomuk-Statue, Schutzheiliger der Flößer.

Totenkopf und Herz aus Glas

Der goldene Mörsertopf im Schild der Apotheke reflektiert die Sonnenstrahlen. Fürstlich wirkt das. Schmiedeeisern auch die Fensterläden, welche die historischen Butzenfenster einrahmen.

Grünes Blattwerk klettert an der Hauswand empor und umsäumt die antike Uhr sowie die „Pharmacie"-Leuchtwerbung vergangener Jahrzehnte. Am Erker kunstvolle Keramikbilder. Sie zeigen die Alchemisten in ihrer Werkstatt. 1736 steht an dem Erker, Blau bestimmt die Farbharmonie. Die Kunstwerke an den Seiten des Erkers sind noch älter, dort strahlt die Jahreszahl 1618. Fast vierhundert Jahre alt also. Und er hat nichts von seiner Schönheit eingebüßt.

Vor mir steht wenig später ein angsteinflößender Mann. Glatze, ein langes spitzes Kinnbärtchen, breite Schultern, ein Totenkopf auf dem linken muskulösen Oberarm tätowiert, „Harley Davidson"-Logo auf dem rechten muskulösen Oberarm. Er ist ein Kopf größer als ich. Modell Bassist in einer Heavy Metal Band. Holger Müller. Und er überrascht. Seine Augen leuchten. „Als ich ein kleiner Bub war, bin ich in meiner Heimat Schönborn morgens auf dem Schulweg an den Fenstern der Glasfabrik stehen geblieben und schaute fasziniert, wie die starken Männer da drinnen mit glühendem Glas hantierten". Ein Funkeln geht durch Holger Müllers Augen, als er mir das erzählt. Denn statt die schweren Saiten des Basses zu schlagen, formt er sensibel und sehr gefühlvoll filigranes Glas. Handwerkskunst in Perfektion. Holger Müller ist Glasbläser in der Dorotheenhütte. Meister seiner Handwerkszunft. „Als Glasbläser ist man ständig zwischen Genie und Wahnsinn. Wenn die Glasschmelze ihre ideale Temperatur erreicht hat, muss es ganz schnell gehen. Jeder Handgriff, jeder Luftstoß in die Glasmacherpfeife muss sitzen." Kunst in absoluter Vollendung. Keine zweite Chance. Holger Müller lächelt. „Es ist wie beim Kochen, mit jedem Mal wird man besser, experimentiert".

Das Holz war es, das die Glasbläser in den Schwarzwald führte. Von der Schweiz und dem Südschwarzwald kommend, siedelten sich die Glasbläser auch im Kinzigtal an. Holz wurde gebraucht zum Anfeuern. Und Holz wurde gebraucht, um Pottasche zu erzeugen. Pottasche senkte den Schmelzpunkt der Glasmasse, machte sie geschmeidig. Heute kommt die Pottasche aus fertigen Säcken, aus Chemiewerken. Der Wald dankt es, denn der war auch im Kinzigtal schnell verbraucht. Deswegen waren Glasbläser auch Vagabunden. Wald weg, Glasbläser weg. Und sie lebten gefährlich. So wie die Alchimisten. Im fünfzehnten Jahrhundert konnten die Menschen das sich bewegende Glühen im dunklen Wald nicht deuten. Ketzerei. Zauberei. Dass die Klöster Hauptabnehmer des Waldglases waren, machte den Ruf nicht besser.

Heute ist es keine Zauberei mehr. Höchstens für die Kinder, die begeistert neben Holger Müller stehen und ihn bewundern. Besonders Mutige wollen auch selbst einmal in die Glaspfeife blasen. Holger Müller freut es, den starken Mann mit dem gläsernen Herzen.

Opa

Der Zug ist ohne mich gefahren, die Sonne scheint ja wieder. Und den Rucksack trage ich jetzt auch wieder selbst. Der Ehrgeiz hat mich gepackt. Auf dem Weg zum Gassensteg entdecke ich ein Wandbild, welches die mutigen Flößer bei ihrer Arbeit auf der Kinzig zeigt. Über diese Brücke führt mein Jakobusweg weiter. Wenige Schritte später fließt die Wolf in die Kinzig. Im Laufe meiner Reise wird die Kinzig auf diese Weise immer noch breiter und immer noch gewaltiger werden. An dieser Stelle war in früheren Zeiten der Umbindeplatz. Flöße aus dem Wolftal und aus dem oberen Kinzigtal wurden hier zusammengebunden. Bis zu sechshundert Meter lang waren diese dann.

Forellen schwimmen zu Scharen im Fluss, so rein ist das Wasser. Ich mache einen kurzen Abstecher zum Aussichtspavillon. Von dort oben habe ich noch einmal einen grandiosen Ausblick auf die Stadt, das Wolftal und den Weg, auf welchem ich gestern auf der anderen Seite des Berges und der Stadt gekommen bin. Von hier ist die mächtige Dimension des Fürstenberger Schlosses noch besser zu erkennen. Am anderen Ende der Stadt steht noch eine Kirche. Dort liegt der eigentliche Ursprung der Stadt. Das schaue ich mir das nächste Mal an.

Nach dem Schulgebäude geht der Jakobusweg steil in den Wald. Am nächsten Hinweisschild komme ich ins Staunen, ist doch der Holzpfahl und das Muschelschildchen mit Stacheldraht umwickelt. Warum das denn? denke ich. Ich komme zum Ehrenmal für die Gefallenen und Vermissten der Weltkriege. Einhundertachtundfünfzig Tote und vierundzwanzig Vermisste. Darum! Ein kleines junges Bäumchen wächst hoch oben auf einer der steinernen Säulen des Ehrenmals. Leben und Tod. Tod und Leben. Mir wird warm. Ich habe meine Opas nie kennengelernt.

Oma

Nach einem weiteren Aufstieg, zunächst auf einem breiten Holzfuhrweg, dann auf weichen Serpentinen, führt der Weg in den Wald hinein. Malerisch der grüne Farn, wie er von der Sonne angestrahlt wird, unbeugsam die selbstbewussten Stämme der Tannen, geheimnisvoll das Schattenspiel. Es geht am Waldrand entlang, eine Wiese eröffnet den Blick weit ins Tal, auf Happach, bis hinüber zu den Überresten der alten Burg Wolva, das Schlössle von Udilhilt. Vermutlich um 1050 erbaut, im fünfzehnten Jahrhundert erneuert und dann dem Verfall preisgegeben. Auf den

Dächern der Schwarzwaldhöfe Solarzellen. Erneuerbare Energie. Schlaue Bauern. Gut für den Wald, aber schade für das Foto.

Goldgelb erscheinen die Wiesen, übersät von Löwenzahn. Die Perlen des Morgentaus glitzern im Gras. Dort, wo die Morgensonne sie noch nicht aufgesaugt hat. Auf den saftigen Wiesen grasen Kühe. Reife, dunkle Brombeeren wachsen entlang des Weges. An einer Bank lege ich meinen Rucksack ab und hänge mein nasses Hemd über einen Ast. Mittlerweile ist es sehr sonnig geworden und der Aufstieg hat Tribut gezollt. Ich pflücke von den süßen Beeren und genieße sie einzeln. Als Kinder sind wir mit unserer Oma oft Brombeeren pflücken gegangen, Oma hat anschließend Brombeerlikör gemacht und ihn in kunstvoll geschliffene vierkantige Flaschen abgefüllt. Und wir Kinder durften anschließend probieren. Heute käme vermutlich das Jugendamt. Ich habe meine Opas nie kennengelernt. Wie schlimm muss der Verlust erst für meine Omas gewesen sein.

Schwarzwaldmauer

Ein leises Grollen erfüllt die Luft, zunächst nur dunkel und brummelnd, dann grell und pfeifend. Es wird lauter und lauter. Rasend schnell. Es dröhnt, schreit, die Erde vibriert. Zwei Kampfjets ziehen im Tiefflug direkt über meinen Kopf. Flügel an Flügel. Ich kann fast die Piloten sehen. Kriegsmaschinen. Machtdemonstration. Welch absurde Szenerie! Die letzten Tiefflieger, die ich im Schwarzwald erlebt habe, sind bestimmt zwanzig Jahre her. Tiefflugband nannte sich das damals, die Kriegspielschneise durch die Schwarzwaldtäler. Schwarzwaldmauer nannten es die Privatpiloten. Nur, warum gerade jetzt? Nach zwanzig Jahren? Will mir da oben jemand etwas sagen? Eine Seele aus einem Stern? Meine

Opas? Meine Omas? Oder geht mir die Pilger-Einsamkeit und die Stille so auf das Gemüt, dass ich beginne, alles deuten zu müssen?

So schnell wie sie gekommen sind, verschwinden sie auch wieder und die Stille erobert den Raum zurück. „Wir kämpfen auch dafür, dass sie gegen uns sein können". So oder so ähnlich lautete ein Werbespruch der Bundeswehr aus den Achtziger Jahren, wenn ich mich jetzt nicht irre.

Es sind die Kontraste, die uns das Leben bewusst machen. Ohne Laut kein Still. Ohne Klein kein Groß, ohne Kalt kein Warm, ohne Dunkel kein Hell. Ohne Hass keine Liebe. Ohne Hass keine Liebe? Das glaube ich jetzt nicht. Liebe geht auch ohne Hass. Ganz bestimmt.

Wegen der Kontraste liebe ich den Schwarzwald. Deshalb liebe ich auch den Winter. Denn nur so kann ich mich auf den Frühling freuen. Heute werde ich ganz besonders auf die kleinen Dinge am Wegesrand achten. Ich nehme Brombeeren und gehe weiter. Danke Oma.

Willkommen auf dem Jakobusweg

Die verlorenen Seelen in den Sternen halten aber noch eine Zugabe für mich bereit. Inmitten des Waldes auf einer Anhöhe das wohl ergreifendste Erlebnis. Früher vermutlich eine Lichtung, heute steht da Baum an Baum, es dringt kaum Licht nach unten. Im Dickicht der Bäume ein kleiner Rastplatz mit Tisch und Bänken. Und mit Jesuskreuz und Madonna, dem Weißen Kreuz. In die Jahre gekommen, aber schön. Die Farbe schon ziemlich abgewaschen. Auf dem hölzernen Dächlein des Jesuskreuzes wächst Moos. Das Kreuz selbst ist steinern. Über dem filigranen Jesus ist eine kleine Jakobusmuschel angebracht. Zu seinen Füßen, auf einem kleinen Vorsprung die traurige Maria, den Kopf gesenkt. Ich mache ein Foto.

„Bereue Deine Sünden“ steht da auf einem Schild. „So viel Zeit habe ich nicht“, denke ich.

Da bahnt sich urplötzlich aus dem Nichts ein einzelner, gebündelter Sonnenstrahl seinen Weg durch das dichte Blätterwerk und strahlt genau und exakt auf die Madonna. Wie ein heller Spot im Theater. Jetzt wird mir heiß. Willkommen auf dem Jakobusweg.

Gut, dass ich die Kamera dabei habe, ich fotografiere es. Das würde mir zu Hause bestimmt niemand glauben. Nicht einmal ich mir selbst.

Wie schön muss Liebe sein

Moos bedeckt den Waldboden, Tannenzapfen liegen daneben, Klee sprießt aus der Erde. Teilweise ist die Beschilderung nicht eindeutig, ich brauche wieder meinen Menschenverstand. Mir kommt ein Wanderer entgegen. Strenges, steinernes, angespanntes Gesicht. Ungefähr Mitte Fünfzig. Die Hände in die Tragerie-men seines Rucksackes gekrallt. Zielsicherer, flotter Schritt. Mein „Grüß Gott“ bleibt unerwidert. Er zieht rasch vorbei. In gebührendem Abstand folgt eine Frau. Seine Frau, wie ich vermute. Anfang Fünfzig. Die Mundwinkel nach unten gezogen, japsend. Den Blick genauso steinern geradeaus. Der Blick spricht Bände. Wie schön muss Liebe sein!

Als der Weg den Wald verlässt, ist er umgeben von Wiesen und knorrigen Obstbäumen. Das Mittagslicht beleuchtet das Bild und bricht sich in den Blättern der Bäume. Saftige Äpfel hängen an den Ästen. Ein zweites Mal auf meiner Wanderung wird der Begriff Idylle erfunden. Vor mir, etwas unterhalb, liegt der

„Käppelehof", ein alter ehrwürdiger Schwarzwaldhof, der heute als Gasthaus dient. Dazugehörend eine kleine Kapelle. Unter dem stolzen Hof öffnet sich das Tal und gibt weiteren einsamen Höfen eine Heimat. In der Ferne eingerahmt durch die Berge des Schwarzwaldes. Die Bedienung breitet gerade die Tischdecken in der Gartenwirtschaft aus. Ich fasse dies als Einladung auf und gehe abwärts. Auf dem leichten Abstieg dahin treffe ich auf ein junges Paar mit großen Rucksäcken. Die beiden sitzen auf einer Bank in der Sonne. Über ihnen, als wolle er dieses Glück mit seinen mächtigen Armen beschützen, ein fürstlicher Apfelbaum. Das Gegenlicht lässt die Blätter des Baumes und die Silhouetten der beiden leuchten. Der junge Mann trägt ein grünes T-Shirt. Das frische Grün seines Shirts passt harmonisch in das Gesamtbild. Ein Bild für das Familienalbum. Ein glückliches, tiefenentspanntes Paar. Ich denke mal, Anfang Zwanzig. Ich kann nicht anders als sie anzusprechen, sind sie doch der absolute Kontrast zu dem Paar eben. Ob sie auch auf dem Jakobusweg unterwegs sind, will ich nach einem freundlichen „Grüß Gott" wissen. Ich würde zu gerne endlich auch andere Pilger treffen. Sie sind jedoch unterwegs auf dem Westweg und übernachten in Schutzhütten, wie ich erfahre. Sie sind aus Vaihingen und begehen den Westweg ab Dobel. Das erste Stück von Pforzheim bis Dobel haben sie an Silvester gemacht. Klingt verrückt, aber ich glaube es den beiden. Händchen haltend gehen sie weiter. Beneidenswert. So schön kann Liebe sein!

Nun setzte ich mich auf diese Bank und lasse den Blick in die Ferne schweifen. Ich genieße das Hier und Jetzt. Die Sonne wärmt meinen Rücken. Ein zarter Wind streicht mir über das Haar. Ich höre Grillen zirpen und Vögel singen. Das Glöckchen der Kapelle läutet, als wolle es sagen: Mittagessen ist fertig! Die ersten Gäste trudeln ein. Mit dem Auto. Da kann ich Pilger nur müde lächeln.

Papa

Zwei weitere Wanderer gehen gemütlich an mir vorbei und grüßen freundlich. Seltsam, den ganzen Tag habe ich noch keine Menschen getroffen und jetzt gleich so viele kurz nacheinander. Die beiden Wanderer folgen auch der roten Raute des Westweges. An dieser Stelle kreuzt der bekannte Westweg, der den Schwarzwald von Pforzheim bis Basel der Länge nach durchzieht, den Kinzigtäler Jakobusweg, der den Schwarzwald quer durchläuft.

Es wird still um mich. Ich spüre wieder meinen Herzschlag. Er wird stärker, Unruhe ergreift mich. Ich schließe die Augen. Ich muss unweigerlich an meinen Papa denken, wie er davon schwärmte, als junger Bursch den Westweg gelaufen zu sein. Mit einem kleinen klappbaren Zelt auf dem Rücken, welches er abends mitten in der Natur so aufbaute, dass ihn am nächsten Morgen die ersten Sonnenstrahlen wecken würden. Traurig klang seine Stimme, als er mir das erzählte. Sehnsucht klang in ihr und das Wissen, es nicht mehr wiederholen zu können. Zwei Jahre später ist er gestorben. Vor seinem dreiundsiebzigsten Geburtstag. Viel zu früh. Ob er mich gerade sieht von da oben, wie ich hier so sitze? Ich glaube, er wäre so gerne mit mir noch einmal gewandert, wie er das mit uns als Kindern gemacht hat. „Zu viele Termine, zu viel Arbeit. Später!" hat er immer nur gehört. Tränen rollen mir über das Gesicht und mein Entschluss steht fest. Auch ich werde den Westweg wandern! Und den Jakobusweg ab sofort ernster nehmen.

Schäufele mit Kartoffelsalat

Bei meiner Frage nach dem Rezept für den Kartoffelsalat versteht die Bedienung des „Käppelehofes“ keinen Spaß. „Des gibbs net!“ war die spontane, aber mit einem Lächeln versehene Antwort. Für dieses Schäufele mit Kartoffelsalat würde ich den Weg glatt noch einmal gehen. Und für die Aussicht, die ich von meinem Tisch auf der sonnigen Terrasse genieße, sowieso. Links und rechts öffnet sich der dichte Wald: saftige blühende Wiesen fallen talwärts und treffen sich an einem kleinen Bächlein. Weit öffnet sich das Tal, ich muss meinen Kopf drehen, um das ganze Panorama zu erfassen. Stattliche Schwarzwaldhöfe stehen darin, als ob sie zur Dekoration für Touristen in die Schwarzwaldlandschaft gesetzt worden wären. Stolz und dennoch bescheiden die Bergkette, die das Bilderbuchmotiv einrahmt. Mein Vater hätte jeden dieser einzelnen Bergrücken mit Namen gekannt. Ich jedoch habe keine Ahnung. Die Fassade des „Käppelehofes“ ist aus dunklem Schwarzwälder Holz, ein rotes Meer von Geranienblüten in den Blumenkästen vor den Fenstern leuchtet im Kontrast dazu. Die Bedienung im Dirndl verrät mir zumindest, dass der Koch die Brühe des Schäufeles unter den noch warmen Kartoffelsalat mischt.

Am Nebentisch sitzt ein älteres Ehepaar mit Pfälzer Dialekt. Er sagt etwas, sie geht mit scharfer Stimme dominant dagegen. Er sagt wieder etwas, sie ist dagegen. Was auch immer er sagt, sie hat eine andere Meinung. So geht das die ganze Zeit. Er hat sich seinem Schicksal schon ergeben. Sie merkt es nicht. Im Urlaub, an einem der schönsten Plätze der Erde, in herrlichstem Sonnenschein und die beiden haben nichts Besseres zu tun. Wo liegt da der Sinn des Lebens? Als Kontrast dazu das Lächeln der Bedienung, welche mir mit einem freundlichen „Zum Wohl“ ein Bier hinstellt.

Der Hornberger Landsknecht

Ein alter Mann in historischem Landsknechtgewand grinst mich von dem Aufdruck des Bierglases an: eine Hommage der Hornberger Familienbrauerei Ketterer an das Hornberger Schießen. 1564, so die Legende, kündigte der württembergische Herzog seinen Besuch in dem kleinen Schwarzwaldstädtchen, seinem Obervogteiamt, an. Da wollte man ihn natürlich gebührend mit lautem Kanonendonner empfangen, sobald er mit seinem Gefolge das Tal hoch geritten kam. Der Nachtwächter hielt Ausschau auf dem Schlossberg. Heiß war es an dem Tag und so floss manch Krug Bier durch die Kehlen der Landsknechte. Manch Krug zu viel wie Spötter sagen. Und so kam es, wie es kommen musste. Mit unscharfem Blick verwechselte der Nachtwächter alles, was sich dem Städtchen näherte und blies fest in sein Horn. Jedes Mal donnerten die Kanonen so laut sie nur konnten, von Mal zu Mal lauter. Und als der Herzog wirklich kam, war alles Pulver verschossen. So blieb den Landsknechten nichts anderes übrig als kräftig „Piff Paff" zu schreien, statt zu schießen. Und so ging das Hornberger Schießen, welches Friedrich Schiller in seinen Räubern schon zitierte, in den deutschen Redensschatz ein, wenn viel Getöse um etwas gemacht wird und am Ende nichts dabei herauskommt. Oder anders gesagt, „wenn einer stets lebt in Saus und Braus, geht ihm zu früh das Pulver aus". Zu erleben als farbenprächtiges Historientheaterstück auf der romantischen Hornberger Freilichtbühne. Mit viel Selbstironie. Was mir dazu noch einfällt? Finanzminister Schäuble ist auch in Hornberg aufgewachsen. Sehr süffisant. Ich will seinen Job nicht machen müssen.

Das Paar am Nebentisch reißt mich wieder aus meinen Gedanken. Bemitleidenswert. Ich muss unweigerlich an „Schnabbl und Gerd" denken, zwei Helden aus Hape Kerkelings Jakobusweg

„Ich bin dann mal weg“. Die Pracht der Geranien strahlt unbeirrt im Kontrast vor dem dunklen Holz des „Käppelehofes“. Kinder spielen unbekümmert auf dem Spielplatz des Gasthofes. Der große Bruder schupst die kleine Schwester auf der Schaukel an.

Ich gehe in die Kapelle. Schlichte weiße Wände und Holzschnitzereien. Die Kapelle ist dem Heiligen Wendelinus geweiht, dem Heiligen der Bauern, und wurde 1738 erbaut. Bauer und Erbauer Jakob Bächle war ein Schlauer, denn er beantragte zudem das Schankrecht für seinen Hof, um die Pilger zu verköstigen. Hat er gut gemacht. Wer weiß, ob ich heute sonst dieses Schäufele bekommen hätte. Und, heute ist Gottseidank nicht Montag oder Dienstag. Denn da hat der „Käppelehof“ Ruhetag. Wäre ja auch schade um das Schäufele, wenn man das verpasst. In der Kapelle steht eine Statue des Heiligen Jakobus.

Hausach

Weich federt der Weg meine Füße ab, als ich am Waldrand entlang weiter wandere, talabwärts. Ein Blick zurück in die Idylle und dann ein Eintauchen in den Wald. In die totale Stille. Der Weg vom Osterbachtal bis Hausach ist leider nicht so spannend, verdecken doch die Bäume die Sicht auf das, wie ich weiß, wunderschöne Einbacher Seitental. Nur einmal geben die Bäume die Sicht frei auf den gegenüberliegenden Brandenkopf, einer der höchsten Berge im mittleren Schwarzwald. Fast neunhundertfünfzig Meter ist er hoch, die Spitze des eleganten und markanten Fernsehturmes greift noch weiter in den Himmel hinein. Auf einem kleinen Wiesenstück darunter hadert ein einsamer Bauernhof seinem Schicksal und wartet darauf von dem Wald verschlungen zu werden.

Der Kirchturm mit dem grünen Dach, das filigrane Glockentürmchen des Rathauses und die stolze Burg posieren um die Wette, als der Blick auf Hausach frei wird. Steil fallen die Felswände unterhalb der 1220 erbauten Burg zur Stadt hinunter. Eine Burg der Zähringer, später der Grafen von Freiburg. Eine uneinnehmbare Festung. Zerstört wurde sie trotzdem. Vom noch späteren Burgherren Graf Heinrich VI zu Fürstenberg höchstpersönlich. Damit er 1453 etwas Schöneres bauen konnte.

Als typisches Durchzugsgebiet von Kriegstruppen, musste Hausach immer wieder Plünderungen erleiden. Das Hammerwerk und die Zollstätte sorgten für spärliche Einnahmen. Über fünfhundert Jahre wurde Hausach von den Fürstenbergern beherrscht, bis auch hier Napoleons Gebietstausch dem Großherzogtum Baden 1806 ein Geschenk machte. Ein teures Geschenk: ließen doch unzählige badische Soldaten als mehr oder weniger freiwillig Verbündete von Napoleons Truppen in den folgenden Feldzügen ihr Leben. So bestimmt auch Hausacher.

Das Hausacher Neubaugebiet hat die historischen, über vierhundert Jahre alten Schwarzwaldhöfe eingeholt und umzingelt. Darunter ein besonders schöner Speicher. Die ganze Pracht Schwarzwälder Baukunst wird an ihm sichtbar. Blumenschmuck setzt weitere Akzente. Speicher wurden in einem sicheren Abstand zum Hof gebaut, damit im Falle eines Brandes wenigstens die Vorräte und das Überleben gesichert waren. Ich schaue mir den Speicher von außen an und erreiche wenig später die Kinzig am Ortskern von Hausach.

Die schwarze Schwarzwaldbahn

Wieder überquere ich die Kinzig. Und unterquere die Bahngleise der Schwarzwaldbahn in einer beengenden Betonröhre. Nach so viel Freiheit in den Wäldern wirkt das sehr bedrohlich. Die Schwarzwaldbahn biegt hier in Hausach ab und nimmt über das einmalige Hornberger Viadukt und durch dunkle Tunnel hindurch ihren Weg hoch bis St. Georgen und zum Bodensee. Die Schwarzwaldbahn war es auch, die wirtschaftlichen Aufschwung nach Hausach brachte. Als Knotenpunkt wurde Hausach Eisenbahnerstadt. Vorausgegangen war aber das große Zittern. Standen doch drei Linienführungen zur Debatte. Die erste hätte Hausach im wahrsten Sinne des Wortes links liegen gelassen und die Bahn hätte sich schon ab Haslach und Furtwangen über das Bregtal ihren Weg zum Bodensee erobert. Der zu überwindende Höhenunterschied war zu groß. Schön für Hausach, schade für Furtwangen, schon damals eine Industriestadt, heute Sitz des Deutschen Uhrenmuseums. Die beiden anderen Linienführungen konnte Hausach nur belächeln, denn beide gingen zumindest von Offenburg bis Hausach. Und ab da wurde diskutiert. Heftig diskutiert. Die viel günstigere Linie über Schiltach und Villingen verlief über württembergisches Gebiet. Und die badische Schwarzwaldbahn sollte ja Reichtum nach Baden bringen und nicht die Schwaben an die damalige Globalisierung anschließen. So kam es 1861 schon zu einem Volksbegehren als St. Georgen eine Petition an das Hause Baden stellte, damit „die Landesbewohner doch eine Berücksichtigung vor den Ausländern“ erfahren sollten. Heute würde man das wohl „Baden 61“ nennen. Vergessen die Solidarität auf dem Fohrenbühl als die Zöllner kamen. Gesiegt hat deshalb und schließlich die enorm teurere Streckenführung über das Gutachtal. Gesiegt hat damit aber auch der heutige Tourismus, ist das Teilstück von Hausach bis St. Georgen doch eine der schönsten Gebirgsbahnen überhaupt. Durch sechsunddreißig Tunnels schnauft sich der Zug nach oben, überwindet mittels Schleifen im Tunnel die Höhenunterschiede. Robert Gerwig hieß der geniale badische Ingenieur, der dies möglich machte. Und später auch die Schweizer Gotthardbahn nach Schwarzwälder Vorbild plante. 1873 konnte das Teilstück und somit die gesamte Schwarzwaldbahn freigegeben werden. Das Hausacher Gymnasium trägt den Namen des Ingenieurs. Wolfgang Schäuble ein ehemaliger Schüler. Und ich. Herr Rosemann mein Klassenlehrer, Herr Mattern das Mathegenie. Fast blind stand er souverän an der Tafel, kritzelte sicher Matheformeln darauf. Vorbilder, jeder auf seine Art. Meine erste Liebe in der Fünften fällt mir ein. In meiner Klasse. Sie weiß bis heute nichts davon.

Thomas Panzer heißt ein unendlicher Idealist, der gegenüber des Hausacher Bahnhofes vor einigen Jahren in schweißtreibender Arbeit die Schwarzwaldbahn nachbaute und mit der Schwarzwaldmodellbahn kleine und große Kinder begeisterte. Als das Nebengebäude abbrannte, war sein Schwarzwald und seine Schwarzwaldbahn richtig schwarz. Der Idealist kämpfte weiter: über fünfzigtausend Tännchen und zwölftausend Obst- und Laubbäumchen mussten vom Ruß befreit werden. Von Hand. Mit Pinsel und speziellem Staubsauger. Idealismus und Staubsauger. Auch ein Schwarzwälder Erfolgsrezept. Heute begeistert die Bahn wieder kleine und große Kinder. Täglich außer montags.

Wer ein Ziel hat

Der Abstecher über die Burg Husen wird zu einer gute Idee. Ein steiler Pfad bringt mich hinauf. Ein Hauch von Rittertum umgibt mich. Die einzige Burg mit erlebbaren Überresten auf meiner Strecke, bin ich doch in Schenkenzell in Zeitnot gewesen und konnte mir dort keinen Abstecher zur Schenkenburg erlauben. Uneinnehmbar wirkt die steil aufsteigende Mauer, stark die Vorburg, tief der künstliche Halsgraben. Schießscharten öffnen sich zum Tal. Ein runder Bergfried streckt sich in den Himmel. Massiv das schwere, spitze Tor im Turm, Gras bedeckt die Innenhöfe. Fantastisch der Ausblick auf Hausach und das Tal. Und auf den Weg, auf welchem ich gekommen bin.

Ein Schild des Westweges ermuntert die Westwegwanderer. „Ab jetzt geht es steil nach oben". Ich halte mich lieber am Waldrand abwärts Richtung Dorfkirche in Hauserbach. Eine der ältesten Kirchen im Südwesten. Älter als Hausach selbst. Das ist nicht nur in Hausach so, das ist typisch für das Tal. Das liegt an der Besiedlungsgeschichte, die bäuerlich geprägt war. Für die verstreut liegenden Höfe wurde an einem günstigen Ort ein Kirchlein gebaut. Die Stadt entstand später an einer anderen, strategisch wichtigen Stelle.

Das romanische Tympanon der Dorfkirche über dem Segestürlein und Teile des Langhauses stammen aus dem elften Jahrhundert, auf das Jüngste Gericht weisen alte Überreste von Fresken hin. Im Keller fand man rätselhafte Skelette, nach Osten, zum Altar ausgerichtet. Aus Platznot wurden im hinteren Kirchenschiff Emporbühnen gebaut. Und doch noch zu klein. Ein langer Kampf für eine neue größere Kirche entstand. Und um deren Bezahlung. Bis 1892 dauerte das. Dann wurde endlich die Stadtkirche St. Mauritius im Hausacher Ortskern erbaut. In der Nacht der Grundsteinlegung brannte das Wolfacher Rathaus nieder. Leben erwacht und Leben vergeht. Fünfzig Jahre später, 1942, half alles Flehen nichts, die Glocken wurden abtransportiert. Rohmaterial für die Kriegsmaschinerie.

Vor der Dorfkirche in Hauserbach empfängt mich ein Jakobusstein mit Brunnen, hinter der Kirche ist ein Friedhof. Im Moment ist eine Beerdigung. Auf dem Jakobusstein die Inschrift: „wer ein Ziel hat, findet auch den Weg". Die Seelen aus dem Weltall grüßen wieder. Und die Luxusprobleme.

Etwas oberhalb der Kirche und des Friedhofes treffe ich auf die Hausacher Erzpoche, ein liebevolles Freiluftmuseum, welches die harte und mühselige Arbeit vergangener Tage zeigt. In einem kleinen Schaustollen betrachte ich die Darstellung eines Bergarbeiters und seine Arbeitsbedingungen. Die Lebenserwartung war vermutlich nicht sehr hoch. Da wird meine Liste derer größer, die ich nicht hätte sein wollen: Flößer, Mönch, Ritter und eben Bergbauarbeiter. Dann doch lieber ein Inhaber von Luxusproblemen? Kinder spielen unbekümmert auf dem Rasen vor dem Museum, bespritzen sich mit Wasser.

Die Hausacher Erzpoche

Bergbau prägte im Mittelalter auch das Bild von Hauserbach, fast sechzig Stollen sind registriert. Eine Bergbausiedlung. Begehrt war vor allem das Silbererz, wie mir Helmut Meyerhöfer erklärt. Die Fürstenberger ließen eigene Gedenkmünzen prägen. Begehrt war aber auch das Eisenerz für die Hammerschmiede und der Schwerspat aus den Quarzadern für die Glasbläser. Die Hausacher Erzpoche zeigt die Arbeit über Tage. In vierjähriger Arbeit trugen Helmut Meyerhöfer und weitere begeisterte Erzbrüder historisches zusammen, werkelten und zimmerten. Alois Schmidt baute sogar ein Mühlrad nach, welches die Poche antreibt.

Die aus dem Berg geschlagenen Mineralien wurden zunächst erhitzt, geröstet und mit kaltem Wasser abgeschreckt. Sie wurden dadurch spröde und zersprangen. Die hölzernen Stempel der Poche zertrümmerten diese anschließend. Immer und immer wieder. Bis aus den festen Mineralien Sand entstand. „Wie der Erdäpfelstapfer von der Mama", wie Helmut Meyerhöfer es Kindern bei Führungen erzählt. Mittelalterliche Bergbaumethoden, Bergbau war Königsrecht und wurde belehnt. Eine Höhle zeigt die mühsame Arbeit unter Tage. In der Erzwäsche wurde der Sand anschließend gewaschen, die schweren Metalle blieben zurück. „Da drüben, wo heute das Hallenbad steht, stand einst die Schmelze. Dort wurden die Mineralien geschmolzen". Heute würde man sagen, ein gut strukturierter Workflow.

Hektik ein Fremdwort

Es folgt ein Aufstieg. Und was für einer. Ich bereue es, dass ich ab Wolfach den Rucksack wieder selbst tragen wollte. Für eine kurze Versöhnung mit dem Weg sorgt ein wunderschöner Ausblick zurück auf Hauserbach und die Schwarzwaldberge. Schäfchenwolken bedecken den zartblauen Himmel. Und aus den Gräsern der Wiesen im Tal weht der Sommerwind den Duft der Blüten zu mir hinauf. Der Weg führt in den Wald, Wurzeln wuchern auf dem schmalen Pfad. Das Licht zeichnet Streifen in den Wald. Später, auf der Anhöhe, ein Cruz de Ferro mit Jakobusmuschel. Ich bin richtig. Kurz darauf jedoch eine Weggabelung, und ich komme ins Zweifeln. Ich brauche wieder meinen Menschenverstand. Und den Bauern, der gerade mit seinem Bulldog, wie man im badischen für Traktor sagt, des Weges kommt. Auf dem Rücksitz schläft sein Hund. Glücklicher Hund. Glückliche Landschaft. Der Bauer weiß zwar nicht, was der Jakobusweg ist, aber er kennt den Weg nach Mühlenbach. Als kleinen Anhänger hat er einen großen Milchbehälter dabei. Eine riesige Kanne mit zwei Rädern, wenn man so will. Der Wald reißt auf, der Atem stockt. Schwarzwald! Gras auf der Mitte des Weges. Unter mir und vor mir ein Schwarzwaldhof. Jeder einsam aber glücklich. So wie ich. Kühe grasen am Rande. Dieses Mal erspare ich mir das Schnalzen mit der Zunge und gehe vorsichtig vorbei. Sicher ist sicher. Unscheinbar verlässt der Bulldog am Ende des Weges mein Bild des Friedens. Die prallen Euter der Kühe deuten darauf hin, dass Kühe am Abend gemolken werden. Dann macht auch der Anhänger an dem Traktor einen Sinn. Das nennt man dann frische Milch. Der Blick ins Tal zeigt mir die Bundesstraße. Unzählige Male habe ich diese befahren. Tempo 110, wenn ich nicht irre. Abzüglich zehn Prozent Kulanz versteht sich. Aber hier oben war ich noch nie. Parallel zur Straße die Kinzig. Das Tal wird breiter. Auf der gegenüberliegenden Seite der Kinzig sind Berge, die zum Brandenkopf führen und ihm zu Füßen liegen. Mein Weg verläuft direkt an einem Hof vorbei. Mein Respekt vor einem Hofhund steigt. Aber keiner kommt. Schwarzwälder Vertrauensvorsprung. Altes schweres Holz trägt das heruntergezogene Dach und zeugt von langen Wintern. Ein Kräutergärtchen davor von alten Hausmitteln gegen Husten und Heiserkeit. Im Sommer gepflückt und auf der Tenne getrocknet. Für die Monate im Schnee. Hildegard von Bingen lässt grüßen, jenseits von Chemie. Schafe weiden neben dem Hof. Für warme Füße ist also auch gesorgt. Der Weg geht weiter aufwärts. Ich befinde mich auch auf dem Hansjakobweg, wie hölzerne Infotafeln zeigen. Sie berichten von der Heimat und von Schwarzwälder Originalen. Der Mathes war so eines. Zu Weihnachten baute er eine große Krippe auf und verzauberte mit seinen Geschichten. Papa baute, als wir noch Kinder waren, auch jedes Weihnachten eine riesige Krippe in unser Wohnzimmer. Meine Schwester und ich durften dann mit der Kindergartengruppe zum Schauen kommen, Mama kochte Kakao. Zuvor ging es aber zu Bäcker Buske in die Backstube. Kinderglück.

Die Ansammlung von Höfen bildete früher die Ortschaft Sulzbach, das kleinste Dorf im Kinzigtal. Im Hintergrund majestätisch anmutig der Brandenkopf. Im Adlersbach gelange ich an einen weiteren Hof und ich muss unweigerlich denken: wie viel Einsamkeit müssen Menschen früher ertragen haben können. Das warme Nachmittagslicht, das auf den Hof fällt, versöhnt meine Gedanken. Hektik war damals vermutlich ein Fremdwort. Und heute auch noch.

Zwangsarbeit

Der Weg geht wieder abwärts, ein neues Tal breitet sich willkommen heißend vor mir aus. Nur für einen Moment, dann folgt dunkler Wald. Ein sehr dunkler, geheimnisvoller Wald. So unwirklich. Hier wohnt bestimmt Räuber Hotzenplotz. Wenig Licht dringt nach unten. Die Bäume stehen dicht an dicht und sind im unteren Bereich abgestorben. Kein Grün wächst am Waldboden. Furcht einflößend. Rechter Hand grenzt der Mühlenbacher Bärenbach an den Adlersbach. Ganz oben im Bärenbach steht ein sehr altes Bauernhaus. In den Neunzehnhundertachzigerjahren bekam es ärztlichen Besuch. Dr. Brinkmann aus der Schwarzwaldklinik drehte dort eine Folge. Heute kann man es als ganz besonderes Ferienhaus mieten. Frisch saniert versteht sich. Mit Flachbildschirm.

Mitten im Wald, nach einem kurzen Aufstieg, der Bannstein. Ein säulenartiger Grenzstein, nicht spektakulär, aber er sagt mir, dass ich richtig bin. Spektakulär wichtig war er aber in früheren Zeiten, da trennte er die Bistümer Konstanz und Straßburg.

Hirtenbuben mussten darauf achten, dass das Vieh nicht über die Grenze trat. Hirtenbube war alles andere als ein Mittagsschläfchenjob und abends das Vieh wieder nach Hause treiben. Hart war auch die Arbeit der Zwangsarbeiter, die im nahen Vulkan den harten Stein bearbeiten mussten. Heute ist es eine Gedenkstätte. Am Mahnmal ein Zitat Roman Herzogs als Inschrift: „Man ist nicht nur verantwortlich für das, was man tut, sondern auch für das, was man geschehen lässt".

Unendlich viel Arbeit erledigen auch die Ameisen in dem Ameisenhaufen, den ich entdecke. Der Wald wird wieder heller, Licht bricht sich wieder vereinzelt zwischen den Stämmen. Ein Baumstumpf bietet Moos, Efeu und unzähligen Krabbeltieren ein Zuhause. Es riecht nach kommendem Herbst. Der steile Abstieg und das Gewicht auf meinem Rücken zerren an den Kräften. Ich leide wieder wie ein Pilger. Ich habe noch immer keinen anderen Pilger auf meiner Reise getroffen. Sind die denn alle in Spanien?

Viva la Revolution

Unter mir liegt Mühlenbach. Idylle trifft auf Neubaugebiet. Der Turm des Kirchleins, welches dem in Hauserbach sehr ähnelt, streckt sich gen Himmel, wehrt sich gegen die Neubauten, die ihn zunehmend umzingeln. Kühe grasen friedlich im Schatten der Bäume oder reiben ihre Leiber an den Stämmen der Obstbäume. Blumen blühen auf der Wiese. Auf der Anhöhe ein modernes Aussichts-Pavillon für die Touristen. Am Pavillon prangt ein Che Guevara-Konterfei. Unverkennbar die schwarze Mütze mit dem weißen Stern, der kühle Blick. Schwarze Farbe auf kaltem grauen Beton. Akkurat mit Schablone aufgesprüht. Darunter steht „LA REVOLUTION". Es lebe die Revolution!

Meine Gedanken schweifen ab. „Hola Carlos“ sage ich, als wir in Kubas Hauptstadt Havanna den alten himmelblauen Chevy besteigen. „No no senior“ sagt Carlos zu mir, als ich mit meiner damaligen Freundin Elke auf dem Rücksitz Platz nehmen will. Ein Kubaner ist ein Macho, der sitzt niemals hinten bei der Frau. Also wieder aussteigen und nach vorne gesetzt. Um den Macho zu unterstreichen, lehne ich lässig meinen Arm aus dem Fenster und ziehe die dunkle Sonnenbrille tiefer in mein Gesicht. Carlos, braun gebrannt, unrasiert und mit offenem Hemd, strahlt. Jetzt kann es losgehen. Auf unser gefährliches Abenteuer. Würden wir erwischt werden, kämen wir alle in den Knast. In Kuba wird es streng bestraft, wenn Touristen in nicht offiziellen Autos spazieren gefahren werden. Aber was soll ich in Havanna, wenn ich nicht in einem alten Chevy aus den Fünfzigern mitfahren würde? In der Pferdekutsche einmal um den Block? Es riecht nach Benzin. Vor mir bläst der Ventilator, während aus dem Radio Merengue säuselt. Viva la Revolution! Zuerst an die Tankstelle: Benzin, Öl und Wasser nachfüllen. Mit den frischen Dollars, die ich ihm eben gegeben habe. Eine Blechkiste auf vier Rädern. So fährt es sich auch, und so hört und fühlt es sich an. Ein Regenschauer geht über die Stadt und ich habe nasse Füße. Viva la Revolution!

Mühlenbach

Mit einem Mal ist die Stille dahin. Spätpubertäre Gene am rechten Handgelenk lassen ein Motorrad aufheulen, das sich Mühlenbach nähert. Die Kühe stört das nicht. Sie sind dies vermutlich gewöhnt.

Der Rucksack drückt auf den Schultern. Seltsam. Mit der Zeit nimmt man das gar nicht mehr so wahr. Jetzt aber. Ich hätte nichts dagegen, schon am heutigen Ziel zu sein. Der Weg führt weiter nach rechts. Ich bin irritiert, liegt Mühlenbach doch mittlerweile links unter mir. Jetzt bloß nicht noch Umwege gehen. Ich werde erhört, der Weg führt wieder durch einen Wald nach links. Meine schweren Schritte führen direkt auf einen alten Schwarzwaldhof zu, der unterhalb des Weges steht. Ich sehe zunächst nur das tief heruntergezogene Dach. Der Hof öffnet sich rückseitig zum Weg. So können die Bauern mit ihren Gerätschaften von hinten auf die Tenne, in das Obergeschoss des Hofes fahren.

Mühlenbach liegt auf 260 Metern Höhe und ist ein gewachsenes Schwarzwalddorf. Viele der Schwarzwaldhöfe verlieren sich in den romantischen Seitentälern. Kirche, Rathaus und Schule bildeten wie in vielen Schwarzwalddörfern den Mittelpunkt. Sensationell der Fund eines Altarsteines. Er lässt auf keltische und römische Spuren schließen. Der bekannte Schwarzwaldfotograf Alwin Tölle hat Mitte des Zwanzigsten Jahrhunderts in faszinierenden Schwarzweiß-Aufnahmen das bäuerliche Leben in Mühlenbach fotografiert. Er wollte die Seele des Schwarzwaldes festhalten. Es ist ihm gelungen.

Die goldene Welle

„Unsre Blumeteppich miesener erschd mol sähne“ erfahre ich bei meinem Gespräch mit dem einheimischen Herrn am Nebentisch, nachdem ich ein Gasthaus, den „Biersepp“ auf meinem Weg in den kleinen Ort angesteuert hatte. Der Durst. An Fronleichnam legen die Mühlenbacher fleißig ein natürliches Kunstwerk aus frisch gesammelten Blüten auf die Straße und zaubern so einen langen Blumenteppich aus verschiedenen Motiven. Ich habe förmlich den Duft der Blüten in der Nase. Wann habe ich zum letzten Mal einen Wiesenblumenstrauß gepflückt? frage ich mich innerlich, wie damals für die Oma. Mit einem „wo komme se denn her un wo solls na gehn?“ hatte mich der Herr am Nebentisch begrüßt. Eine glückliche Zufallsbekanntschaft, wie sich herausstellen sollte, habe ich doch den Ortshistoriker getroffen. Alois Krafczyk heißt der sympathische Mann. Er kennt sich auch allerbestens über Hansjakob aus, auf welchen ich die letzten beiden Tage immer wieder gestoßen bin. Bäckersohn, Pfarrer, Rebell, Landtagsabgeordneter und Heimatschriftsteller aus Haslach war er. Ihm ist es auch zu verdanken, dass die Schwarzwälder Trachten Ende des neunzehnten Jahrhunderts nicht ausgestorben sind, in dem er mit feurigen Worten die Bauern an ihrem Stolz gepackt hat. Damit sie nicht den städtischen Trends und Moden erliegen würden. Wie eine goldene Welle beschreibt er das Bild, wenn die Mühlenbacher Bäuerinnen sonntags ihre Festtracht angezogen haben und die goldenen Hauben auf ihren Köpfen über den Kirchenbänken hin und her wippten. Nach der Heirat bekamen die Frauen diese Haube und waren somit „unter der Haube“. Und weil Männer und Frauen in der Kirche streng getrennt saßen, störten auch keine Männerköpfe die perfekte Welle. Hat mir der Herr Krafczyk erzählt. Heute werden die goldenen Wellen in der Kirche seltener.

Mitstreiter im Kampf um den Erhalt der Trachten waren die Heimatmaler Hasemann und Liebich. Sie brachten vor rund hundert Jahren die leuchtend rote Bollenhuttracht auf Postkarten und machten dadurch die Tracht weltberühmt. Hasemann und Liebich. Die Erfinder der Werbeagenturen und Werbefuzzis, wenn man so will. Eine Marke war geboren. Der Bollenhut. Heute streitet sich der ganze Schwarzwald darum. Das Museum der Maler steht in Gutach, wo sie eine Künstlerkolonie gegründet hatten. Ihr Laptop war der Pinsel, ihr Call Center die Bauernwirtschaft.

So schlicht die St. Afra Kirche in Mühlenbach von außen wirkt, so golden strahlt die Altarkunst im Innern. Für den Hochaltar besitzt die Kirche sieben verschiedene Altarblätter, die im Laufe des Kirchenjahres gewechselt werden. Sechzig Jahre hat Pfarrer König hier gewirkt, „des müsse se sich mol vorschdelle", und: „Komme se doch morge früh ins Schwarzwälder Trachtemuseum im Kloschder in Hasle, do schaff i", verabschiedet sich der Mann mit dem unaussprechlichen Namen und breitem badischen Dialekt später mit einem kräftigen Schwarzwälder Handschlag von mir.

Neumodische Segways

Ich will nach Haslach, also über die Straße und am Bach entlang, dem Wasserlauf folgen. Wie ein riesiger Staudamm wirkt das Bauwerk, welches sich später vor mir quer über das ganze Tal aufbaut. Winzig wirkt der gelbe Bagger, der gerade dabei ist, Erde aufzuschütten. Kalter nackter Beton inmitten des hohen Erddammes deutet auf eine Schleuse hin. Es erweckt den Eindruck, als solle Mühlenbach geflutet und im Wasser versenkt werden. Damit das Türmlein von St. Afra dem Kirchturm am italienischen Reschenpass den Rang abläuft, welches dort einsam aus dem gefluteten Stausee schaut und zur Touristenattraktion geworden ist. Davor schreckt der Schwarzwaldtourismus doch hoffentlich zurück. Der Damm hat Schutzfunktion. Hochwasser dauert in Schwarzwaldtälern nicht ganze Tage oder Wochen. Im Schwarzwald kann das nach einem starken Gewitter eine einzige riesige Welle sein, wenn das Bächlein schlagartig zum Sturzbach wird. Kommt alle hundert Jahre einmal vor. Aber wenn es vorkommt, dann wird es für die Altstadt von Haslach nass und sehr gefährlich. Darum wird hier gerade gebaut. Bald wird Gras das Bauwerk erobern und unscheinbar machen. Dann wird Sicherheit Einzug halten und der Damm zu etwas Selbstverständlichem werden.

An einem kleinen verwunschenen See, dem Waldsee, stecken die Enten ihre „Köpfe in das Wasser und das Schwänzchen in die Höh´". Ein Café mit Minigolfanlage liegt einladend zu meiner Rechten.

Vor Haslach treffe ich auf ein spanisches Wohnmobil. „Hola, que tal?", wie geht's? frage ich und die spanischen Gäste im Liegestuhl freuen sich über meine Sprachkenntnisse und strahlen über beide Backen. Was sie antworten verstehe ich nicht. Ich sag halt mal „si si", nicke, und strahle zurück.

Ich spüre meine Füße, und umso gemeiner ist es dann, als mir eine Gruppe lässig auf Segways, diesen neumodischen Stehbrettern mit zwei Rädern, Elektromotor und Lenkstange, entgegen kommt und alle frech winken ob meines abgekämpften Gesichtszustandes. Erlebnistourismus nennt man das. Die Segways. Der Weg führt an einem Altenpflegeheim und einer Behindertenwerkstätte vorbei. Viele sitzen im Rollstuhl. Und ich wollte gerade wieder über meine schmerzenden Füße jammern.

Haslach

Zwei Kirchtürme prägen das Stadtbild auf die Entfernung. Das Besondere daran, es sind nicht zwei Kirchen, die Kirche hat zwei Türme. Das erste Kirchlein entwickelte sich vermutlich als Teil einer Bergbausiedlung der Zähringer um das zehnte bis elfte Jahrhundert. 1240 wurde die Kirche erstmals urkundlich erwähnt. 1481 wurde die spätgotische Kirche erbaut, dessen Kirchturm noch erhalten ist, am Durchgang finde ich ein Tympanon, ein Türsturz, aus dem zwölften Jahrhundert, welches den Sündenfall von Adam und Eva zeigt. Im achtzehnten Jahrhundert erweitert, war die Kirche Ende des neunzehnten Jahrhunderts schon wieder zu klein, so dass Pfarrer Albrecht beklagen musste, „dass ein fürchterliches Gedränge beim Gottesdienst sei." Davon können Pfarrer heute nur träumen. Heiligabend nicht mitgerechnet. So wurde die St. Arbogast Kirche vor rund hundert Jahren zu dem erweitert, was sie heute ist. Mit stolzem barockem Kirchturm und goldener Sakralkunst im Innern, die der hellen Gesamtanmutung in der Kirche Würde verleihen.

Ich gehe über den Schafsteg, die „Saugasse", wie sie der Volksmund nennt, in die Stadt hinein. Hier wurde das Vieh auf den Markt in der Stadt getrieben. Haslach ist eine geplante Stadt, wurde zum Handelszentrum. Zwei Stadtmauern und ein Wassergraben umgaben die Stadt. Als es im Innern der ersten Mauer zu eng wurde, wurde die erste Mauer schlichtweg als Fundament für neue Häuser verwendet und eine zweite weitläufigere Mauer errichtet. Auf meinem Weg in die Altstadt treffe ich auf solche Mauerreste, das stolze Pfarrhaus rechts der Kirche steht auf dieser ersten Mauer, Fachwerk krönt den schmucken Bau. Im Bau ein noch schmuckeres Café. An der Kirche, hochaufstrebend, ein alter Speicher der Fürstenberger, welche nach den Zähringern auch in Haslach geherrscht haben. In diesen auch Kasten genannten Speichern wurden Vorräte und der Zehnt aufbewahrt. Der Zehnt, sprich zehn Prozent der Erträge, das wäre heute ein wünschenswerter Steuersatz, denke ich mir, als ich an meine Steuererklärung denke. Und da ist der Solidaritätszuschlag Ost noch gar nicht mit dabei. Das ist wohl Herr Schäubles Reserve in der Pulverkiste denke ich mit einem Schmunzeln. Das historische Rathaus von Haslach begrüßt mich mit Fresken, die Trachten zeigen. Auch die berühmte Bollenhuttracht ist darunter. Ich erinnere mich an Herrn Dingenskirchens, Alois´, Einladung morgen ins

Trachtenmuseum. In der Fußgängerzone reihen sich schmucke Fachwerkhäuschen aneinander. Haslach liegt an der Deutschen Fachwerkstraße. Das sieht und spürt man. Einladende Gartenwirtschaften und der Duft der badischen Küche machen mich schlagartig hungrig. Von den Gesprächen der Herren am Nebentisch verstehe ich kein Wort, so ausgeprägt ist der Dialekt. Immer wenn Frauen durchlaufen, folgt nach dem Dialektreigen Gelächter. Ich kann es mir denken, was sie sagen.

Auch in Haslach finde ich das Zimmer schnell, habe ich mir doch im Vorfeld den „Storchen" aufgrund der außergewöhnlichen Zimmer ausgesucht. Ich übernachte im blauen Venus-Zimmer. Eine riesige offene Muschel mit Spiegelchen hängt über dem Bett, die Badewanne ist ein Whirlpool. Ein Kontrast zum historischen Fachwerkhaus. Eigentlich ja mehr etwas für sehr Verliebte. Egal, ich wäre sowieso viel zu müde. Die Sterne aus dem Weltall lassen mich dennoch nicht richtig zur Ruhe kommen.

Es ist Markt in Haslach

Ich erwache mit Marktgeräuschen, es ist Samstag. Die Fußgängerzone entlang der schmucken Fassaden hat sich über Nacht in einen quirligen Markt verwandelt.

Haslach entwickelte sich schon früh nach der Stadtgründung zu einer lebendigen Marktstadt und veranstaltet auch heute noch fast hundert Märkte im Jahr. Die Marktstraßen und Plätze sind bis heute vollständig erhalten und versprühen zusammen mit den Handwerkergassen einen unvergleichlichen Charme. Würde ich jetzt über Haslach schweben, würde ich die klare geplante Struktur der Altstadt erkennen. Die Altstadt steht als Gesamtanlage unter Denkmalschutz.

Ich lasse mich nicht zweimal bitten und schlendere kurze Zeit später entlang der Stände. Alles, was der Gaumen begehrt, finde ich da. Frisch vom Bauern, Metzger und Bäcker. Knuspriges Bauernbrot, geräucherte Schwarzwälder Würste, Schinkenspeck, Leberwurst, Radieschen aus dem Garten, Tomaten, Äpfel, Birnen. Einfach alles. Leckere Düfte umschmeicheln meine Nase. An den Ständen Menschen, die Schwätzchen halten. Die Marktfrau fragt das Kind an der Hand der Mutter: „Willsch ä Rädle Wurschd?". Heile Welt. Die Arkaden des Rathauses lassen vermuten, wie Markttage in früheren Zeiten ausgesehen haben mögen. Vor meinem inneren Auge sehe ich die Schweine, Schafe und die lautstark feilschenden Bauern vor mir.

Die Bollenhuttracht

Im alten Kapuzinerkloster aus dem Jahre 1632 ist das Schwarzwälder Trachtenmuseum beherbergt. Auch die alte Klostermauer ist noch erhalten. Durch einen Torbogen betrete ich das Gelände, auf welchem sich auch Autos und Wohnmobile zwängen. Von dem Luxus eines Wohnmobiles haben die Kapuzinermönche nur träumen können. Die Architektur des erhaltenen Klosters zeugt von den strengen Regeln der Kapuziner, Armut war die oberste Regel. Alois Krafczyk empfängt mich freudig. In die ehemaligen Zellen der Mönche wurden Schaukästen integriert, die unterschiedliche Trachten der unterschiedlichen Schwarzwaldregionen zeigen. Originaltrachten an Puppen, integriert in stilechtem Ambiente. Natürlich finde ich da auch die berühmte rote Bollenhuttracht. Rote Bollen für die unverheirateten Frauen, schwarze für die verheirateten. Ob da eine tiefere Symbolik dahintersteckt? Es ist eine protestantische, weil württembergische Tracht. Ob dies Papst

Benedikt gewusst hat, als er von strahlenden Bollenhutmädchen bei seinem Deutschlandbesuch empfangen und verabschiedet wurde? Und ob er gewusst hat, dass die Tracht nur in den protestantischen Orten Gutach, Hornberg-Reichenbach und Wolfach-Kirnbach getragen wird? Dort ist es bis heute noch so, dass viele der Teenager zur Konfirmation in Tracht erscheinen. Die Mädchen dürfen dann zum ersten Mal den roten Bollenhut tragen. Bis sie heiraten, danach wird die Farbe des Hutes wie erwähnt düsterer. Eindrucksvoll und farbenfroh sind auch die Hochzeiten, wenn sich das Brautpaar in Tracht das Ja-Wort gibt. Das Hochzeitsspalier wird dann zu einem Top-Motiv für Schwarzwald-Klischee Fotografen. Und Werbefuzzis. Ist der Himmel nicht blau, wird er am PC eingefärbt.

Im Museum sitzt die ganze Mehrgenerationen umfassende Bollenhutfamilie einträchtig zusammen in der guten Stube, am Kachelofen. Das ist wirklich ein Anblick fürs Museum. Eine ganze Familie versammelt in einem Raum. Ohne Fernsehapparat, Playstation und Handy.

In den Nachkriegsjahren wurde aus dem Kloster ein Armenhaus, aus den Klosterzellen Wohnungen für die ganz Armen. Ganz im Sinne der Kapuziner vermutlich. Bis 1974. Unvorstellbar heute. Alois erinnert sich daran, wie er als Kind zu Besuch ins Kloster kam, da es in einem Raum sogar einen Fernseher gab. Damit er keine Lassie-Folge verpasste. Neben einer Schauzelle für die Kinzigtäler Bürgerwehren gibt es auch einen Raum für die Narrenfiguren der Region. Witzig, geheimnisvoll und teilweise bedrohlich wirken diese. Auch die bekannte Offenburger Hexe ist darunter. Besonders interessant an diesem Raum ist jedoch das kleine Guckloch. Im Klosterbetrieb war der Raum das Krankenzimmer. So konnten die kranken Mönche durch das Guckloch in die Kirche sehen, genau auf den Altar. Und nur dorthin. Eine weitere winzige Zelle zeigt, wie die Mönche gelebt haben. Ein kleines Bett, ein kleiner Tisch, ein kleines Fenster. Und ein kleiner Schacht im Boden, aus welchem etwas warme Luft aus der Küche, wo Feuer brannte, in die winzige Zelle drang. Wenn der Mönch Glück gehabt hat. Also doch lieber Flößer, denke ich wieder.

Vom God Father und vom Storchenvater

Die Klosterkirche ist schlicht und sehr puristisch, so wie es die Kapuzinergesetze vorgeschrieben haben. Der Altarschmuck im Stile des Rokoko soll zwar wertvoll wirken, ist aber aus schlichtem Holz. Gold suche ich fast vergebens, die Ornamentik ist in weißer Farbe angebracht. Spannend wird es bei meinem Blick auf das Altarbild. Im oberen Teil ist die Welt noch in Ordnung, da sehe ich Maria. Aber darunter, da ist Schluss mit weltlicher Bescheidenheit. Während die Stifter im Mittelalter noch dezent in das Kunstwerk integriert wurden, sitzt Graf Christoph II von Fürstenberg als God Father mitten in der Szenerie des Bildes, auf dass man ihn andächtig verehre. Kein Geringerer als Matthäus Gundelach, der Picasso seiner Zeit, hat 1614 das Bild gemalt. Ganz schön teuer. Manierismus vom Feinsten. Also schnell in die angrenzende, nachträglich angebaute Loretokapelle, die einzige auf dem Jakobusweg. Dort entdecke ich zahlreiche handgemachte Dankesbekundungen, sogenannte Votiv-Bilder. Alle noch recht jungen Datums. Gemalt, gestickt, Marienbilder fürsorglich gerahmt und immer mit der gleichen Botschaft: „Maria Hilf“ oder „Maria hat geholfen“. Glaube in Höchstform. Ohne Wenn und Aber.

Als Ludwig XIV im Spanischen Erbfolgekrieg seine Zerstörungstour durch das Tal anordnete, blieb das Kloster verschont. Kapuziner waren ihm heilig, nahmen sie ihm doch die Beichte ab.

Das waren vermutlich viel beschäftigte Männer.

Auf dem Rückweg in die nahe Stadt fällt mein Blick auf ein Wandbild. Es zeigt Kinder, die sich um einen Mann versammeln, der Brezeln verteilt. Der Haslacher Storchentag wird dargestellt, an welchem die Kinder Brezeln, Obst und Süßes geschenkt bekommen. Eine Legende gibt dem Handeln seine Geschichte. Es ist der 22. Februar 1643. Eine Ungezieferplage soll über die Stadt eingebrochen sein und die Menschen legten ein Gelübde ab. Störche kamen und fraßen das Ungeziefer. Wie dem auch sei, heute freuen sich die Kinder darauf. Der Storchenvater geht voraus. Mit Zylinder, Frack und langem Stock, die Kinder hinterher. Am Zylinder zwei Störche aus Holz. Bürger werfen oder geben dem Storchenvater und den Kleinen dann die leckeren Sachen. Und, wen wundert´s, Alois ist seit fast dreißig Jahren Storchenvater. Störche gibt es keine mehr in Haslach. Aber man versucht, sie wieder auf den Dächern anzusiedeln. Nicht nur für die Fotos der Werbefuzzis. Wird es gelingen?

Statt vielen Störchen gibt es eine Fliege. Eine rote Fliege. Jeder in Haslach und im Kinzigtal kennt sie. Sie ist um den Hals vom Herrn Wangler gewickelt. Wenn er mit seiner roten Fliege grinsend durch die Stadt läuft, dann grüßt er. Jeden. Er residiert in der ehemaligen Zigarrenfabrik, heute Sparkasse. Dort ist er der Chef. Schon lange. Daher das Rot. Ohne rote Fliege hat ihn noch niemand gesehen. Und ohne Grinsen auch nicht.

Haus Theres

Ein Mann ohne Fliege, aber mit einer französischen Künstlermütze, ruhiger Stimme und dem Herz am rechten Fleck, Martin Schwendemann, zeigt mir das Haus Theres im Inneren Graben.

Ein kleinbürgerliches Haus, wie es Mitte des neunzehnten Jahrhunderts oft gebaut wurde. Gerade mal siebenundzwanzig Quadratmeter Grundfläche. Dreistöckig. Die Einrichtung dokumentiert den unverfälschten Lebensstil der 1920er bis 1980er Jahre in einer badischen Kleinstadt. Ich habe das Gefühl, dass Theres gerade eben aus dem Haus ist, Besorgungen zu machen. Nostalgie kommt in mir auf, ich muss an Omas Wohnung denken. So ähnlich sah die Einrichtung bei ihr auch aus. Ich sehe mich bei ihr auf dem Sofa sitzend. Den heißen Tee hat sie in der Kanne hinter das Kissen auf dem Sofa gestellt. Damit er warm bleibt. So einfach kann das sein. Ein Heimatmuseum könnte man denken, aber Herr Schwendemann klärt mich auf. Es ist mehr als das. Schülerinnen von Altenpflegeheimen kommen hier her, um sich ein Bild zu machen, wie ihre Kunden, die alten Leute, früher, bis zu ihrem mehr oder weniger freiwilligen Gang ins moderne Alten- und Pflegeheim, gelebt haben. Damit die Jungen wissen, worüber die Alten reden, wenn sie von früher reden. Für die jungen Menschen ein beeindruckendes Erlebnis, Verständnis das Ergebnis.

Fast grotesk dazu die „Rollatoren-Rennbahn“ wie Herr Schwendemann sie mit einem verschmitzten Lächeln nennt. Moderner Städtebau reißt den Teer der Nachkriegszeit wieder auf und setzt schicke Pflastersteine. Sieht besser und heimeliger aus, ist aber schlecht für Rollatoren. Deshalb hat Haslach in die Altstadtgassen eine mit ebenen Steinplatten ausgelegte Rollatoren-Bahn gebaut, dort, wo einst die erste Stadtmauer verlief. Damit sich die älteren Mitbürger sicherer fühlen. Vor einem Jahr habe ich einen Bericht gelesen, dass in Deutschland mehr Rollatoren als Kinderfahrräder verkauft werden.

Zwischen den Pflastersteinen gibt es aber auch noch weitere Steine. „Stolpersteine“. Jeder Stein trägt den Namen eines grausamen jüdischen Schicksals.

Hemmschwellen überwinden

Das Zusammenleben verschiedener Kulturen hat in Haslach ein Gebäude. Fünf Minuten die Bundesstraße talabwärts bis zum Stadtausgang, gleich rechts nach der Bahnbrücke, steht die Haslacher Moschee. Und ich stehe nun davor. Ich war noch nie in einer Moschee. Ich kenne das nur aus Zeitschriften und vom Fernsehen. Heute ist der Tag, an welchem ich mir mein eigenes Bild machen werde. Quadratisch, praktisch und unspektakulär die Architektur. Ich vermisse das Minarett, den Turm der Moschee. Erkennen kann ich aber eine Kuppel. Und weil die Architektur so unspektakulär ist, stehe ich nun vor drei Türen, Marke Haustür. Kein pompöses Portal. Eine Hemmschwelle. Meine Hemmschwelle. Soll ich klingeln? Oder klopfen? Oder gleich wieder gehen? Und vor allem, darf ich da überhaupt rein? Einfach so? Also doch lieber gehen? Ich darf, wie mir Frau Binnur Aksu erklärt. Jeans, dunkle Bluse, moderne Brille, Mitte Vierzig. Ohne Kopftuch. Irgendwie so gar nicht, wie ich das erwartet hätte. Schwarzwaldmädel laufen doch auch alle mit Bollenhut rum. „Eine Moschee steht jedem offen, einfach reinkommen", sagt sie mit einem Lächeln. Die Schuhe lasse ich zunächst noch an, denn jede Moschee hat einen Vorraum. Marke Hausgang. Wie Zuhause. Mit Schuhregal. Dort zieht man die Schuhe aus. Einfache Regel. Auf gefliestem Boden mit Schuhen. Ohne Fliesen, vor allem auf Teppich, ohne Schuhe. Erst den rechten Schuh ausziehen, dann den linken, und beide in das Schuhregal stellen. Die erste Hemmschwelle ist geschafft. Über einer Tür steht „Ibadet Yeri". Gebetsraum. Ibadet Yeri. Gut zu wissen, wenn das mal nicht auf Deutsch da steht, sondern auf Türkisch und es wieder mehrere Türen oder Möglichkeiten gibt. Zum Beispiel in der Türkei, im Urlaub. Im Moment bin ich aber in Haslach, Frau Aksu spricht badisch. Mit sechs Jahren ist sie aus der Türkei nach Deutschland gekommen, hier aufgewachsen. „Sie können auch als Gast jederzeit den Gebetsraum betreten, Sie sind willkommen. Auch wenn im Gebetsraum gerade gebetet wird." Würde ich in einer Kirche ja auch so machen. Und ich würde mich dort benehmen. Also werde ich mich auch hier benehmen und den Gebetsraum nun mit Respekt betreten. In langen Hosen, versteht sich. „Bitte mit dem rechten Fuß zuerst", ist der Wunsch von Frau Aksu. Dies hat unter anderem den Zweck, dass man den Gebetsraum ganz bewusst betritt. Habe ich die Kirchen der vergangenen Tage eigentlich ganz bewusst betreten oder bin ich, mit dem nötigen Respekt versteht sich, doch irgendwie einfach nur hinein gegangen? Wie oft machen wir in unserem täglichen Leben Dinge eigentlich noch ganz bewusst? Atmen zum Beispiel. Oder Lachen. Oder Lieben.

Ich kenne das zwar von Bildern, aber der Anblick ist enorm beeindruckend. Und dies, obwohl Haslach nur eine kleine Moschee hat. Ringsum, im unteren Wandbereich, befinden sich schmucke Fliesen mit Ornamentikmustern, Blau und Weiß herrscht vor. Dazu Rottöne, dunkles Blau und Schwarz. Vorne, in der Mitte der Wand, gehen die Fliesen mehrere Meter hoch, darin eine Nische, die Gebetsnische für den Vorbeter. Ornamentik und arabische Schriftzeichen. Wunderschön. Links und rechts Gebetskanzeln. Alle drei gen Mekka gerichtet. Ein stolzer Kronleuchter ist von der Kuppel über dem vorderen Bereich des Gebetsraumes abgehängt. Die Kuppeldecke mit Ornamenten bemalt. Akkurat und bezaubernd. Rot der Teppich mit Mustern, „Rot für die Liebe". Gold suche ich nahezu vergebens. Bescheidene Schönheit. Sanft fällt das Sonnenlicht durch die schlichten Rundbogenfenster und die kleinen Fenster der Kuppel in den Raum. Es ist still. Und so friedlich. In Gebetsräumen gibt es keine Musikinstrumente, nur den Sprechgesang. Nichts lenkt vom Gebet ab. Es gibt auch keine

Bilder mit Menschen an den Wänden. Nur Ornamentik. „Du sollst Dir kein Bildnis von Gott machen“, fällt mir dazu ein.

Ich ärgere mich nun auch, dass ich vor drei Jahren in Dubai zwischen zwei Messetagen, einem Geschäftsabendessen und drei Geschäftsgesprächen, bei vierzig Grad Außentemperatur versteht sich, nicht in die Moschee bin. Eine der schönsten überhaupt. Ich stand doch schon davor. Immerhin war ich stattdessen zehn Minuten am Strand. Im schwarzen Anzug.

Frau Aksu, im Gebetsraum nun mit Kopftuch, bemerkt sofort mein verwundertes Gesicht, als sie mir erklärt, dass die Männer vorne und die Frauen hinten oder oben in der Empore beten. Gleichzeitig, aber getrennt. Mir fällt die goldene Welle in Mühlenbach ein. Es muss wohl eine Art von habe-ich-es-mir-doch-gedacht, dass-es-keine-Gleichberechtigung-gibt-Gesicht gewesen sein. Deswegen fährt Frau Aksu auch gleich fort, „nichts soll von den Gedanken ablenken, wenn die Gläubigen sich im Gebet, hintereinander kniend, immer wieder niederwerfen“. Also bücken. Ich erahne, was sie meint. Alice Schwarzer würde vermutlich applaudieren. Und der Werbeaufsichtsrat auch. Deswegen auch die Bedeckung des weiblichen Hauptes, da weibliche Haare auch Signale senden können. Und auch die weibliche Stimme. Deswegen gibt es auch keine Vorbeterinnen. Außer in reinen Frauengruppen. Gibt es eigentlich heute schon katholische Priesterinnen? frage ich mich.

Ich sehe es Frau Aksu an, wie sie sich über mein Interesse und über den Dialog zwischen den Kulturen freut. „Neulich war eine Kindergartengruppe und eine Schulklasse hier. Und an Pfingsten haben wir immer Tag der offenen Tür.“ Da werde ich wiederkommen und freue mich heute schon auf die Merguez frisch vom Grill.

Grenzwerterfahrung

Den Rucksack auf dem Markt gefüllt, und in der linken Hand eine frische Bratwurst vom Grill. Im ofenfrischen Weck. Obendrauf Senf. Lecker. So mache ich mich auf den Weg nach Zell am Harmersbach. Hahn und Henne fällt mir dazu ein, meine Lieblingstasse aus Kindertagen.

Jakobus wäre jetzt vermutlich einfach aus der Stadt hinaus zur Kinzig gegangen. Ich muss jedoch erst über die Bundesstraße. Vielen Dank an den Erfinder der Ampel. Während des Wartens entdecke ich das Geschäft des Holzschnitzers Schultis. Im Schaufenster feinfühlig von Hand gearbeitete Meisterwerke. Auch die Bollenhuttracht darf nicht fehlen.

Am Bahnhof muss ich die Bahngleise unterqueren und später die Kinzig überqueren. Bevor ich an der Brücke auf den Kinzigdamm einbiege, fällt mein Blick auf einen vergitterten Eingang zu einem alten verschlossenen Bergwerkstollen. Haslach wurde als Bergbauort gegründet, vermutlich zwischen den Jahren Elfhundert und Zwölfhundert. Ab 1313 erfuhr Haselahe die Hochblüte als Mittelpunkt eines bedeutenden Bergbaureviers. „Zu Haslach gräbt man Silbererz" klingt es auch, wenn das Badnerlied angestimmt wird. Im Stadion vom SC Freiburg zum Beispiel. Die Spieler aus Georgien oder Nordafrika kennen das zwar nicht, aber die Fankurve. Ein Stück entfernt, in Haslach Schnellingen, ist der Schacht nicht verschlossen, dort können die Besucher die Bergwelt unter Tage noch besichtigen. Eine Silbergrube. Segen Gottes. Achthundert Jahre wurde dort gearbeitet. Ohne Presslufthammer, elektrischem Licht und Frischluftsystemen. Auf drei Sohlen gibt's silberführende Flussspatgänge, Kristalldrusen, Sinter und Stalaktiten zu sehen. Bei der „Blume" geht es den Weg hoch zum Bergwerk. Zehn Minuten. Von der feinen Küche der „Blume" und den weichen Betten haben die hart arbeitenden Bergleute einst nur geträumt.

„Irgendwann isch des grad egal“ meint Hans-Peter Matt. Er hat sein Büro neben der „Blume“, sitzt mir gegenüber. Im Rollstuhl. „Egal“ ist es ihm mittlerweile, wie er in den Rollstuhl kam. Vor achtundzwanzig Jahren. „De Fahrer isch eingschlafe, ich saß auf dem Rücksitz“. Der Staat wollte ihn mit achtzehn Jahren verrenten, er erkämpfte eine Umschulung. Heute ist er Experte für „barrierefreies Bauen, Leben und Wohnen“, berät zudem Unterkünfte. Und er ist Spezialist für Wegeplanung. Auch barrierefrei versteht sich. Ein Glücksfall für das Kinzigtal. Von Schenkenzell bis Kehl kann der Radweg auch mit den „Rollis“ befahren werden. „Und die wunderschönen Seitentäler?“ frage ich ihn. Herr Matt lächelt. Vor kurzem initiierte er die ersten „Rolli-Days“. Er wollte Grenzwerterfahrungen sammeln. Und das ist ihm gelungen. Mit sogenannten Handbikes, sprich eine Art Zugmaschine, den Rollstuhl aufgerüstet, ging es los. Schwarzwaldguide Matt führte Freunde in die Kinzigtäler Berge. Manche konnten erklommen werden, manche nicht. Grenzwerterfahrung eben. „Und der Kinzigtäler Jakobusweg?“ „Das wäre eine gute Idee, auf der Talvariante müsste das meiste zu bewältigen sein.“ Seine Augen strahlen, ich sehe es ihm an. Eine neue Idee ist in ihm geboren.

Die halbe Zwilling

Die orangefarbene Muschel auf weißem Schild sagt mir, mein Weg geht gerade aus, vorbei an einer ehemaligen Zündholzfabrik mit zauberhaften Türmchen. Verwunschen wirkt das Bild. Wohnt da Dornröschen? Das schmucke Industrie-Ensemble ist dem Verfall preisgegeben. Schade. Ein Teil davon hat der Bund gekauft, um einen eventuellen Straßenausbau sicher zu stellen. Aber der Bund ist weit weg von Haslach. Und dabei war die Zündholzfabrik einmal sehr innovativ, hatte sie doch das erste Wasserkraftwerk weit und breit erbaut und so für eigenen Strom gesorgt. Aber ganz aufgegeben ist die Fabrik noch nicht. Künstler Haser hat sich im vorderen Teil niedergelassen, in seinem Garten entdecke ich Metall-Skulpturen. Die Kunst siegt über den Verfall.

Ein älteres Ehepaar auf E-Bikes überholt mich, winkt und grüßt. Sie sind auf dem Kinzigtal-Radweg unterwegs. Der Weg geht gerade aus. Er geht sehr lange gerade aus. Immer an der Kinzig entlang. Denn die wurde im neuzehnten Jahrhundert begradigt. Jogger und Spaziergänger sorgen für Abwechslung. Der rote Zug, die Schwarzwaldbahn, zieht auf der anderen Seite der Kinzig vorbei. Im Hintergrund steigen Wiesen zu den Tannenwäldern empor, vereinzelte Schwarzwaldhäuser sitzen gemütlich in der Landschaft. Baumärkte auf der grünen Wiese geben auch Haslach den einheitlichen Ortseingang. Und immer geradeaus meine Schritte. Links die Kinzig, rechts die Bundesstraße. Die Kinzig ist friedlich. Plätschert vor sich hin. Bunt die Blumen an ihrem Rand.

Eine Joggerin auf der anderen Seite des Wassers kommt immer wieder. Läuft von Haslach nach Steinach und von Steinach nach Haslach. Immer wieder. In der prallen Sonne. Ziemlich schnell sogar. Ich glaube, ich kenne sie. Das ist eine von den Hahner Zwillingen. Welche, weiß ich nicht, die sehen sich so ähnlich. Die Zwillinge, zwei junge Leichtgewichte, sind die Nachwuchshoffnung für den deutschen Marathon. Ihr Coach, ein ganz besonderer Steinacher. Thomas Dold. Bekannt als der schnellste Treppenläufer der Welt. Bei Wettläufen meistens als Erster auf den höchsten Gebäuden der Erde. Außerdem Schnellster im Rückwärtsgehen. Auch das muss ja schließlich jemand machen. Die Berge des Kinzigtals, ein perfektes Trainingsrevier.

Steinach

Über die Kinzig hinweg frisst sich ein immenser Steinbruch in den Berg. Bergbau über Tage, wenn man so will. Der Mensch verändert das Landschaftsbild. Wieder einmal. Keltische Völker errichteten als Erste Saumpfade entlang der Kinzig, gaben dieser ihren Namen, der so viel wie „Gelände-Einschnitt" bedeutet. Den Saumpfaden folgte die Römerstraße bis das Tal anschließend wieder über Jahrhunderte in einen urwüchsigen Wildnisschlaf fiel. Erst mit dem Benediktinerkloster Gengenbach begann im achten Jahrhundert wieder die Rodung des Kinzigtales. Die Geroldsecker und später die Fürstenberger führten die Geschicke Steinachs fort. Während oberhalb von Steinach die Kinzig sich noch ein recht gleichbleibendes Flussbett grub, brachte ab Steinach jedes Hochwasser eine neue mäanderartige breite Flussführung mit Sümpfen, Teichen und Kiesbetten mit sich. Eine Herausforderung für die Flößer in den folgenden Jahrhunderten. Und ein Ding der Unmöglichkeit für die Ackerbauern.

Vor mir entdecke ich das grüne Zwiebeldach der Steinacher Heilig-Kreuz-Kirche. Der grazile Kirchturm ist der einzige Zwiebelturm im Kinzigtal. Er erinnert mich irgendwie an das Allgäu. Das Gotteshaus gilt als eine der schönsten Barockkirchen der Region. In Steinach steht auch der „Adler", ein mächtiges Fachwerkhaus. Er war bei den Flößern sehr beliebt als Rastplatz auf ihrem Fußmarsch, nach getaner Arbeit, zurück in die Heimat. Zu Frau und Kindern. Und Schwiegermutter. Anschließend war der Fußmarsch leichter, war doch ein guter Teil des Lohnes nicht mehr im Beutel. Schlecht für Frau und Kinder, gut für den Wirt. Zur Zeit ist der Wirt ein Chinese. Vor einem Haus steht ein Wagen mit Kuckucksuhren, Strohkörbe hängen an den Wänden. Ein Kuriosum. Ein Andenkenladen. Ein Aufbäumen gegen die moderne Zeit, rührig die Dame im Verkauf. Bollenhutmädchen, abgedruckt auf Gläsern, Kuckucksuhrhäuschen zum Durchschauen, bei jedem Klick auf das Knöpfchen ein neues Bild. Das Foto der Schwarzwaldklinik ist im Sonderangebot.

Ganz so einfach wie ich hatten es die Flößer allerdings nicht auf ihrem Fußmarsch. Von wegen kürzester Weg, einfach nur geradeaus. Zu viele unterschiedliche Herrscher und Interessen entlang des Wassers. Erst als das Haus Baden bis hoch nach Schiltach regierte, war die Begradigung des Flusses und Ackerbau möglich. Aber auch die Eisenbahn. Bekanntlich schlecht für die Flößer. Nun war gar kein Geld mehr im Beutel.

Zurück vom Abstecher. Links die Kinzig, rechts die Straße. Dazwischen mein Jakobusweg. Nach so viel Stille wirkt das jetzt bedrohlich. Sehr bedrohlich. Keine Leitplanke. Würde ein Auto geradeaus rasen, wäre ich sofort tot. Unerträglich die lauten Motorengeräusche. Ich unterquere deshalb durch eine Unterführung schon etwas früher die Straße, als der Jakobusweg mir eigentlich vorgibt. Mir egal. Dafür wandle ich jetzt zwischen prächtigen Obstbäumen hindurch. Wie schön muss das erst bei der Blüte im Frühjahr sein! Und wie unglaublich der Duft der millionenfachen Blüten. Goethe soll entlang seines Spaziergangweges Veilchen gepflanzt haben, um sich im Frühjahr an der Blütenpracht zu erfreuen. Es sind die kleinen Dinge des Lebens. Wenn man sie bewusst wahrnimmt. So wie die Brombeeren.

Sturm und Drang Zeit

Auf Höhe Steinach folgt rechter Hand der Aufstieg in den Wald. Ich steige und steige und steige. Plötzlich bemerke ich, dass ich für einen Moment aufgehört hatte zu denken. Wandern wird zur Meditation. An einer Hütte setzte ich mich. Durchschnaufen. Trinken. Aber nicht einrosten, also weiter. Weiter aufsteigen. Thomas Dold würde vermutlich rückwärts hochtraben und nebenher Witze erzählen. Aber ich bin nicht Thomas Dold, ich hechle.

Beim Weberkreuz setze ich mich auf eine Bank in der Stille des Waldes, die Straßengeräusche sind längst verklungen. Zeit für das Bauernvesper vom Markt. Gehirn und Schmeckorgan sagen „Gute Idee!“ Der Magen auch.

Wieder Aufstieg. Waldarbeiter fällen Bäume. Am Samstagnachmittag. Vermutlich auch Nebenerwerbslandwirte. Moos auf dem Weg. Frisches Moos. Ich ziehe die Schuhe und meine Multi-Funktionssocken mit Stützfunktion und Dreizonenirgendwas aus und genieße das Grüngewuschel unter meinen nackten Füßen. Frisch und kühl umschmeichelt es meine Zehen. „Kühles Moos, kühles Moos“. Das oder so etwas Ähnliches musste mein Weggefährte Nicki in unseren unternehmerischen Sturm-und-Drang-Zeiten seinem Gehirn immer wieder einreden, als er in einem dieser Tschaka-Seminare über glühende Kohlen gehen musste. Oder wollte. Oder durfte. Dr. Murphy hätte das gefallen. Die Füße blieben heil, der Mensch kann sein Gehirn überlisten. Nur für wie lange, ist die Frage. Heute macht er etwas ganz anderes als damals. Aber es macht ihm Spaß. Glaube ich zumindest. Freund Andreas, seines Zeichens Ingenieur, sieht das mit den glühenden Kohlen pragmatischer. „Das ist alles nur Physik! Wenn Du schnell genug rennst, passiert nichts. Sind ja nur paar Meter. Und außerdem stehst Du vorher in kaltem Wasser und sofort danach auch wieder“. Er muss es ja wissen, er hat das auch schon gemacht.

Nillhöfe

Abwechslungsreich und bequem führt mein Weg nach oben. Romantische Wälder, blühende Wiesen und unvergleichliche Ausblicke wechseln sich ab. Der Duft von Gras, von frischen Äpfeln an den Bäumen. Ich gehe am Waldrand entlang, das Tal öffnet sich unter mir. Neben mir Brombeerhecken. Mit dicken süßen Beeren. Durchatmen. Ins Gras setzen. Bestens gelaunt erreiche ich geraume Zeit später auf der Anhöhe eine Weggabelung: Links „Zell am Harmersbach", rechts „Nillhofe", ein Gasthaus wie ich weiß. Das Wetter ist schön, ich habe Zeit, also rechts. Sind ja nur fünfhundert Meter. Nill bedeutet so viel wie Scheitel. Hier ist die Grenze zwischen Fischerbach und Zell am Harmersbach. Ein Schotterweg führt auf der Hochebene zum Gasthaus, Spaziergänger kommen mir entgegen. Saftig grün die zu Tal abfallende Wiese, tiefgrün die Baumreihe stolzer Tannen, dahinter die Bergketten des mittleren Schwarzwaldes in sanften Blautönen. Über allem das weiche Himmelblau. Der atemberaubende Ausblick bestätigt mich in meiner Entscheidung. Der Duft der Blumen auch. Und der Mönch, der mich auf dem Bierglas wenig später anlächelt, auch. Es ist übrigens das einzige Gasthaus auf meiner heutigen Strecke. Immer geöffnet, kein Ruhetag. Schöne Gartenwirtschaft. Erwähnt wurden die Nillhöfe schon vor exakt siebenhundert Jahren. Selbst die Römer sollen hier ein Heiligtum gehabt haben. Kein Wunder, bei der Aussicht. Ich bin wieder fast achthundert Meter hoch. Rund sechshundert Höhenmeter Aufstieg liegen hinter mir. Und, was mir gerade auffällt, ich habe nicht ein einziges Mal unterwegs gejammert. Na ja, fast nicht.

Reichstal

Der Abstieg nach Zell am Harmersbach ist abwechslungsreich. Zwischendurch öffnet sich der Blick, hinaus in die Schwarzwaldtäler. Infotafeln des Hansjakobweges informieren unterhaltsam über Land und Leute. Ein Mann markiert mit weißer Farbe die Straße. Bald werden hier Enthusiasten im Eilschritt von Zell auf den Brandenkopf rennen. Immer bergauf. Berglaufmeisterschaften nennt sich das.

Ein sich selbstumwindender Ast gabelt sich am oberen Ende. Er steckt in der Erde am Straßenrand. Am Himmel zugewandten Ende ist quer eingeklemmt ein weiterer Ast. Unten, auf der Erde trockenes Moos, verdorrte Blumen und Steine. Ein Kreuz. Ein Gedenkkreuz. Sein Geheimnis verrät es nicht. Schmerz wird es beinhalten. Ich bin zurück auf dem Jakobusweg.

Am Nachmittag erreiche ich Zell am Harmersbach, sanft liegt es vor mir, eingebettet zwischen Wiesen mit Obstbäumen und Wäldern. Vereinzelte, markante Türme erheben sich aus den Dächern. Der Weg windet sich am Waldrand entlang. Esskastanienbäume säumen ihn. Der Schwarzwaldverein hat liebevoll illustrierte Schautafeln über die Baumarten aufgestellt.

An die ehemalige Reichstadt Zell grenzt eine Besonderheit. Das Harmersbachtal. Das bäuerliche Harmersbachtal erlangte 1718 Reichsunmittelbarkeit, war „Reichstal" mit der einzigen freien Bauernrepublik des Heiligen Römischen Reiches deutscher Nationen. Eigentlich gehörte das Tal zur Freien Reichsstadt Zell. Diese wurde blöderweise verpfändet und bei der Auslösung wehrte sich das hintere Schwarzwaldtal, in welchem sich schon eine eigene Gerichtsbarkeit gebildet hatte. Napoleon machte dem Firlefanz ein Ende. Ab 1812 dann die Trennung in die Orte Unterharmersbach und Oberharmersbach. Heute gehört Unterharmersbach wieder zu Zell. Oberharmersbach bleibt standhaft. Und Bürgerwehren gibt es auch wieder. Zur Traditionsschau. Die jüngere Legende sagt, es soll sogar einen höchst offiziellen Brief aus dem Harmersbachtal an den französischen Staatspräsidenten gegeben haben, als die Bürgerwehr zur Eröffnung der Landesgartenschau in Kehl nicht über den Rhein marschieren und schießen, pardon salutieren, durfte. Aber das ist, wie gesagt, eine Legende.

Schwarzwälder Geschichte wird in Oberharmersbach im Historischen Speicher und in Unterharmersbach im Fürstenberger Hof, einem alten Schwarzwaldhof, sichtbar.

Maria zu den Ketten

Pilger, die das Pilgern so richtig im Herzen tragen, also nicht einfach nur so wandern wie ich, vor denen baut sich nun ein Höhepunkt der Reise auf. Die Wallfahrtskirche Maria zu den Ketten. Als diese vor über fünfhundert Jahren gebaut wurde, hieß sie noch Maria zu den Rosen. Aber der Glaube braucht Geschichten. Nicht geglaubt haben die kriegerischen Schweden die Geschichte, also entstand eine neue Geschichte. Aber nun der Reihe nach.

Ein Söldner geriet während den Kreuzzügen in Gefangenschaft, lag in Ketten. Und wenn es einem schlecht geht, dann beginnt der Mensch das Beten. Also betete er zur Maria. Schon tags darauf, war er von seinen Ketten befreit und konnte fliehen. Sogar ein Pferd soll bereit gestanden haben. Zum Dank hing er zu Hause in dieser Kirche seine Ketten vor dem Gnadenbild Marias auf. Das hätte ich auch gemacht, wenn ich die schweren Ketten schon aus türkischer Gefangenschaft bis in das weite Zell oder genauer gesagt bis Unterharmersbach getragen hätte. So wurden aus den Rosen Ketten. Als nun die Schweden im Dreißigjährigen Krieg die Kirche betraten, lachten diese Protestanten ob der Legende und ließen die Ketten zum Nordracher Schmid bringen, er möge Hufeisen daraus schmieden, was dieser auch tat. Am nächsten Morgen hingen die Ketten, oh Wunder, wieder in der Kirche an ihrem Platz. Nur, waren die Schweden im Dreißigjährigen Krieg überhaupt in Zell?

Der spätbarocke Hochaltar gibt dem Gnadenbild aus dem frühen vierzehnten Jahrhundert einen würdigen Rahmen. Die Deckenfresken zeigen die Legende der Ketten, die Kanzel ist aus der Zeit des Rokoko. Vor der Kirche mit dem mächtigen hellen Portal ein wunderschöner Brunnen. Maria zu den Ketten ist die größte Wallfahrtskirche im süddeutschen Raum.

Zell am Harmersbach

Ich folge der Hauptstraße ein Stück abwärts und biege dann links ab, Richtung Bahnhof. 1139 erstmals als bäuerliche Siedlung erwähnt, wurde Zell im frühen vierzehnten Jahrhundert die kleinste Reichsstadt des Landes, mein Weg führt sozusagen außen an der ehemaligen, gewaltigen Stadtmauer entlang, ich kann noch Mauerreste entdecken. Am Hirschturm, einem aus Stein gemauerten runden Zeitzeugen, einstiger Bastionsturm, wird die Reichsstadt sichtbar. Er stabilisierte die Stadtmauer, die an dieser Stelle fast rechtwinklig abbog. Das Dach ist neu, der Turm selbst trotzte dem Stadtbrand. Stolz und sicher waren die Stadttore an den Eingängen zur Stadt. Einige Schritte weiter das markanteste Bauwerk von Zell am Harmersbach und beliebtestes Fotomotiv. Auch für mich als Werbefuzzi. Wegen des Turmes und wegen des Storchennestes auf dem Dach. Mutter Storch füttert ihre Jungen. Storchenturm nennen die Zeller ihn deshalb auch liebevoll.

Dieser lange Turm ist auch ein Relikt der Reichsstadt.

Schützend und aus festem Stein gebaut, streckt er sich auf quadratischem Grundriss rund zwanzig Meter in die Höhe, nur drei kleine Fenster, davon zwei ehemalige Schießscharten, öffnen diese starke Mauer an der Südseite der Stadt. Das markante an dem Turm ist das Dach. Als ob man einem Fachwerkhaus das Obergeschoss genommen und auf den Turm gesetzt hätte. Zur Krönung sitzt ganz oben ein kleines Glockentürmchen mit grünem, spitzem Dächlein. An den Turm rechtsseitig am unteren Drittel angebaut ist die breite begehbare Stadtmauer, darauf ein mächtiges Steildach. Im Turmsockel ein großer, spitz zulaufender Durchgang, oder vielmehr eine Durchfahrt. Diese wurde in die Mauer gerissen, als die Eisenbahn Zell eroberte und die Kutschen auf kürzestem Wege in die Stadt einfahren wollten. Daneben ein Fußgängerdurchgang. Früher gab es hier nur ein kleines Tor, das Drei-Batzen-Loch. Drei Batzen kassierte der Wachsoldat, bevor er passieren ließ. Das wäre auch heute für manche eine willkommene Idee bei leeren Stadtkassen. Im unteren Bereich des Turmes befindet sich eine überdachte Empore. Dort stehen vier historische Kanonen. Die Schwedenkanonen. Die Legende sagt, dass die mutige Zeller Bürgerwehr den Schweden diese, draußen vor den Toren der Stadt, abgekämpft hat. Andere sagen, die Schweden hätten diesen Balast einfach stehen lassen, als sie weitergezogen sind. Und ich frage mich, wann die Schweden dann bei den Ketten waren? Ist ja auch egal. Über der Empore der schwarze Reichsadler. Nachträglich badifiziert, sprich nach 1806 wurde dem Adler das badische Wappen auf die Brust gepinselt. Die stolzen Stadttore sind längt abgetragen. Nur das arme Sünderglöckchen, welches einst am Untertor läutete, wenn ein armer Sünder hinaus aufs Galgenfeld gebracht wurde, gibt es noch. Es hängt ganz oben auf dem Storchenturm. Geläutet wird es nicht mehr.

Es gibt keinen Galgen mehr, dafür Störche, direkt unterhalb des Glöckchens. Und die mögen das Geläute auch nicht.

Durch den Storchenturm betrete ich die Stadt. Das Fachwerk zieht sich auf dieser Seite oberhalb des großen Durchgangs weiter, im Anbau das Stadtmuseum. Geschichte umhaucht mich. Der Kanzleiplatz. Offen, einladend, von der Sonne in warmes Licht gelegt. Friedlich stehen Bänke unter dem Schatten der Bäume, ein Liebespaar träumt, Hand in Hand. Ein stattliches gelbes Gebäude mit sandsteinener Einfassung und Fensterumrahmungen fällt mir auf. Und mir fällt auf, dass einige der Fenster nur aufgemalt sind. Der Erbauer Albert Renn wollte die Harmonie dieses im Barockstil erbauten Gebäudes nicht stören und im Innern brauchte man Stellwände für die Aktenordner. Also: Fenster aufmalen. Französischer Einfluss am Dach, ein steiles Mansardendach.

Ein Blick entlang der Gassen offenbart, dass die kleine Reichsstadt einen ovalen Grundriss gehabt haben muss. Linker Hand das Schöttgenhaus von Pottaschesieder Schöttgen. Doch die Geschichte zu dem Haus wird noch interessanter.

Im Vorgängerhaus wurde Erhard Junghans geboren, der 1861 im Schwarzwaldstädtchen Schramberg eine Uhrenfabrik gründete und Schramberg so in der Welt bekannt machte. Fließbandtechnologie, gesehen in der neuen Welt Amerika, ließ Junghans 1903 zur größten Uhrenfabrik der Welt werden. 1972 Zeitmesser bei Olympia. Dann die billigen Quarzuhren made in Asien. Schwarzwälder Präzision war nicht mehr gefragt. Der Niedergang für Junghans. Aufatmen durch die Erfindung der Funkuhr, Schwarzwälder Tüftlertum. Und doch nicht zu retten. Spielball großer Konzerne. Bis zwei Männer kamen, die in Schramberg den Begriff Heimat neu definierten. Schramberger Unternehmer, die Herren Steim, kauften die Uhrenfabrik, weil sie zu Schramberg gehört und nicht sterben durfte. Schwarzwälder Präzisionsarbeit ist seither wieder gefragt, der zukünftige Weg führt nach oben. Heimat ist gefragt.

Warum mir diese Geschichte zu Herzen geht? Mein Vater, auch Schramberger, war Lehrbub beim Opa Steim, mein Onkel Oskar Uhrmacher bei Junghans. Wenn man so will, bin ich ein halber Schramberger und ein viertel Junghansler.

Hahn und Henne

Mich fasziniert die Architektur der Stadt. Wechselt sie sich doch ab von mittelalterlichen Türmen, romantischem Fachwerk und prunkvollem Jugendstil, der von früherem großen Reichtum zeugt. Keramikproduktion und Porzellan brachten diesen in den Ort. Und dort zieht es mich auch hin. Hatte ich als Kind doch die berühmte Hahn und Henne Tasse zu Hause. Und hatten meine Schwester und ich doch mit Begeisterung so schnell den Teller leer gelöffelt, um als erster Hahn und Henne am Tellerboden zu entdecken. Stolz war das Siegergesicht dann!

Am Ortsrand finde ich die Zeller Keramik. Der Prunk des Gebäudes ist verblasst, aber die Liebe zum Produkt ist geblieben. Ähnliches Schicksal wie Junghans. Der Herr Steim heißt hier aber Ralf Müller. Eine Ausstellung zeigt, wie Keramik entsteht. Mein Werbefuzzi-Herz schlägt höher, als ich uralte Preislisten mit detailreichen Illustrationen entdecke. In einem Raum sitzt eine Keramikmalerin und malt kunstvoll und mit viel Herzblut Hahn und Henne auf die Keramik. Sicher, ganz sicher, führt sie den Pinsel. Ich erfahre, dass man seine eigene Hahn und Henne Pilgertasse malen kann und lasse mich nicht zweimal bitten. Ein tolles Pilgersouvenir! Mit Nachsendeauftrag. Und eine für meine Schwester Vera gleich mit.

Die heutige Zeller Keramik entstand aus der Vereinigung der Unteren Fabrik, die ab 1760 Keramik erzeugte und der Oberen Fabrik, die als Erste in Deutschland Steingut in der englischen Art von Wedgewood, und ab 1842 Porzellan herstellte. Um 1897 entwirft Elisabeth Schmidt-Pecht das Dekor Favorite, das ebenso wie Alt Straßburg aus dem gleichen Jahr, noch heute produziert wird. Das muss man sich mal vorstellen. Und dann gab es da noch diesen Karl Schöner. Der hatte eine Tochter. Gott sei Dank. Denn sonst gäbe es kein Hahn und Henne. Das schwarze Federviehpaar mit roten Kämmen, das sich gegenübersteht. Auf gelbem Grund, inmitten einer idyllisch hellgrünen Wiese. Der Tellerrand ist dunkelgrün gebändelt. Zum ersten Geburtstag der Tochter entwarf er 1898 das Dekor. Heute hat es Kultstatus rund um die Welt. Nicht nur beim Wettlöffeln von Kindern. Und die Keramik wird bis heute in Handarbeit hergestellt und bemalt. Das soll Made in China erst mal nachmachen. Nein, lieber nicht.

Vermutlich, also vermutlich, ist die Zeller Keramik aber auch der Auslöser für die berühmte Fabrikrede des Zeller Sohnes Franz Joseph Buß im Jahre 1837. Als erster Abgeordneter machte er unüberhörbar den Mund auf und setzte sich für die sozialen Belange der Arbeiterschaft und gegen Kinderarbeit ein. Günter Wallraff und Verdi in einem, wenn man so will. Erreicht hat er damals noch nichts, aber einer muss ja mal den Anfang machen. Von Österreich wurde er geadelt zum Ritter von Buß, aber das hat andere Gründe. Seine Statue steht auf dem Stadtbrunnen in Zell.

Denkmalschutz

Der Werbefuzzi hat in Zell angerufen, dass er kommt. Auf der Tourist-Information. Deshalb wartet jetzt auch ein Stadtführer auf mich in der Abendsonne, im Café bei dem Storchenturm. Seinem Turm. Wir schlendern über den Kanzleiplatz, vor zum Stadtbrunnen. Besonders prunkvoll ist hier die Jugendstilarchitektur links und rechts der Straße. Heinz Scherzinger erzählt mir dazu die Geschichte. Hatte Zell die Pfälzer Erbfolgekriege noch heil überstanden, „weil die Brandschatzer nicht wussten, dass es da hinten im Tal noch eine Reichsstadt gab", so brannte es um die Jahrhundertwende 1900 dafür gleich zweimal. Und zwar richtig. Durch ungeschicktes Hantieren mit Kerzen und Kienspanen. Zwischen die dicht an dicht stehenden Fachwerkhäuser wurden breite Löcher gerissen. Heute ein Glück für Zell, war der Jugendstil doch in seiner Blüte und im Städtle gab es reiche Kaufleute. So auch der Kaufmann Siefert. Er baute sein neues schmuckes Jugendstilhaus in so ein Brandloch. Das ärgerte vis-a-vis den Kaufmann Zapf. Denn sein Haus war nicht abgebrannt und nun deutlich hässlich gegen den schmucken Jugendstil vom Siefert. Also nach dem Vorbild, Burg von Hausach, abreißen und etwas noch viel Schöneres aufbauen. Das hellblaue Haus besticht durch absolute Reinheit und Schönheit des Jugendstils. Reich an Ornamentik und Details. Das missfiel wiederum dem Siefert. Da musste also noch mal der Baumeister ran, ein zusätzlicher Erker wurde an seinem Haus angebaut. Heute würde Siefert doppelt lachen, Kaufmann Zapf sich im Grabe herumdrehen. Immer dann, wenn er auf die Geschmacklosigkeit der Neuzeit blickt und die grellroten Neonleuchtlettern NKD an der Fassade seines bezaubernden und entzauberten himmelblauen Jugendstilhauses entdeckt. Gibt es in Zell eigentlich keinen Denkmalschutz frage ich mich?

Heinz Scherzinger muss lachen. Ich sehe es ihm an, er will noch einen drauf setzen. So ist es auch. Kaufleute wollen verdienen. Je mehr desto besser. Das ist auch heute noch so. Und das arme Volk hatte auch damals schon Durst. Auch das ist auch heute noch so.

So kelterten Zapf und Siefert aus den wirklich allerletzten Resten der Mostäpfel noch Apfelweine. Das Volk dankte es ihnen: „Willst Du haben Weh im Ranzen, kauf von Sieferts Mostsubstanzen“. „Willst Du haben Scheißerei, kauf bei Zapf den Apfelwei“. Für das Volk waren beide gleich. Egal, wie ihr Haus aussah.

Über die Straße steht der Rundofen der Oberen Fabrik. Ein Meisterwerk seiner Zeit. Ein einmaliges Industriedenkmal. Wie er funktionierte, ist im Heimatmuseum zu sehen. Ein Stück weiter der Arbeitsplatz historischer Kommunikation. Direkt in der alten Stadtmauer, am Gewerbekanal. Die alte Waschküche. Hier versammelten sich die Waschweiber und tauschten neuen Tratsch aus. Sie zeugt aber auch davon, wie hart die Arbeit gewesen sein muss. Und, womöglich fragte nach einem mühseligen Waschtag abends der Mann zu Hause, ob denn das Essen noch nicht fertig sei. Auch das ist noch heute so. Glaube ich.

Das Heimatmuseum im Storchenturm ist eine Fundgrube. Ich glaube, da gibt es nichts, was es nicht gibt. Oder vielmehr gab. Die Zamba-Orgel, ein Orchestrion, zum Beispiel. In Waldkirch hergestellt, lange Zeit die Attraktion im Kinzigtal. Von nah und fern wurde in den Badischen Hof gepilgert und die Spielorgel mit Münzen gefüttert. Die Sensation für Kinder. Lange vor Nintento. Oder das alte Zeller Porzellangeschirr. Oder die Uhren. Oder die Foltergeräte im Turm. Heinz Scherzinger sprüht vor Begeisterung, als er mir alles zeigt. Er kann auch stolz darauf sein. Das Museum trägt seine Handschrift. Und er hält einen Steuerspartipp der Vergangenheit bereit. Fachwerkhaus verputzen. Denn Fachwerkhäuser kosteten mehr Steuern als Steinhäuser. Und das, obwohl Fachwerk, sprich Holz gefüllt mit Stroh, Mist und Lehm, die Wohnform der armen Leute war, Stein die der Reichen. Wie dem auch sei, so sparte man Steuern, wenn die Prüfung kam. Und das Sprichwort „Hau nicht so auf den Putz“ entstand.

Blick zurück

Abends sitze ich beim Vermieterehepaar am Vespertisch im gemütlichen Wohnzimmer. Familiäre Atmosphäre. Speck, Salami, Wurstsalat, Most, Bauernbrot. Mir geht es richtig gut. Das findet auch Gottfried Zurbrügg, der heute mit seiner Frau auch Gast des netten Vermieterpaares ist. Man kennt sich in Zell. Gottfried Zurbrügg ist Heimatautor, kennt sich aus im Tal. In seiner zweiten Heimat, denn er ist zugezogen. Nicht aus Bochum, aus Bielefeld. Er hat viele Geschichten parat, es wird ein lustiger, heimeliger Abend. Seine Geschichte zu Maria zu den Ketten ist besonders interessant. Als Jüngling aus der Ferne in Zell angekommen, war die ihm zugesagte Wohnung schon vergeben. Jetzt stand er hilflos mit seinem Berg Möbeln auf der Straße. Also, erst mal zur Maria gehen. „Wenn es Dich wirklich gibt, dann hilf mir. Lass Dir was einfallen". Abends der Anruf. Die Wohnung ist doch frei. Gut so, so ist er in Zell geblieben und begeistert mit seinen Büchern. „Von Erde bist Du genommen" ist eines davon. Er schenkt es mir, es beschreibt die Geschichte von zwei Zeller Hafnerbuben und ihrem Traum vom feinen Geschirr. Wird der Traum wahr werden? Ist die Kettengeschichte von Maria womöglich doch wahr?

Wie immer bin ich früh wach und begebe mich auf den Weg. Ich wollte die Vermieter am Sonntag nicht mit frühem Frühstück belästigen. Die Morgensonne lässt das Städtchen langsam erwachen. Nach einem Rundgang, vorbei an der alten Druckerei mit Deutschlands kleinster Tageszeitung, und einmal um die Kirche, treffe ich im liebevoll angelegten Park auf zwei Altbekannte: Hahn und Henne. Die Stadt hat hier ihren wohl berühmtesten Bürgern ein Denkmal gesetzt.

Es ist wieder einer dieser Tage, an denen das Licht den Weg so faszinierend macht, wenn im frühen Gegenlicht die Natur strahlt.

Ich werfe einen langen Schatten vor mich auf die Straße. Die letzten Worte von Goethe sollen „gebt mir Licht" gewesen sein.

Eben hatte ich noch einmal einen Blick zurück auf das noch schlummernde Städtchen geworfen, das sanft eingebettet vor mir liegt und von den Schwarzwaldbergen in der Ferne umrahmt wird. Umdrehen und der Blick zurück hat sich auf dem Jakobusweg bisher immer wieder gelohnt. Im doppelten Sinne. Auf begangene Fehler und auf vergebene Chancen. Auf Verletzungen. Aber hinterher ist man ja immer schlauer. „Schau nicht auf den verschlagenen Ball, schaue auf den nächsten". Also weiter des Weges. Weiterlaufen. Davonlaufen?

Und wieder dieses Licht. Das Farnblatt schwebt leuchtend gelbgrün vor dem dunklen Hintergrund, Lichtstrahlen zerschneiden mild den Wald. Zur anderen Seite lichtdurchflutete Obstbäume. Und wieder diese Stille.

Ich treffe auf eine Radiumquelle, die Gesundheit verspricht. Gerade recht für meinen nächsten Ball. Also: einen großen Schluck! Ist Radium nicht ein gefährlicher Stoff, oder war ich da in Chemie nur halb anwesend?

Firmenfarben

Ich verlasse den Wald. Die Fäden an den fast reifen Maiskolben strahlen rot in dem Sonnenlicht, frisch das Grün der Blätter. Ich bin im Nebental und gehe an einem munteren Bächlein entlang nach Nordrach. Eine Werkstatt für Holzschnitzereien macht mich neugierig. Ich treffe dabei immer wieder auf die Figur der Magdalena in den liebevollen Holzskulpturen. Die Werkstatt ist noch geschlossen, ich bleibe zunächst mit meiner Frage nach Magdalena alleine. Geschlossen ist auch noch das „Mühlenstüble", das einladend am Bach liegt. Stolz das Mühlrad, verlockend die Gartenwirtschaft. Die Wirtin, die gerade sauber macht, gibt mir trotzdem schon etwas. Schwarzwälder Gastfreundschaft eben. Ein Blick auf die Speisekarte erweitert spontan meine Liste mit „was-ich-unbedingt-einmal-machen-sollte", denn sie zeugt von hausgemachten Schwarzwälder Leckereien. Von dem Bauernhof gleich nebenan, wie mir die Wirtin erzählt, und dass das Stübchen zu diesem Hof gehört. Mein Magen knurrt, ich habe noch nicht gefrühstückt. Enten tummeln sich im Bach.

Wie Perlen an einer Schnur reihen sich die stolzen Schwarzwaldhöfe aneinander, bis ich schließlich Nordrach erreiche. War bisher „Lambada" mein favorisiertes Lied zum Pfeifen, so erwische ich mich, wie ich auf einmal „Still got the Blues" von Garry Moore pfeife. Oder doch nicht von Moore? Der regionale Musiker Jürgen Winter hat Gary Moore einst verklagt, dass die Melodie von seinem Song „Nordrach" stammt. Und ich glaube, er hat sogar Recht bekommen.

Dass die Schwarzwälder „gschaffige" Menschen sind, ahne ich an beinahe jedem Ort auf dem Jakobusweg, da Firmengebäude mit Weltnamen an der Fassade den Gast am Ortsrand begrüßen. So auch in Nordrach. Junker. Wenn auch die Firmenfarbe nicht immer ins Landschaftsbild passt, so doch das Bekenntnis zur Heimat, zu den Wurzeln. Das alte Mühlrad am Firmengebäude zeugt davon.

Mäzene

Eine alte Mühle mit Kräutergärtchen erreiche ich wenig später, ebenso eine stolze Kirche, die auch „kleines Münster des Nordrachtales" genannt wird und durch ihre sakrale Kunst und ihre

Größe bestricht. Ich setzte mich in den Schatten der Bäume im Kurpark vor dem Portal. Mächtig wirkt es auf mich, so wie es früher mächtig auf die Menschen gewirkt haben muss.

Der Altar ist frisch restauriert, mit feinem Blattgold überzogen. Fabrikant Junker, das ist der mit der Firmenfarbe, der Mäzen. Ohne Firmenschild am Altar. Die Kanzel vor dem Abtransport durch Freiburger Kirchenführer gerettet. Fabrikant Junker soll sich den Kirchendienern persönlich in den Weg gestellt haben. Groß und stolz ist die Kirche. Nur einen Pfarrer hat Nordrach nicht mehr. Der erste Turm der Kirche, noch höher als der heutige, stürzte kurz nach dem Neubau zu Beginn des zwanzigsten Jahrhunderts bei einem Gewitter übrigens ein. Kein Wunder für die gläubigen Bauern jener Zeit, war der Finanzierer doch ein Atheist. Aber ein Segen für das Dorf. Dr. Otto Walther war auf der Suche nach einem idealen Standort für seine Lungenklinik. Im nebelfreien Nordrach wurde er fündig und brachte Finanzkraft in das Dorf. Über viele Jahre. „Davo gloffe – weggelaufen – sind die Menschen, als er mit seinen zwei schwarzen Hengsten und der Kutsche dahinter, durch das Dorf fegte."

Grande Dame der Puppen

Bei leckerem Wildragout mit Spätzle und Preiselbeeren erhalte ich von der Bedienung in der „Stube" den Tipp, doch unbedingt das Nordracher Puppenmuseum anzuschauen. Ich und Puppen? Aber gut, ich habe ja etwas Zeit. Dort angekommen erwartet mich Gaby Spitzmüller, eine rührige ältere Dame, nach eigenen Angaben „stark in den Achzigern". Und was ich sehe, ist einfach nur faszinierend und berührend. Eine Reise in die Kindheit. Wohin das Auge auch schaut, gibt es etwas zu sehen.

Mein Blick bleibt an einem Rummelplatzmodell mit Riesenrad hängen. Frau Spitzmüller betätigt einen Schalter, das Rad beginnt sich zu drehen. In jeder Vitrine ein anderes Thema. Puppen in entsprechender Kleidung die Hauptdarsteller. Die Kleidchen liebevoll genäht und bestickt, jeder Knopf einzeln gefertigt. Fantastisch. Wahre Größe im kleinsten Detail. Zu jedem Puppenthema weiß Frau Spitzmüller eine Geschichte. Dreitausendfünfhundert Püppchen hat sie hergestellt. Flößer, Brautzug, Winterkinder. Ihre Mutter lehrte ihr die Handarbeit, noch bevor sie in die Schule kam. Später als Betreuerin in der Nordracher Klinik, wurde Puppen basteln zur Therapie für die Patienten, glückliche Patienten.

Ich sehe altes Holzspielzeug und Blechspielzeug. Und Teddys. Und ich sehe auch alte Puppenstuben. Mit solch einer Puppenstube haben wir als kleine Kinder bei meiner Oma gespielt. Meine Geschichte. Bis ein lausiger Vertreter sie ihr eines Tages an der Haustüre abgeschwatzt hat. Und die alten Bauernmöbel gleich mit. Erstmals spüre ich auch innere Wut auf dieser Reise und hoffe auf Gerechtigkeit im Himmel. Besonders für diesen Vertreter.

Nordrach

1139 die erste Erwähnung. Während der hintere Teil des langen Tales zum Kloster Gengenbach gehörte, gehörte der vordere Teil zur Reichsstadt Zell. Bis zum Jahr 1803, dann wurde Nordrach-Dorf selbstständig, 1929 Vereinigung mit der „Kolonie".

Zu Beginn des letzten Jahrhunderts lebte auch der erste Flieger des Schwarzwaldes im Dorf Nordrach, das durch enge Bergketten begrenzt wird. Mit dem Geld von Bürgern und Bauern kaufte er einen „Flugapparat" und bot in umliegenden Orten Rundflüge an. Sein Talent wurde ihm zum Verhängnis. Erster Weltkrieg.

Abgeschossen. Carl Josef Oehler. Gefallen für das Vaterland. Vergessenheit macht sich breit.

Das schnellste Dorf der Welt war Nordrach in den zweiten Nachkriegsjahren. Die Weltelite maß sich in der Leichtathletik. Der ASV Nordrach war Zweiter hinter den schnellen US Boys. Kurt Spitzmüller, Ehemann der Grande Dame der Puppen, der Lokalmatador. Heinz Fütterer, der „weiße Blitz", der Stargast. Noch unbekannte Stars waren dagegen die Mitglieder der Kelly Family, als diese später über Monate im Lehmannshof wohnten. Bei umliegenden Bauern Eier und Speck sammelten. Ob sie wirklich bei Nacht und Nebel heimlich verschwunden sind, darüber gibt es viele Legenden. Keine Legende ist die Magdalena. Ihr Vater verheiratete sie wider Willen mit dem Vogt vom Mühlstein. Zerrte sie am Hanfstrick zur Kirche. Zwei Monate danach starb sie an Liebesschmerz. Ihr wirklich Liebster zog aus in den Krieg, den Heldentod zu sterben.

Heinrich Riehle, Ortshistoriker von Nordrach, kommt in sein Element, als er mir all das bei meinen Recherchen zum Buch erzählt. Behutsam blättert er dabei in seinem Fotoalbum.

Kahlschläge

In Wolfach ist die Glasbläserei heute noch greifbar, in Nordrach war sie zu Hause. Glasblasen ernährte mühsam viele Menschen, die nicht über eigenes Land und eigene Äcker verfügten. Nur der jüngste Sohn bekam den Hof vererbt, die anderen mussten schauen, wo sie blieben. Die Gescheitesten wurden Pfarrer. Abnehmer des Glases war das Kloster Gengenbach, in dessen Besitz die Nordracher Wälder waren. Pottasche in Hülle und Fülle. Aber auch die Waldbauern fällten fleißig Bäume. Für die Nordracher

Flößer. Und Köhler. Fällen bis zum Kahlschlag. Armut war die Folge. Und Zwangsauswanderung. Das Los entschied, wer Nordrach verlassen und mit den Flößern bis Le Havre und dann in das gelobte Land Amerika segeln musste, wie Gottfried Zurbrügg, in seinem Roman „Westwärts Wellenreiter" bildlich erzählt. Das Buch beschreibt einfühlsam die Schicksale jener Zeit und deren Menschen. Der Wald erholte sich wieder vom Kahlschlag.

Nach dem Zweiten Weltkrieg der zweite Kahlschlag, die F-Hiebe. Die Franzosen holten sich als Kriegsentschädigung das Schwarzwälder Holz. So wurden wegen des Krieges nicht nur die starken Schwarzwälder Burschen verheizt, sondern auch das Holz. Das war nicht nur in Nordrach so. Der Wald erholte sich wieder.

Was sich der liebe Gott dabei dachte, als er Orkan Lothar am zweiten Weihnachtsfeiertag 1999 schickte und für den dritten Kahlschlag sorgte, weiß niemand. Forstwirte aus ganz Europa halfen bei der Aufforstung. Ein polnischer Förster kam ums Leben. Das Dorf sammelte für die Witwe. Der Wald erholt sich wieder.

Nicht erholt hat sich ein armer Auerhahn. Er wurde tot auf einem Nordracher Waldweg gefunden. Ein Wanderer muss ihn wohl erschlagen haben, als der Auerhahn sein wunderbares Gefieder stellte, um sein Revier zu verteidigen. Die Duravit hat noch viel Arbeit vor sich.

Der Sensenmann

Praktisch. Bevor es hinter der Kirche an den Aufstieg in Richtung Gengenbach geht, komme ich an einem Schwarzwaldhof mit einem Schnapsbrunnen vorbei. Schnapsbrenner bieten an solchen Brunnen ihre selbst gebrannten Köstlichkeiten an, indem sie im Steinbrunnen vor dem Hof die Flaschen im Wasser kühlen und sich ein Sparschwein auf eine Silbermünze für das Schnäpschen freut. Schwarzwälder Vertrauensvorschuss. Nicht überall so gerne gesehen ist das, was ich dann noch mache. Die Stalltüre steht offen, also wage ich einen Blick in den Kuhstall. Ohne zu fragen. In fremde Wohnzimmer schaue ich doch auch nicht einfach hinein.

Das Kirschwasser verfehlt seine Wirkung nicht und schon nehme ich den Aufstieg mit Elan, zumindest eine Zeit lang, denn der Aufstieg will nicht enden. Und, als hätte ich meine Lektion nicht schon gelernt, wird mein Wasser wieder knapp. Brombeeren retten mich. Danke Oma!

Ich treffe auf den Kandelweg und werde wieder in meine Jugendzeit bei den Pfadfindern versetzt. Damals sind wir den Kandelweg von Oberkirch bis Freiburg gegangen und haben nachts mitten im Wald übernachtet. Isomatte, Schlafsack und der Sternenhimmel über uns. Die Kaffeefilter hatten wir vergessen, also hat es beim Trinken an den Zähnen etwas geknistert. In einer Nacht, wir nächtigten kurz vor der Burgruine Geroldseck am Waldrand, erklang in der stockdunklen Finsternis aus Richtung der Burgruine plötzlich Hufgeklapper von Pferden. Es kam näher und näher. Mit sechzehn Jahren kann man da schon noch glauben, dass der Sensenmann kommt und die Zeit jetzt abgelaufen ist. Schnaubend halten die Pferde genau vor uns an. Ob Pferde genauso gut sehen wie Katzen oder war es Zufall? Ängstlich ringen wir uns ein „Guten Abend" ab.

Aber das, und was dann passierte, ist eine ganz andere Geschichte mit hohem Erinnerungswert. Ich sollte die Pfadfinderfreunde von früher mal wieder anrufen.

Eheprobleme

An der Lärchenhütte angekommen, weist mir ein Schild den leicht aufsteigenden Weg zu einem kleinen Abstecher, zum Katzenstein. Hört sich interessant an, also los. Und nach so viel Aufstieg, kommt es auf diese fünfhundert Meter nun auch nicht mehr an. Also rechts ab, weiter in den Wald. Auf einer kleinen Felsformation steht eine Bank. Leider ist sie schon durch zwei Frauen mittleren Alters besetzt, die die einsame Lage nutzen, um sich über ihre Eheprobleme auszutauschen. Zumindest war die Lage bis jetzt einsam, denn jetzt bin ja auch ich hier. Die beiden Frauen verstummen, ihre Gedanken kann ich lesen. Ich grüße höflich. Da müssen die jetzt durch, ich will ja auch etwas haben von meinem Abstecher und auf dem Fels geht es eng zu, will man einen Blick ins Tal erhaschen. Und ein Foto will ich ja auch noch machen. Mit blauem Himmel. Was für ein toller Ausblick! Wenn mich meine Orientierung nicht verlassen hat, muss das das Harmersbachtal sein. Herrlich. Herr Scherzinger hätte jetzt noch gesagt, eigentlich müsste das Hammersbachtal heißen, wegen den Hammerwerken. Außerdem steht das so auch auf alten Zeichnungen. Gerne hätte ich diesen Blick noch länger genossen, aber man will ja nicht stören. Und schon gar nicht Ursache für noch mehr Eheprobleme sein. Noch ein Foto fürs Album und zurück führt mich der schmale Pfad. Die Muschel am Baum zeigt mir den Weg abwärts. Bequem zieht er sich hin und die erste Vorfreude macht sich breit auf das Ziel Gengenbach und vor allem darauf, es geschafft zu haben. Schmale weiche Pfade wechseln sich ab mit breiten Wegen, auf denen die Langholz-LKWs das wertvolle Holz zu Tal bringen. Für das Schatzkästele der Gemeinden. Oder das des Waldbauerns? Oder des Staates?

Die Innere Unruhe

Der Schwarzwald ist voller Sagen und Mythen. Eine davon ist die Teufelskanzel, wo angeblich der Teufel nach seiner Entdeckung als verkleideter Mönch auf seiner Flucht einen Abdruck im Fels hinterlassen hat. Mit Sagen stärkt man Glauben. Wie dem auch sei, der Ausblick von hier ist grandios, wenn auch gefährdet, wenn nicht bald jemand mit der ganz großen Heckenschere die Sicht wieder frei macht. Ich befreie meine Füße von den drückenden Schuhen. Ich massiere die Zehen und rede ihnen gut zu: „ihr habt es ja bald geschafft!"

Ich schließe die Augen und genieße. Ich will genießen, aber das Gegenteil ist der Fall. Der Herzschlag nutzt die Ruhe, macht sich bemerkbar. Und die innere Unruhe. Das ungute Gefühl. Ich muss an den anderen Teufelsstein, droben auf St. Roman, denken. Und das eingeritzte Datum. Und ich muss an meine Mutter denken. Schnell die Augen wieder auf. Und weiter laufen. Davonlaufen.

So schön das Ausziehen war, so schwer fällt das wieder Anziehen der Schuhe. Der Durst macht sich bemerkbar und treibt mich voran oder vielmehr bergab. Auf einem schmalen Pfad hinunter ins Tal. Hinunter nach Gengenbach.

Die ersten Weinberge

Der Wald öffnet sich und ich stehe in Weinbergen, das erste Mal auf meiner Reise. Vor mir ruht friedlich auf einer Anhöhe die Jakobuskapelle von Gengenbach und zur rechten Hand, unten im Tal, erste Höfe und Häuser, welche die Stadt ankündigen. Zur Belohnung wieder Brombeeren am Wegesrand. Ich presse sie förmlich aus. Danke Oma. Wie muss sich ein Pilger in früheren Zeiten gefühlt haben, wenn er solche Brombeeren gegessen hat, unwissend über Hamburger, Currywurst und Hühnchen süß-sauer? Zumindest genauso dankbar wie ich in diesem Moment. Da bin ich mir sicher. Die Süße und der Saft der schwarzen Beeren tuen einfach nur gut. Danke Oma.

Fein säuberlich steht Rebstock neben Rebstock in den Weinbergen vor mir. Die Trauben an den Reben strahlen im Sonnenlicht und saugen dieses förmlich ein. Bald werden sie reif sein und ihr ganzes Aroma in die Weine legen. Ein bezaubernder Anblick. Am Wegesrand eine Bank, ich setzte mich.

Von den Höhen des Schwarzwaldes bis zu den Weinbergen am Oberrhein. Welch unglaublich abwechslungsreiche Landschaft ich in diesen Tagen erlebt habe. Ich schließe die Augen. Ich bin einfach nur glücklich und dankbar.

Einige Schritte weiter gleitet der Blick über die Weinberge zurück, hoch ins Kinzigtal. Zwischen den Vorbergen eine flache breite Ebene, in welcher sich die Kinzig, die Schwarzwaldbahn und die Straße nebeneinander den Platz teilen. Zu Beginn meiner Wanderung in den engen Tälern undenkbar. An dieser Stelle fließt die Kinzig friedlich dem Rhein entgegen. Da hat die Flößerei vermutlich richtig Spaß gemacht. Also doch Flößer, wenn ich mich entscheiden sollte. Stimmt natürlich nicht ganz. Denn zu der Zeit der Flößer war die Kinzig ja bekanntlich kein gerader braver Fluss. Die Kinzig grub sich auch bei Gengenbach jedes Jahr ein neues Flussbett, überschwemmte Gebiete und hatte zahlreiche Seitenarme. Mönch gewesen zu sein, wäre deshalb ja nicht schlecht. Und ich vermute, dass die Mönche nicht nur Bier gebraut, sondern hier auch schon sehr früh Wein angebaut haben. Vor über tausendeinhundert und fünfundzwanzig Jahren, wie ich später erfahren sollte. Holz und Wein die Einnahmequellen der Schwarzwaldklöster.

Ich entdecke auf dem Weinberg gegenüber ein kleines Aussichtspavillon. Wie ein kleines Krönchen steht es oben auf der Bergnase. Dann zieht es mich zur Kapelle. Meinem Ziel, denn dort wartet der Jakobusstein!

Berglekapelle St. Jakobus

Linker Hand steht zunächst aber eine kleinere Kapelle. Ich schaue durch das Gitter hinein. Ein Jesuskreuz hängt da und die Wände sind liebevoll bemalt. An der Decke fällt mir ein Gemälde auf, das vermutlich einen frühen Abt zeigt.

Die Berglekapelle St. Jakobus war in früheren Jahrhunderten eine beliebte Wallfahrtskapelle und so ist es nicht verwunderlich, dass Bildstöcke den restlichen Weg bis zur Kapelle zieren. „Seht ob ein Schmerz ist gleich meinem Schmerz“ ist in den Stein gemeiselt. Ich fühle mich angesprochen, als ich an meine Füße und meine Schultern denke. Schaue ich mir allerdings die Bildhauerkunst an, sehe ich, wie Maria um ihren toten Sohn trauert. So groß kann mein Schmerz gar nicht werden. In den Füßen.

Ich erreiche die Anhöhe mit der Berglekapelle. Vor der Kapelle eine alte Grabkapelle. Sie wurde an genau der Stelle erbaut, wo einst die Römer einen „heidnischen Altar“ mit Jupitersäule errichtet hatten. Fünfzehn vor Christus. Ganz schön lange her. Und es muss ziemlich gutes Handwerk gewesen sein, wenn er tausenddreihundert Jahre später immer noch stand. Bis die Mönche den Jupiter durch Christus ersetzten. Eigentlich heißt das Bergle auch Kastelberg, was auf das römische Kastell hinweist. Auf dem Dach der Kapelle streckt sich ein kleines Türmchen gen Himmel. In die Seitenwand sind hohe Bogenfenster eingelassen, dazwischen ragt eine kleine Kanzel aus dem Gemäuer. Es gibt mir eine ungefähre

Vorstellung davon, wie viele Gläubige hier gewesen sein müssen, wenn der Gottesdienst ins Freie verlegt werden musste. Oder lag es nur am schönen Wetter?

Am Ziel?

Und da steht er. Der fast mannshohe Jakobusstein, der mein Ziel signalisiert. „Jakobusweg Loßburg Schutterwald" steht da. Ich umarme ihn, posiere neben ihm. Stolz drücke ich einer Touristin meine Kamera in die Hand, mit der Bitte, ein Erinnerungsfoto von mir mit dem Jakobusstein zu schießen. Den Kinzigtäler Jakobusfreunden ist dieser Stein zu verdanken. Und dem Geld der Sparkasse Gengenbach. Ich bin am Ziel. Ich habe meinen Werbefuzzi-Auftrag erfüllt.

Ich gehe vor zum Eingang der Kapelle, zwei hölzerne Pfosten stützen das Vordach. Im Hintergrund baut sich die Spitze des stolzen barocken Kirchturms von Gengenbach auf, mit jedem Schritt, den ich näher komme, wächst das Stadtbild unterhalb des Bergles. Kirchtürme, Wehrtürme, Fachwerk, Barockarchitektur. Es ist, als läge ein Museum zu meinen Füßen. Ein Anblick, der den Atem raubt. Weinreben fließen hinunter zur Stadt. Die Sonne bestrahlt diese Komposition von Dächern und Türmen. Ich bin am Ziel.

Ich betrete ganz bewusst die Kapelle. In der Kapelle sind noch Menschen. Ich will alleine sein, also warte ich, bis diese den Innenraum verlassen haben. 1294 fand die erste Kapellenweihe statt, 1682 wurde die heutige Kapelle erbaut und 1992 restauriert. Die hohen Bogenfenster geben dem Langschiff Licht, an der Wand Seligpreisungsmotive von Ruth Schaumann. Schlicht aber wunderschön. Schlicht und wunderschön ist auch der Altar. Ein aus dem Jahre 1720 geschaffenes Altärchen des Gengenbacher

Barockmeisters Philipp Winterhalder erhielt zweihundertfünfzig Jahre später ein Vesperbild aus der ersten Hälfte bis Mitte des vierzehnten Jahrhunderts. Es zeigt die Schmerzensmutter, die auf ihrem Schoss ihren vom Kreuz abgenommenen Sohn beweint.

Ich zünde eine Kerze an. Über mir hängt ein beeindruckendes Kruzifix, vier kleine Statuen schmücken die Wand. Eine davon zeigt St. Jakob, den Pilger. Wegen ihm bin ich hier. Ich lasse mich auf der schlichten Holzbank nieder. Ich bete. Ja, ich bete. Ich habe schon lange nicht mehr gebetet. Sehr lange nicht mehr, um genau zu sein. Ich habe auf dem gesamten Jakobusweg nicht gebetet. Ich war dankbar, aber ich habe nicht gebetet. Wem mit elf Jahren die Mutter genommen wird, hat Schwierigkeiten an den lieben Gott zu glauben. Bin ich am Ziel?

Der Hexenwahn

Vor der Kapelle steht ein steinerner Gedenkstein für die im Krieg gefallenen Brüder 1917 und 1918. Fast hundert Jahre ist das nun her. „Sechstausend zogen hinaus, viertausendfünfhundert kehrten zurück". Das sind tausendfünfhundert arme Seelen. Und tausendfünfhundert weinende Mütter. Unzählige weinende Ehefrauen. Unzählige weinende Kinder. Jeden Tag zwei Tote. Wie war das eben mit dem lieben Gott?

Davor eine Aussichtsbank. Auf ihr sitzend ein fantastischer Blick auf die Stadt. Gestiftet von den Gengenbacher Hexen. Schön zum Sitzen, aber irgendwie grotesk. Im Namen der Kirche wurden auch hier im Kinzigtal angebliche Hexen verbrannt. Ich sehe die Bank als modernes versöhnendes Mahnmal an und setzte mich.

Hebammen waren beliebte Opfer bei den Hexenverbrennungen. Starben ihnen doch häufig die Neugeborenen weg. Die Kuh gibt keine Milch mehr? Hexe verbrannt. Schlechte Ernte? Hexe verbrannt. Das Wirtshaus fing Feuer? Hexe verbrannt. Dass sich in einem verschmutzten Kamin Gase explosionsartig entfalten können und mit einem Knall und einer Stichflamme ihren Weg suchen, wusste man ja nicht. Oder wollte es nicht wissen. Da ist es dann doch besser und einfacher eine Frau zu foltern, bis sie die Tat gesteht. Außerdem gab es ja auch eine Prämie für jede ertappte Hexe. Und es war eine gute Möglichkeit, Ehefrauen los zu werden. Oder bettelnde Witwen. Als die Frauen knapp wurden, kamen auch die Männer dran. Generalverdacht, Denunziation.

Als Franz Volk 1882 über den Hexenwahn in der Ortenau recherchierte und ein Werk verfasste, schrieb er, dass die finstere Zeit des Mittelalters Gott sei Dank überwunden sei und die Aufklärung Dunkles aufgehellt hat. Will sagen, dass die Zeit der Tötungen im Massenwahn überwunden ist. Stolpersteine schreiben heute sein Buch schweigend weiter.

Es wäre fatal, die Hexen als Gestalt der Gengenbacher Fasnacht auf die Geschichte der Hexenverbrennung zurückzuführen, wie mir Michel Bahr erzählt. Ur Gengenbacher und Sohn des Mitbegründers der Gengenbacher Hexen, Max Bahr. Er muss es wissen. Vielmehr war es der Wunsch der einfachen und gläubigen Leute vor der Fastenzeit noch einmal so richtig „die Sau rauszulassen". Kostspielige Verkleidungen konnte man sich nicht leisten, so mussten die alten Kleider der Bäuerinnen herhalten. Ein zerschlissener Rock und der Peter, sprich die Jacke. Kopftuch. Fertig war die „Hexe". Einheitliche Kleidung und die kunstvoll geschnitzte Holzmaske von Hans Irion gab es erst mit der Zeit. Verbrannt wird, zumindest in Gengenbach, auch keine Strohhexe am Ende der Fasend, sondern ein Hexenbesen. Und die Diskussionen mit den Offenburgern, welche Hexe nun denn älter sei, sind auch Schnee von gestern.

Eine Idee ist geboren

Am rechten Stadtrand erkenne ich eine weitere Kirche, die St. Martinskirche. Die Gründung geht in die frühmittelalterliche Besiedlungsgeschichte zurück. Noch vor dem Benediktinerkloster. Schlicht steht sie da, im Kontrast zur barocken Schönheit der mächtigen St. Marien Stadtkirche direkt unter mir. Um diese zieht sich ein mächtiger Klosterbau, wie ich nun, da ich am vorderen Rand des Bergles bin, erkennen kann. Die Stadt strahlt eine magische Kraft aus und zieht mich hinunter. Mein Durst auch. Vielleicht sollte die Kirche an solchen Orten einen Wasserhahn für die durstenden Pilger installieren.

Eine kleine Treppe führt mich auf ein schmales geteertes Sträßchen, welchem ich bergab folge. An einem weiteren Bildstock bleibe ich stehen. „Heiliger Papst Urban. Dir vertrauen wir uns und unsere Reben an." Wein muss wirklich eine große Rolle für die Mönche gespielt haben. Es war ja auch einsam hier, wenn man als allererstes das Gebiet besiedelt. Weinbau war eine würdevolle Beschäftigung. Gleich nach dem Bildstock ein großes Kreuz mit einem Vorplatz, auf welchem eine Schale steht. Fast zum Greifen nahe, reckt sich dahinter die Kirchturmspitze in den Himmel. Näher gekommen eröffnet sich ein Blick auf die Stadt, wie er schöner nicht sein kann. Unter der Schale eine Inschrift: „Aus unseren Gräbern möge Friede und Versöhnung erwachsen – dann war unser Sterben nicht vergebens."

Fast siebzig Jahre herrscht unter ehemaligen Feinden nun Friede und schon viele Jahre echte Freundschaft. Ich hatte vor rund zehn Jahren einer Rede des früheren Außenministers Genscher gelauscht, der eindrucksvoll appellierte, dass wir die Verantwortung über die Köpfe der nächsten Generationen haben. Ich erinnere mich auch, wie wir als Kinder es noch nicht verstanden hatten, als unser Familienausflug an der französischen Grenze ein abruptes Ende nahm, weil den Grenzern irgendetwas an unseren Nasen nicht passte. Heute fährt man einfach so wann und wo man möchte über den Rhein auf ein Café au lait und erntet nur Freundlichkeit. Der Appell hat gewirkt. Auf beiden Seiten.

Eine Idee ist geboren. Ich werde bis Straßburg weiter gehen! Der Werbefuzzi fühlt sich frei.

Unterzuckert

Ich folge der kleinen Straße, die Vorfreude steigt mit jedem Schritt. Auf die Stadt, darauf, den Rucksack abzunehmen, auf das Hallenbad im Hotel, die Sauna, das Abendessen, und vor allem auf ein kühles frisches Radler. Und zwar als aller erstes. Das habe ich mir verdient. Zwischen den ersten Häusern führt eine Treppe nach unten, ich sehe es als Abkürzung. Wenig später treffe ich auf einen Bach, nach einem Brückchen baut sich mächtig die imposante, gut zweieinhalb Meter hohe Klostermauer auf. Der im Licht leuchtende Efeu klettert an den Steinen empor oder vielmehr hinunter. Hinter der Mauer der barocke Kirchturm von 1716. Ein Meisterwerk. Aus dem quadratischen Sockel, der die Kirchenuhr trägt, wächst ein achteckiges Glockenhaus heraus, verziert mit jeweils einem Türmchen an den Ecken des Sockels. Das goldene Kreuz ragt in den Himmel. Und wie zur Begrüßung beginnen die Glocken zu läuten. Der Klang geht mir durch den ganzen Körper und lässt mich erzittern. Vor Ehrfurcht, oder vor dem schlechten Gewissen, dass ich eben am lieben Gott gezweifelt habe? Oder ist das das Marketing der Kirche, frei nach Galileo Galilei: „und wenn es keinen Gott gäbe, müsste man ihn erfinden?“ Oder ist es einfach nur fünf Uhr? Manchmal glaube ich wirklich, der

Jakobusweg zwingt den Menschen, alles hinterdenken zu wollen. Oder zwingt sich der Mensch, weil er auf dem Jakobusweg ist, alles hinterdenken zu müssen? Ich erkläre es mir biologisch: ich bin unterzuckert und ich habe Durst. Deshalb schlage ich auch den Weg nach rechts ein, wo ich den mächtigen Turm des Stadttores erkennen kann. Wenn nicht dort, wo sonst wird es in die Stadt gehen?

Die goldene Kugel unterhalb des Kreuzes fasst übrigens drei Ministranten. Hat mir auch der Michel Bahr erzählt. Er war einer davon. Der Auftrag: Taubenkot entfernen. „Bei Wind schwankt das Kreuz gut einen Meter".

Gengenbach

Mächtig steht er vor mir. Ich strecke meinen Kopf in den Nacken und blicke nach oben. Wolken ziehen langsam an der Spitze vorbei, der Turm des Oberen Tores scheint zu schwanken. Aber er steht sicher. Seit über siebenhundert Jahren. Er zeugt von der ruhmreichen Geschichte Gengenbachs als freie Reichsstadt. Hölzerne, unten angespitzte Planken sind zu einem massiven Fallgitter gezimmert und hängen über mir. Der Turm ist schlicht, an den Seiten mit Mauerwerk, in der Mitte vermutlich eine Schießscharte. Oben vier kleine Fenster, dann das spitze Dach mit einem markanten Knick. Durch den schmalen Rundbogen führt die Straße, ich nehme linker Hand den Fußweg durch das Tor des angebauten Häuschens.

„Obertordurchgang" steht da, und, was noch viel wichtiger ist: „Stadtcafé Alt Gengenbach". Hier bin ich richtig. Meine trockene Kehle gibt mir Recht. Das Café schmiegt sich in das Häuschen und in den Turm, mein Instinkt sagt mir, dass es auch Tische im Freien geben muss. In der alten Mauer zwei Öffnungen zum Brotbacken. Ein öffentlicher Doppelbackofen aus dem achtzehnten Jahrhundert. Und was noch viel interessanter ist: bis 1975 in Betrieb. Auf dem Straßenstopper lächelt mich der Hornberger Landsknecht wieder an, sein Gewand passt gut in die Kulisse dieser Stadt. Ich sitze direkt vor dem Oberen Tor. Von dieser Seite sieht es sehr schmuck aus, nicht so bedrohlich wie von der anderen Seite. Über dem Bogen für die Durchfahrt schmiegt sich ein hölzerner überdachter Quergang an den Turm, auf dem Turm selbst strahlt das kunstvoll aufgemalte Wappen von Gengenbach. Ein schwarzer Adler mit einem roten Schild, auf welchem ein Gengfisch abgebildet ist. Über dem Wappen eine filigrane Sonnenuhr. Interessant. Sie beginnt morgens um neun und endet nachmittags um fünf. War das die Arbeitszeit in der kleinen Reichsstadt? 1230 wurde Gengenbach zur Stadt, 1366 zur freien Reichsstadt, die Gründung durch irische Benediktinermönche führt in das neunte Jahrhundert zurück. 1803 wurde auch Gengenbach badisch.

Hollywood

Das Obertor hat aber noch eine ganz andere Geschichte. Tim Burton, der berühmte Hollywood-Regisseur, hielt ein Foto dieses Tores in der Hand, als er eine Kulisse für seinen Film „Charlies Chocolate Factory“ gefunden hatte. Zumindest auf dem Papier. Er hatte keine Ahnung, wo dieses Tor stehen würde. So schickte er seine Location-Guides los, es zu finden. Nach einem Umweg über Rothenburg kamen diese auch in Gengenbach an. Was folgte, war einige Zeit später Ausnahmezustand in der Stadt. Und ein paar Sekunden Gengenbacher Obertor in der Eröffnungsszene des Filmes. Egal, Hauptsache Tim Burton war in der Stadt. Das verkauft sich auch heute noch gut. Vergessen Gustav Knuth, mit seiner Powenzbande, die in den 1970ern in Gengenbach drehten. Dass im Film Düsseldorf statt Gengenbach stand, sei Tim Burton verziehen.

Adventskalender

Ich besteige die kleine Treppe hoch zur Brüstung zum Quergang. Ein schmaler aber massiver Sandsteinrundbogen verankert eine alte schwere Holztüre. In der Türe eingelassen eine kleine Klappe, mit handgeschmiedeten Scharnieren beschlagen. Von der Brüstung aus habe ich einen tollen Blick über die Stadt. Fachwerk reiht sich an Barock, Barock an Klassizismus, Klassizismus an Jugendstil. Stolze Patrizierbauten an Bürgerhäuser. Gusseiserne Wirtshausschilder laden zum Besuch der Gaststätte ein. Ein „Bächlein" durchzieht die Stadt, so wie in Wolfach. Leuchten, von denen man glauben möge, dass nachts darin noch Kerzen brennen, ragen von den Wänden in die Straße. Am Ende der Straße ein Brunnen, darauf steht ein steinerner Ritter. Was der alles erzählen könnte! Eine Turmspitze mit Glockentürmchen überragt die Dächer. Das alte Kaufhaus schließt diese Bühne der Nostalgie ab. Gemütlichkeit strahlt das Theaterstück aus. Heute ist Sonntag. Sonntags ist die Straße für Autos gesperrt. Fußgänger sind die lebenden Darsteller in der historischen Kulisse. Nicht alles Einheimische. Die Busse der Gäste stehen dicht nebeneinander auf den Busparkplätzen. Gengenbach ist beliebt. Die gesamte Altstadt steht unter Denkmalschutz. Da haben Stadtplaner vor einigen Jahren ihre Arbeit ernst genommen.

Die Füße schmerzen, der Rücken auch. Heute kann ich diese Stadt sowieso nicht mehr entdecken, morgen ist auch noch ein

Tag. Ein Ruhetag. Ich bin ja an meinem Ziel angekommen und habe noch zehn Tage Urlaub. Eigentlich. Denn war da nicht der Gedanke, bis Straßburg weiter zu gehen?

Gengenbach steht schon lange. Und Straßburg auch, also keine Hektik. Erst einmal das Hotel suchen, das Hallenbad wartet! Auf dem Weg dahin bewundere ich das klassizistische Rathaus, welches zur Weihnachtszeit als größtes Adventskalenderhaus der Welt erstrahlt. Man munkelt, dass stadtbekannte Kaufleute auf dem Heimweg nach einem Gläschen Wein die Fenster gezählt haben sollen und auf vierundzwanzig kamen. Nicht die erste Erfolgsstory, die auf diese Weise ihren Ursprung genommen hat.

Durch ein weiteres imposantes Stadttor führt mein Weg an den Stadtrand, dort ist mein Hotel, auf der anderen Seite der Kinzig. Eine Geschichte von Michel Bahr zu diesem Tor gibt es später.

Ein Moment für die Ewigkeit

Der Name „Schwarzwaldhotel“ und die moderne Architektur, Marke Business Hotel, passen zwar nicht wirklich zusammen, die Freundlichkeit erinnert mich aber schnell wieder daran, dass ich im Schwarzwald und nicht in einer anonymen Großstadt angekommen bin. Wo man mich wegen meiner Pilgerkleidung und ohne einen Oberklassenlimousinenschlüssel bestimmt kritisch mit einem „haben Sie reserviert?“ angeschaut hätte. Meine Schultern und mein Rücken flüstern mir ein leises „Danke“ ins Ohr, als ich mich durch das Wasser des Hallenbades treiben lasse. Von dort aus habe ich einen tollen Blick auf die Berglekapelle.

Geschafft! Ich hab´s geschafft! Müde, aber glücklich. Der Werbefuzzi mit Bauchansatz und geliehenem Rucksack hat es geschafft. Und als ob der alte Herr da oben mich dafür noch einmal intensiv belohnen wollte, hatte mir vorhin im Hallenbad eine innere Stimme gesagt: „Gehe nochmal hoch zum Pavillon in den Weinbergen, gleich bei der Kapelle". Und da sitze ich nun und sehe, wie sich der Himmel in der Rheinebene, in der ich klein die Silhouette des Straßburger Münsters erkennen kann, einfärbt. Nicht irgendwie, der Schöpfer hat all seine kräftigen und lebensbejahenden Farben ausgepackt und malt damit sein Meisterwerk über die Landschaft. Blau, Violett, Orange, Blutrot wechseln sich ab, glitzern und strahlen, als führten Michelangelo, Claude Monet und Caspar David Friedrich gemeinsam den Pinsel. Leuchtend versinkt die golden strahlende Sonne hinter den mystisch blauen Bergketten der Vogesen. Ein Moment der Faszination und ein Moment für die Ewigkeit.

Nun ist es keine Idee mehr. Nun bin ich mir sicher. Ich muss weiter gehen. Ich muss den Weg zu Ende gehen. Auch wenn mein Auftrag heute endet. Ich muss meinen Weg zu Ende gehen.

Auszeit

Hallenbad und Sauna haben Wunder gewirkt. Einmal mehr. Das Ausschlafen auch. Und das ausgiebige Frühstück sowieso. Das habe ich mir heute gegönnt. Der Sonnenuntergang hat mich noch lange beschäftigt. Sehr lange. Vielleicht haben ja auch die Partikel in der Luft und der wolkenfreie Himmel dieses Farbenschauspiel veranstaltet.

Ein Telefonat. In die schicke Agentur. Ich komme erst in einer Woche wieder. Auszeit. Ich muss den Weg zu Ende gehen.

Meinen Weg zu Ende gehen.

`S isch Fasendszit

Über eine Fußgängerbrücke gelange ich vom Hotel auf die andere Seite der Kinzig und hinein in die Stadt. Ich treffe auf einen weiteren historischen Turm, den Niggelturm aus dem vierzehnten Jahrhundert. „Narrenmuseum" steht an dem Tor. Hier wohnt er, der Schalk. Hier im Niggelturm. Seit rund vierhundertundfünfzig Jahren ist der Schalk, der mich an Till Eulenspiegel erinnert, bereits dokumentiert. Nicht quadratisch sondern octanorm ist der Grundriss des Turmes, im Obergeschoss sich noch einmal verjüngend. Das wurde später auf den Turmsockel gebaut. Oben am Turm, eine Brüstung, die um den Turm führt. Dort zeigt sich der Schalk. Aber erst, nachdem hunderte Stimmen von Menschen in weißen Nachthemden lauthals „Schalk wach uff, Schalk mach mit, Schalk kum ra ´s isch Fasendszit" rufen. Oder besser gesagt schreien. Ein Spektakel. Dann beginnt in Gengenbach die fünfte Jahreszeit. Die Fasend.

Nun stehe ich hier oben auf der Brüstung und blicke auf den vorderen Teil der Stadt, im Hintergrund das Rathaus. Sicherheitshalber zähle ich die Fenster. Zweiundzwanzig. Zweiundzwanzig? Ich zähle noch einmal. Zweiundzwanzig. Der Narrenvater meint, ich solle die zwei Dachfensterchen noch dazu zählen. Ach so. Störche besiedeln das Dach gegenüber, sicher gebunden das Nest. Kleine Schnäbel betteln nach Futter. Gengenbach und Zell sind bei den Störchen beliebt.

Früher war der Niggelturm ein Gefängnis. Die Glocke hoch oben auf dem Turm erinnert noch daran. Wenn diese läutete ging es einem Bösewicht an den Kragen. Heute weckt sie nur noch den Schalk. Deshalb ist mir der Turm als Narrenmuseum schon lieber, eindrucksvoll ist die Ausstellung zur Gengenbacher Fasend.

Voll und toll

„Die Engelgasse ist das Schmuckstück der Stadt“ schwärmt mir Lothar Kimmig vor, ein gemütlicher Mann, während seine nicht ganz flach aufliegende Krawatte Zeugnis davon ablegt, dass die Gengenbacher Küche schmeckt. Er ist der Leiter der Tourist-Information und stempelt mir den Pilgerpass höchst persönlich.

Geranien leuchten im Morgenlicht, Efeu rankt sich an den alten Fachwerkhäusern empor, als ich die Engelgasse betrete. Engelgasse trifft zu. Hier könnten Engel wohnen. Ein romantischer Ort. Gengenbach nennt sich nicht ohne Grund „Romantisches Kleinod“. Pflastersteine überziehen die Gasse. Liebevolle Dekorationen in den kleinen Fenstern. Krumm und schief die Häuser, sie kuscheln sich zärtlich und schön dicht an dicht nebeneinander. Dies ist ihnen aber auch schon zum Verhängnis geworden. Wandbilder klären mich über Stadtbrände auf. Und Zerstörungen. 1689 wurde die Stadt komplett niedergebrannt. Anschließend wieder aufgebaut, die Engelgasse stammt aus dieser Zeit. Die „Chill-Zone“ kündet vom Hier und Heute. Zwei moderne Korbsessel und eine Bücherkiste daneben animieren die Gäste zu einer Ruhepause. In der Stille dieser engelhaften Gasse. Wenn man die Touristen einmal ausklammert. Gemütlich ist da auch der Hein Müller auf seinem gelben Postfahrrad unterwegs. Er kennt und liebt sein Gengenbach. Morgens als Postbote, abends als Nachtwächter für die Touristen. Sie hängen an seinen Lippen, wenn Gengenbachs Geschichte und Geschichten lebendig werden.

Auf der anderen Seite der Straße, die Feuergasse. Sie blieb beim zweiten großen Stadtbrand, genau hundert Jahre später, nicht verschont, da hatte die Engelgasse mehr Glück. Dieses Mal waren es aber nicht die Feinde. „Toll und voll“ sollen alle Gengenbacher gewesen sein, nicht im Stande den Brand zu löschen, der als kleiner

Küchenbrand begann. „Es war halt Fasendzeit". Hat mir auch der Michel Bahr erzählt.

Die ganze Stadt ist eine einzige Perle. Wohin ich auch schaue. Alte Ziehbrunnen, tief heruntergezogene Tore, die in die Keller führen, hohe Tore, durch welche sich stolze Reiter mit ihren Pferden Zugang verschafften. Ein Ritter steht auf dem Stadtbrunnen. Seit 1582. Was dieser Mann alles erzählen könnte.

Mein Geschichtslehrer

Der hölzerne Boden knarrt, die Räume atmen Geschichte. Geschichte war auch das Unterrichtsfach des Mannes, der mich im Löwenberg-Museum mit einem Strahlen begrüßt. Reinhard End, der künstlerische Vater des Gengenbacher Adventskalenders. Er war auch mein Geschichtslehrer. So treffen sich die Wege wieder. So schlimm kann ich nicht gewesen sein, wenn er sich heute, nach all den Jahren, freut, mich wieder zu sehen. Stolz zeigt er mir die Räume. Stolz kann auch er sein. Das Löwenberg-Museum ist etwas ganz Anderes, etwas ganz Besonderes. Etwas Kurioses. Zum „Schauen und Staunen", wie er sagt. Und zum „Spielen", wie ich anmerke, als wir an der imposanten Überkopf-Kugelbahn vorbeikommen, die der Künstler Hanns-Martin Wagner in einem Raum installiert hat. Boccia-Kugeln rollen auf Konstruktionen Marke Eigenbau durch den gesamten Raum. Über die Decke und an den Wänden entlang.

Picasso, Chagall, Ungerer. Alles keine Unbekannten im Museum. Reinhard End muss über ein beachtliches Netzwerk verfügen. Und über Ideen. Zum vierhundertjährigen Geburtstag des steinernen Ritters suchte Reinhard End Künstler für das Ritterprojekt. Er verschickte Pakete mit Schwarzwälder Spezialitäten an namhafte Künstler. Und dem Zusatz, dass er kein Budget habe. „Hier ist Otmar Alt“, klang es wenige Tage später aus dem Telefon. Mit Speck fängt mal also nicht nur Mäuse. Als in Gengenbach dann die Idee geboren war, das Rathaus zum weltgrößten Adventskalender zu wandeln, waren die Fenster noch leer. Reinhard End war nun gefragt. Otmar Alt war es dann auch, der die ersten Fenster gestaltete. Ein Meisterwerk. Namhafte Künstler folgten und werden noch folgen. Seit dem ersten Jahr an, schmücken nun weltbekannte Kunstwerke die Fenster des Rathauses, im Haus Löwenberg begleitet eine Ausstellung das Werk der jeweiligen Künstler. Ein Grinsen läuft über sein Gesicht. Lustig sei es, wenn er beobachte, wie Fremde beginnen die Fenster des Rathauses zu zählen und dann mit den Armen „wild fuchtelnd“ diskutieren. Eine innere Schamesröte ergreift mich. Neuester Coup von Reinhard End, eine Ausstellung von wertvollen Passionsteppichen zur Passionszeit. „Nur in New York gibt es davon genauso viele zu sehen wie in Gengenbach“. Seine Frau Barbara unterstützt ihn. Kindern Kunst und Geschichte näher zu bringen, ist ihre Leidenschaft. Besonders, wenn sie mit den Kleinen durch die Stadt zieht und in die leuchtenden Kinderaugen sieht.

Ein Rausch für die Sinne

Dieses Mal bin ich schneller. Ich sitze auf der Holzbank in der ersten Reihe in der Klosterkirche St. Marien, deren Turm ich gestern schon bewundert hatte. Hier wird an Weihnachten Bundespräsident Joachim Gauck sitzen und der Weihnachtsmesse lauschen. Das hat mir der Herr Kimmig verraten, denn die Nachricht ist noch brandneu. Das gesamte Gotteshaus ist ein Gemälde. Die Wände, die Decken, überall kunstvolle Arbeiten. Blau dominiert.

Und wie. Ein Rausch für die Sinne. Ein doppelter Rausch für die Sinne wird die Kirche zu Maria Hilf alljährlich am 15. August. Dann bringen die Gengenbacher kunstvoll geschmückte und gebundene Kräuterbüschel zur Weihe an den Altar. Bis zu zwei Meter große Räder aus Kräutern und Blumen. Frisch aus dem eigenen Bauerngarten gepflückt.

Ein blühender Kräutergarten umgibt auch das Klosterensemble. Der barocke Bau ist heute eine Hochschule. Die Studenten lernen gefühllose Zahlen, Marketing und MBA. Wer weiß, der Beginn einer großen Werbefuzzi-Karriere. Die Mensa ein ehemaliger Weinkeller der Mönche. Über tausend Jahre alt. Neben dem Kloster eine Klosterbäckerei, es riecht verführerisch. Ein großes hölzernes Mühlrad am Gebäude. Einsam der Pfeiler aus Sandstein auf der Straße vor der Mühlenbäckerei. Der hölzerne, Jahrhunderte alte Bewässerungskanal darauf, welcher das Wasser für den Antrieb des schweren Mühlrades lieferte, fehlt. Am Pfeiler ein Schild: Maximale Durchfahrtshöhe 2.80 Meter. Kontrastreich schwarz auf weiß stehen die Zahlen, umgeben von einem Warnkreis in roter Signalfarbe. Hat nichts genützt.

An einer Hauswand eine Sonnenuhr, die Pater Quintenz vor über zweihundert Jahren angebracht hat. Bei überwiegend Sonnentagen in Gengenbach eine sinnvolle Idee.

Die Flößer

Heute ist mein kultureller Urlaubstag. Ich besichtige auch noch das Flößermuseum. Ein kleines Häuschen, welches mich an eine große Kuckucksuhr erinnert. Nicht ohne Grund. Das erklärt mir Konrad Schilli wenig später im Museum. Seinen schwarzen Flößerhut hat er tief ins Gesicht gezogen. Mit Würde und Respekt trägt der Rentner ihn. Gobert Gerwig, der Bahningenieur, war auch Leiter der Uhrmacherschule in Furtwangen und wollte der Kuckucksuhr eine Gestalt verschaffen. Der Architekt Friedrich Eisenlohr orientierte sich an seinen Bahnwärterhäuschen. Im Nachhinein banal, sehr naheliegend. Und schön.

Im Museum ist die Flößerei dokumentiert. Konrad Schilli weiß Bescheid, erzählt mit Begeisterung und Überzeugung. Und, „damit das Wissen bei der jüngeren Generation nicht verloren geht." Er zeigt der kleinen Besuchergruppe, wie sich die Kinzig in früheren Zeiten ihren Weg durch das Tal schnitt. Jedes Jahr anders, bevor Johann Gottfried Tulla den Fluss begradigte. Ohne Bagger und Planierraupen. Wie die Kinzig erbarmungslos und unberechenbar die Stadt und das Land überflutete. Und wie sich die Flößer ihren gefährlichen Weg auf ihr bahnten. Von Schiltach und Wolfach kommend, bis Willstätt, wo sie das Holz und die Oblast an die Rheinflößer übergaben. Das Holz wurde im Städtebau gebraucht. In Straßburg, am Rhein und in Holland. Amsterdam steht auf unzähligen Kinzigtäler Stämmen, den Holländern. An der Wand hängt eine alte Fotografie, welche die Flößer auf ihrem Fußmarsch zurück in die Heimat zeigt. Soziale Absicherung Fehlanzeige, Ritter von Buß noch nicht geboren. Und Verdi schon zweimal nicht. Ein Floß-Modell zeigt, wie ein Floß gebaut war. Stamm neben Stamm, mit Wieden verbunden zu gelenkigen Gestören. Da war das Kinzigtal technisch den anderen Schwarzwaldflößern voraus. Trapezförmig jedes Gestör. Vorne auf dem Richtgestör der Lenker, der das Floß in die Fahrrinne lenkte. Die Konstruktion zog die restlichen Gestöre einfach hinterher. Ganz hinten der Bremser mit der Sperre, um das Floß zu strecken, damit es sich nicht verkeilt. Schlanke, lange Stangen hielten die Flößer in den Händen, um das Floß abzustoßen oder in niedrigem, an bremsenden Steinen reichem, Wasser voranzutreiben. Eine mühselige Arbeit. Über Jahrhunderte hinweg. Bis die Schwarzwaldbahn kam. Das letzte Floß verließ 1894 die Kinzig. Die Flößerei geriet in Vergessenheit. Bis Konrad Schilli die Flößergilde vor einigen Jahren wieder ins Leben rief und mit Leben füllte.

Im Obergeschoss ein kleines Museum zur Schwarzwaldbahn. Neben dem Museum die kleine Flößerkapelle. Wegen dem Eisenbahnbau musste sie versetzt werden. Die Bahnlinie und der Bahnübergang trennen das Flößermuseum von der Altstadt. Der Kinzigtorturm der Eingang in den historischen Kern. Der höchste der Wehrtürme. Ganz oben wohnte der Turmwächter, der auf Gut und Böse achtete. „Nach dem Krieg wurde die Wächterwohnung zu einer Sozialwohnung. Für eine Familie mit sechzehn Kindern. Wenn die Familie sonntags den Turm zum Kirchgang verließ, sah das immer recht lustig aus, wie einer nach dem anderen aus der Türe kam. Wir saßen unten auf dem Bänkle und haben das Spektakel amüsiert betrachtet." Klar, das hat mir der Bahr Michel erzählt. Heute ist der mächtige Turm auch ein Museum, zeigt eindrucksvoll die Gengenbacher Wehrgeschichte. Die Gengenbacher Bürgergarde demonstriert, wie auch ihre Kollegen im Harmersbachtal, Reichsstadtgeschichte.

Bevor ich gehe, kaufe ich „Wellenreiter". Das Buch von Gottfried Zubrügge, mit welchem ich mich in Zell so nett über die Zeller Keramik unterhalten habe. Romanheld ist der Joggele.

Klimaerwärmung

Wie soll es anders sein, ich gönne mir auch eine Weinprobe in der Winzergenossenschaft gleich hinter dem Hotel. Der Bau ist quadratisch, praktisch gut. Weit weg von der Vorstellung eines rustikalen Weinkellers. Das weiß auch Jochen Basler. Deshalb bietet er mir schnell die erste Probe an. Ich schmecke die ganze Erfahrung von eintausendeinhundertundfünfundzwanzig Jahren Weinbau. Der ältesten Weinbautradition in der Ortenau, wie Basler stolz berichtet. Durch Zufall sei man darauf gestoßen. Auf die Gründung durch die Mönche. Winzersohn sei er. Und wenn als Jugendlicher für ihn eines klar war, dann, dass er niemals Winzer werden wollte. Heute ist er Chef der Winzergenossenschaft, seine Leidenschaft gehört dem Wein. Und neuen Rebsorten. Oder Premiumweinen: „Von Bender“– die Trauben werden schon am Stock halbiert, bekommen so mehr Aroma. Und natürlich Holzfässer. Als Bub musste er bei der Lese helfen. Ab neun Uhr morgens bis abends fünf. Vorher hätte der Morgentau zuviel Wasser in die Trauben gemischt. „Da habe ich mit meiner Ahnung an der Sonnenuhr am Obertor und den Arbeitszeiten ja richtig gelegen“, merke ich an. Seine Stimme wirkt begeistert und nachdenklich zugleich. „Die Klimaerwärmung wird spürbar. Wir können durch die wärmeren Temperaturen heute in Gengenbach Rebsorten anbauen, die früher nicht möglich gewesen wären.“ Solche zum Beispiel, die er aus seiner Zeit in Frankreich mit nach Gengenbach gebracht hat. Ich lasse mir seinen „Viognier“ schmecken.

Pfefferminztee

Ein neuer Tag. Bevor ich mich wieder auf den Weg begebe, möchte ich einem Geheimtipp von Herrn End folgen. Und ich habe ja schließlich auch einen Auftrag von ihm zu erfüllen: einen schönen Gruß an Schwester Roswitha ausrichten. Den Rucksack geschultert, stehe ich wieder auf dem Fußgängerbrückchen und schaue auf den Fluss. Das Wasser gleitet unter mir und mir ist, als würden alle meine Sorgen mit dem Wasser mitgetragen. Ja, ich fühle mich sorgenfrei. Ich schließe die Augen und sehe ein mächtiges Floß vor mir. Vierhundert Meter lang. „Jockele sperr" schalt es vom vorderen Gestör nach hinten zu dem Bremser, der sogleich seinen großen hölzernen Sperrriegel in den Grund des Flusses treibt, um das Floß zu strecken und die Welle optimal zu nutzen. Selbstbewusst stehen sie da, die raubeinigen Männer in ihren schwarzen Flößerstiefeln und ihren schwarzen Flößerhüten. Ihre weißen Hemden flattern im Wind. Ich sehe die Flößerhütten am Ufer und den Rauch, wie er aus deren Kaminen steigt. „Wind Nord-Ost, Startbahn Null Drei – ich wär gern mitgeflogen". Das Rattern und Kreischen des Zuges, der auf den nahen Gleisen vorbeizieht, reißt mich aus meinen Träumen. Es hat sich nichts daran geändert. Die Eisenbahn hat die Flößer abgelöst.

Im Städtchen angekommen, mein liebgewonnenes Ritual. Erst einmal einen Kaffee bestellen. Nein, heute bin ich kreativ, ich bestelle einen Pfefferminztee. Soll ja auch gesünder sein. Es hängt kein liebloser Teebeutel im Glas, ein frisches Säckchen mit Pfefferminztee liegt in der Schale neben der Tasse. Ich nehme es in die Hand, reibe es zwischen meinen Fingern, halte es an die Nase, hole tief und langsam Luft. Düfte explodieren in mir. Wann habe ich das letzte Mal frische Pfefferminze in den Händen gehalten? Einmal abgesehen vom Pfefferminzblättchen im Hugo, dem In-Getränk aus Südtirol. Ein Tee wird zum Sinneserlebnis und meine Liste länger. Zu Hause eine Pfefferminzpflanze kaufen.

Schwester Roswitha

Der Ritter auf dem Stadtbrunnen blinzelt mir noch einmal zu, als ich die Altstadt verlasse und mich auf den Weg zur Paramentenstickerei mache. Immer gerade aus, nach rund zweihundert Meter auf der linken Seite. Im Franziskanerkloster. Und den Gruß nicht vergessen. Unscheinbar ist der Eingang. Ein kleines Schild mit Öffnungszeiten, eine Treppe nach unten und eine Klingel.

Eine Nonne öffnet mir. Schwarzes Gewand mit einem weißen Kragen, darüber eine weiße Arbeitsschürze. Eine schwarze Haube mit ebenfalls weißem Rand bedeckt den Kopf, auf welchem das würdevolle graue Haar akkurat zurückgesteckt ist. Hinter der schlichten Brille zwei Augen, die mich liebevoll anschauen. Ein sanftes Lächeln auf den Lippen. Das Gesicht gezeichnet vom Alter, das sie nicht versteckt. Der einzige Schmuck ist die Kette mit dem Kreuz um den Hals. Ergeben im Glauben. Und man spürt die Ergebenheit sofort, als man den Raum betritt. Es ist diese friedliche Aura, die den Raum erfüllt. Kein Radio, das im Hintergrund jault und keine Handys die Plärren. Und schon gar kein hektisches Treiben auf dem Gang. In einem Raum sitzen zwei weitere Nonnen, die Schwestern genannt werden, wie ich schnell lerne, und bemalen Kerzen. Aber nicht irgendwie. Hingebungsvoll führen sie den Pinsel und zeichnen filigrane Striche in das harte Wachs, welches zuvor graviert und patiniert wurde. So hält die Farbe besser. Vergoldete Teile werden aufgelegt. Es entstehen Kunstwerke, die durch ihre perfekte Schlichtheit bestechen. Und immer wieder der farbenfrohe Regenbogen als verbindendes Element und Brücke zwischen Himmel und Erde. „Farben bestimmen unser Leben", wie ich erfahre. „Das Weiß, die helle Farbe weckt die Urbilder in uns. Para ist, was wir mit den Sinnen nicht wahrnehmen können. Man spricht deswegen auch von Parapsychologie", so Schwester Roswitha, die hinzugekommen ist. An ihrer Seite eine Journalistin, die gerade einen Bericht über die Einrichtung schreibt. Ich schließe mich an und lausche bedächtig. Ich kann mir nicht vorstellen, solch eine Kerze anzuzünden, so schön sind sie. Im Gang stehen riesige Kerzen, bis zu ein Meter und fünfzig hoch. Das oberste Stück ist weiß und unbemalt. Denn, „wenn die Kerze am Tag drei Stunden brennt, dann reicht sie ein Jahr lang, bis das Bild erreicht wird“. Schlau, diese Schwestern.

Im nächsten Raum Ikonenbilder. Unbeschreiblich schön und fesselnd. Gelernt hat sie das auch meint Schwester Roswitha, „aber heute kann sie so etwas nicht mehr schreiben.“ Ikonenbilder werden geschrieben und nicht gemalt, da sie etwas erzählen. Man muss sich dazu eine Woche lang in einen Raum begeben und im akustischen Fasten ohne Radio und Kontakt zur Außenwelt, ganz auf sich und die Sache konzentriert, schreiben. Heute kann sie das nicht mehr. Dafür fehlt die Zeit. Aha, die Menschheitsfessel „keine Zeit“ ist auch in den heiligsten aller Hallen angekommen. Jammerschade. Ich muss an einen Bericht denken, in welchem die Rede davon war, dass sich ABBA, die schwedischen Supermusiker der Siebziger, in eine einsame Waldhütte zurückzogen, um ihre Hits zu schreiben. Ganz auf die Sache konzentriert, ohne Ablenkung. Ich spüre, wie auch mich diese Aura erfasst hat, eine Warmherzigkeit durchfließt meinen Körper als ich all diese wunderschönen Dinge betrachte. Obwohl die Szenerie doch auch einem Verkaufsladen gleicht, was es auch ist. Denn die Einrichtung muss ja auch von etwas leben. Eine kaufmännische Ausbildung hat Schwester Roswitha gemacht bevor sie Schwester wurde. Das spürt man, alles ist durchorganisiert. Aber ohne diese Hektik wie außerhalb des Gebäudes. Und es funktioniert. Sogar einen Online-Shop gibt es. Abgeschiedenheit bedeutet also nicht auch von gestern. Am liebsten würde ich sofort einkaufen, aber mein Rucksack, vorne geduldig neben der Türe wartend, würde da nicht mehr mitspielen.

Das Gewand vom Papst

Im nächsten Raum wird es noch ergreifender und faszinierender. Die Paramentenstickerei, das Herzstück. Auch hier sitzen zwei Schwestern an ihren, wie ich empfinde, historischen Webrahmen, aber auf High-Tech Bürostühlen, dem Rücken zuliebe. Vor sich eingespannt ein Stoff. Mein Wortschatz für feinfädige Handwerkskunst reicht nicht aus, um zu beschreiben, was ich sehe. Fein von Hand gestickt, Nadelzug um Nadelzug. In einer unendlichen Geduld und Hingabe. Die bunten Farben führen eine Symphonie für die Sinne auf, Gold setzt den Schlussakkord. Und immer wieder Rot für die Liebe und Grün für das Leben. Im Hintergrund hängen Priestergewänder für die Priesterweihe. Jedes ein unbezahlbares Meisterwerk. Ein Funkeln und Glitzern geht von den goldenen Stickereien aus. So wie auch von Schwester Roswithas Augen. Das Funkeln lässt für einen kurzen Augenblick die Bescheidenheit entschwinden, als sie voller Stolz ein Fotoalbum aus dem Regal nimmt und uns Bilder zeigt. „Dieses Gewand haben wir für Papst Benedikt gestickt, als er in Freiburg zu Besuch war". Würde ein C-Promi im Dschungelcamp eine bestimmte Hose, oder muss ich besser Höschen sagen, tragen, würde der Hersteller gleich eine weltweite Pressemeldung versenden.

Unerklärliche Erscheinungen

Heute ist mein Glückstag. Weil die Journalistin, Gudrun Schillack, da ist, geht unser Gang in das Nebengebäude, wo sich das Paramentenmuseum befindet, welches sonst nur einmal im Monat offen hätte. Im Gebäude zudem untergebracht ist die Hauswirtschaftsschule. „Durch die alte Architektur und die verschiedenen

Ebenen mit Treppen und Nebengebäuden können wir hier leider kein Pflegeheim errichten". Etwas traurig sagt sie das und ich glaube Schwester Roswitha jedes Wort. Über knarrende Holztreppen gehen wir in den dritten Stock. Über der Tür ist kunstvoll das Wort „Paramentenmuseum" in den dunklen hölzernen Türstock geschnitzt. Mir stockt der Atem, als sich die Türe öffnet. In einem kleinen Raum strahlen mir handwerkliche Schätze entgegen, wie sie schöner nicht sein könnten. „Für Gott war das Beste gerade gut genug. Deshalb wurde sehr viel mit Gold gearbeitet. Lieber hat man auf das Essen verzichtet". Zu jedem Exponat weiß Schwester Roswitha eine Geschichte zu erzählen. Geschichten, die mich mitnehmen in eine Reise in die Zeit, in eine Reise der Faszination. Geschichten zum Staunen, Geschichten zum Nachdenken, Geschichten zum Schmunzeln. Und, „sie will jetzt kein Loblied auf den Hochadel singen, aber ohne ihn wären viele der Kunstwerke nicht möglich gewesen", waren sie doch auch Mäzene. Heute würde man Sponsoren sagen. Dafür würden an den Kunstwerken heute aber auch Logos am Kragen prangen. Für die Kamera-Naheinstellung. Ich schäme mich dafür, Design studiert zu haben, als ich die feinen bis ins tiefste Detail ausgearbeiteten Entwürfe sehe, die da so unscheinbar mit Reisszwecken an die Wand geheftet sind. Mit keinem Computer der Welt würde ich das hinbekommen.

In Vitrinen liegen in ihren Kinderbettchen Puppen mit goldenen Kleidchen. Sogenannte Fatschenkinder, die adlige Frauen, die sich für das Klosterleben entschieden hatten, oder entschieden wurden, als Geschenk bekamen. Mit Köpfchen aus Wachs, zart und feinfühlig mit den Fingern geformt. Liebe bis in das kleinste Detail. „Und wenn das Wachs erst einmal hart war, dann wurde es wie Bernstein. Das können Sie ins Feuer legen, da passiert nichts mehr. Und wenn es im Sommer ganz heiß ist, dann bilden sich

Perlen auf der Stirn, dann beginnt das Wachs zu schwitzen." Ob daher die „unerklärlichen" Erscheinungen herkommen? frage ich mich. Wie dem auch sei, in der Paramentenstickerei können Menschen ankommen. Ich, der protestantische Atheist, bin heute dem Glauben einen Schritt näher gekommen.

Sieg der Medien?

Mein Schritt geht zurück zum Bahnhof. Dort will ich die Gleise überqueren, um wieder auf den Jakobusweg zu gelangen. Der Bahnhof signalisiert: Gengenbach ist keine Großstadt. Er ist funktionell, sachlich, unspektakulär und nicht wirklich schön. Um in den Zug zu steigen eben. Oder zum Aussteigen. Welcher Kontrast zur Altstadt. Direkt beim Bahnhof entdecke ich eine rostige Fußgängerbrücke zum Überqueren der Gleise. Eine Brücke, wie man sie heute nicht mehr oft sieht. Schon deshalb, weil Unterführungen diesen Zweck erfüllen. Sie ist rostig aber sehr charmant. Nicht aus kaltem Beton, sondern aus Stahl und Eisen. Bei der Eröffnung der Brücke vermutlich eine Sensation. Mittels Stahl und Eisen, ohne Stützen, zwei Gleise zu überspannen. Herr Eifel lässt grüßen! Sie legt Zeugnis ab von glanzvolleren Zeiten der Eisenbahngeschichte, als noch nicht jede Familie statistisch mindestens so viele Autos hatte wie Familienmitglieder. Und die Eisenbahn die einzige Verbindung zur Außenwelt darstellte. Statt in anonymen, Angst einflößenden Unterführungen zu wandeln, kann ich von hier oben einen tollen Blick auf den eben ausfahrenden roten Zug der Schwarzwaldbahn erhaschen. Durch die Panoramafenster im Obergeschoss der Wagen teile ich das Privatleben der Fahrgäste. Der alte Herr scheint zu schlafen, während der junge Herr seine Hand sehr dicht auf dem Schenkel seiner Beifahrerin hat. Dann ist der Zug auch schon durch. Ich blicke ihm hinterher Richtung Kinzigtal, in die Richtung, aus welcher ich vor zwei Tagen gekommen bin. Friedlich bescheint die Sonne die Rebenlandschaft, als wollte sie sagen: hast du gut gemacht. Auch der Pavillon winkt mir noch einmal zu.

Zur anderen Seite entdecke ich genau am Ende der Gleise, die sturgerade Richtung Offenburg verlegt worden sind, in der Ferne ein hohes Gebäude. Wie ein Triumphmal am Ende einer Allee steht es da, am Ende der Bahngleise. Insider wissen, es ist der Hubert Burda Media Tower. Der Sieg der Medien über den Menschen könnte mal glauben, so wie das aussieht. Insider wissen aber auch, dass Erbauer Franz Burda bestimmt nicht in Gengenbach auf dieser, noch nicht ganz so rostigen, Brücke stand. Um zu schauen, wo er sein für Offenburg spektakuläres Hochhaus errichten soll. Im Gegenteil. Gottesfürchtig ließ er es nicht höher bauen als die Offenburger Stadtkirche. Aenne Burda, seine Frau, die Mode-Zarin des Wirtschaftswunders, die nach der Perestroika als Erste in Russland ein Modemagazin auf den Markt brachte, war die Tochter eines Offenburger Lokführers.

Die Chinesen

Zur Brücke passt das Gebäude der Rubinmühle, links der Gleise. Der Jakobusweg verläuft geradeaus durch das Firmengelände einer Fabrik. Begrüßt mich zunächst eine herrschaftliche Villa, die vom Reichtum der früheren Besitzer zeugt und heute als Verwaltung genutzt wird, so erscheint dahinter die Realität. Hier muss gearbeitet werden. Zwischen den Produktionshallen ein altes schmuckes Backsteinhaus mit Fachwerk. Ein Gewerbekanal fließt unter dem Gebäude durch. Zur Zeit der Industrialisierung hochmodern, heute ein schwerer Hauch von Nostalgie. Ein markanter Geruch steigt mir in die Nase. Er kommt mir bekannt vor, aber ich kann ihn nicht zuordnen. Ich schließe die Augen. Kindheitsbilder steigen in mir auf. Ich sehe, wie ich mit meiner Schwester als Kind um die „Pappedeggl"-Fabrik in Hornberg gerannt bin. Sprich um die Papierfabrik. Die Fabrik in Hornberg ist Geschichte. Wie ich sehe, produziert diese Gengenbacher Fabrik aber heute noch. Eine Meisterleistung in Zeiten von „China-Pappe". Unter anderem wird hier die Pappe für die bunten Puzzles hergestellt, die in Zeiten von Gameboy und Co. noch immer bei Kindern beliebt sind. Hauptsache Prinzessin Lillifee oder Spiderman sind drauf. Und ich vermute mal, bei den Erwachsenen ist es immer noch Schloss Neuschwanstein, umgeben von buntem Herbstwald. Auf manche Dinge kann man sich eben verlassen.

Auf dem Kinzigdamm angekommen, die nächste Fußgängerbrücke. Weit überspannt sie die Kinzig, die schon ganz schön breit geworden ist. Auch alt. Auch verrostet. Und gesperrt. Besser so. Alles andere wäre Selbstmord. Mit etwas Fantasie kann ich mir vorstellen, dass die Kinzig nicht immer so friedlich sein muss wie heute. An den Stützpfeilern, die weit neben dem Flussbett stehen, ist jeweils eine Konstruktion, die die Pfeiler bei Hochwasser schützen. Das wird vermutlich besonders dann lebensnotwendig, wenn bei der Schneeschmelze das große Wasser kommt und Eisschollen mit sich trägt. Vor der Begradigung der Kinzig war „Land Unter" in Gengenbach an der Tagesordnung. 1430 wurde die Siedlung Beiern durch Hochwasser ausgelöscht.

Ein Genie dieser Tulla, auch wenn ich bis gestern gar nicht wusste, dass er neben dem Rhein auch die Kinzig begradigt hat. Und noch weniger habe ich gewusst, dass der Kinziggraben vor rund einer Million Jahren bei der jungtertiären-eiszeitlichen Herauswölbung des Schwarzwaldes entstand. Und noch viel weniger gewusst habe ich, dass die Kinzig noch bis vor rund elftausend Jahren am Gebirgsrand entlang floss und erst südlich von Mannheim als Kinzig-Murg-Rinne bezeichnet, in den Rhein floss.

Ich setze mich auf eine Bank am Kinzigdamm. Friedlich ruht ein Reiher auf der Wiese, ein Bein gestreckt, das andere angewinkelt. Ein Storch fliegt vorbei. Nur das Rauschen der Kinzig. Sonst Stille.

„Manchmal sitzt man still auf einer Bank" singt Peter Maffay. Und ich singe auch. Innerlich. „Manchmal geh ich meine Straße ohne Blick, manchmal wünsch ich mir mein Schaukelpferd zurück" singt er außerdem. „Manchmal nimmt man, wo man lieber gibt, manchmal hasst man das, was man so liebt".

Hinter der Wiese ein modernes, riesiges Industriedenkmal. Vom Wirtschaftwunder zum Arbeitslosengenerator. HUKLA Möbel. Handgefertigte Qualitätsmöbel aus Deutschland waren zu teuer, diese Chinesen waren schon wieder billiger. Oder sind wir einfach nur zu geizig? Weil Geiz geil ist? Bald wird darauf neues Leben entstehen. Im Hintergrund verabschieden sich die Gengenbacher Türme von mir, werden kleiner und kleiner.

Geschäftstüchtiger Bauer Müller

Golden leuchten die Spitzen der Maisfelder im Licht, als ich über die Kinzig hinweg nach Berghaupten blicke. Stolz steht der weiße Kirchturm im Kontrast zu dem satt-grünen Weinberg dahinter. Wie ein erloschener Vulkan sieht der kleine Berg aus, nur voller Weinreben, deren Trauben sich nach der Sonne strecken. Emil Wachter gestaltete für die Kirche kunstvoll zwölf Fenster. Sie stellen Gleichnisse aus der Bibel dar, unter anderem der Bilderzyklus „Die fünf Talente". Der Bürgermeister von Berghaupten könnte sich „Wasserschlossherr“ nennen, ist das Rathaus doch in einem alten Wasserschloss aus dem fünfzehnten Jahrhundert untergebracht. Schlossherr war damals ein gewisser Balthasar von Wartenberg. Ob dieser Balthasar heute wohl als das berühmte Schlossgespenst unterwegs ist?

Neuer ist da schon die Naturpark Marktscheune, die am Ortsrand steht und eine eigene Abfahrt von der Bundesstraße erhalten hat. Sie symbolisiert wie kaum ein anderes Projekt „Landschaftspflege mit Messer und Gabel“. Der Naturpark Schwarzwald Mitte-Nord unterstützt durch zahlreiche Projekte unter anderem die Offenhaltung der Natur. Projekte, wie diese Marktscheune. In ihr werden ausschließlich in der Region angebaute und erzeugte Produkte verkauft. Da schauen die Chinesen diesmal blöd aus der Wäsche. Keine Chance. Ein Erfolgsmodell ohne Gleichen. Aber mit Anlaufschwierigkeiten, wollte doch keiner das viele Geld in die Hand nehmen, um das Projekt zu realisieren. Bauer Müller aus Fischerbach und seine Frau hatten den Mut, weil keiner es machen wollte. Heute hat er vermutlich Neider.

Offenhaltung der Natur? Die Flößer wären froh gewesen, noch mehr Bäume besessen zu haben. Und erst die reichen Waldbesitzer, war der Wald doch ausgeplündert, die nächsten Generationen einer sicheren Zukunft beraubt. Nachhaltigkeit noch so unbekannt wie Klimawandel. Heute hat sich der Wald erholt, ist nachgewachsen. Heute sind aber auch wieder freie Ausblicke gefragt. Für den Tourismus. Offenhaltung der Natur eben. Hat sich das der liebe Gott dabei gedacht, als er Sturm Lothar schickte? Was hätte ich alles an atemberaubenden Momenten verpasst, wäre ich nur durch einen dichten Wald ohne Ausblicke gepilgert? Ich habe ja auch gut reden, ich bin ja auch nicht der Bauer, der an den steilen Wiesen mühselig seine Felder bestellt und Viehzucht betreibt, um die Landschaft offen zu halten.

Praktisch, und nicht ganz zufällig, kann man auf Höhe der Marktscheune die Bundesstraße sicher überqueren. Ein Abstecher, der lohnt. Zumindest für alle, die gerne schwarzwälderisch und regional einkaufen. Für mich also. Ich jedenfalls lasse mir frische Bratwürste mit Zwiebeln aus der Pfanne und hausgemachten Kartoffelsalat schmecken, besitzt die Marktscheune doch auch ein Café und einen Gaststättenbereich. Geschäftstüchtig dieser Bauer Müller.

Arme Bienen

Zurück auf dem Weg des Kinzigdammes gilt es eine schmale Brücke über einen kleinen Zufluss zu überqueren. Sobald ich kann, denn es kommt eine Meute Radfahrer entgegen. Und dann ist das Brückchen dicht. Denn die müssen schieben. Und tratschen. Und stehenbleiben. Und wieder tratschen. Herr, gib mir Geduld. Und zwar sofort! Mein Blick fällt auf ein verwunschenes, altes Häuschen mit Türmchen.

Ich beginne diesen Herrn Tulla zu hassen. Schnurgerade fließt die Kinzig dem Oberrheingraben entgegen. Und der Jakobusweg verläuft nebendran, oben auf dem Damm. Immer gerade aus. In der prallen Sonne. Ich bin wieder ein echter Pilger. Ich leide! Wo sind nur die Radfahrer, die mir jetzt Abwechslung bieten könnten? Wo die Bäume für den Schatten? Die seltenen Brücken, die über den Fluss führen, werden zu meinen Freunden. Ich liebe Brücken. Ich gebe ihnen Kosenamen. Brücken werden zur willkommenen Abwechslung. Das verkürzt die Zeit ungemein.

„Manchmal bin ich ohne Rast und Ruh, manchmal schließ ich alle Türen nach mir zu. Manchmal ist mir kalt und manchmal heiß, manchmal weiß ich nicht mehr, was ich weiß".

Der bekannte Tower kommt näher, zudem erkenne ich rechts

auf einer Bergnase ein stolzes Schloss, welches über dem sich öffnenden Tal zu wachen scheint. Dahinter steigen die Berge ein letztes Mal an. Rechts liegt Ohlsbach, ein verträumter Weinort. Ein Bewohner präsentiert neben der Kirche stolz seine Sammlung an historischen, knallroten Porsche Traktoren, die schon manchen Preis gewonnen haben. Die Reben reichen bis zum Ort hinunter, auf dem Berg ein kleines Kappelchen. Darüber beginnt der Wald. Die Berge sind zu Vorbergen geworden, das Tal wird noch flacher. Wenn ich mir das so genau überlege, kann der Jakobusweg früherer Zeiten nicht wirklich auf dem Kinzigdamm verlaufen sein. Denn den gab es ja noch gar nicht. Nur Wasser, Sumpf und Kiesbetten. Ach, wäre es jetzt schön am Waldrand, oberhalb der Reben zu wandern. So wie die Pilger dies früher vermutlich gemacht haben. Im Schatten.

Ein Schild will mich zum Abzweigen vom Jakobusweg verführen. „Kinzigtäler Jakobusweg. Lohnenswerter Abstecher (ca. 300m) zum Ohlsbacher Sole-Mineralbrunnen mit Wassertretbecken und Armbad. Der Weg führt im Bogen wieder auf den Jakobusweg". Bogen? Die ewig gerade Kinzig und der parallel dazu verlaufende Jakobusweg schneiden sich zwar irgendwann im Unendlichen, zumindest wenn es nach meinem Mathe-Leistungskurs Lehrer geht, aber jetzt ein Bogen, das klingt gut. Also Armbad. Auf den ersten Blick unspektakulär. Auf den zweiten auch. Das Gelände des Sole-Mineralbrunnens ist eingezäunt, das lässt es wertvoller erscheinen. Unter einem Dach rieselt sanft Wasser über Tannenreisig. Auch nicht spektakulär, aber ich muss zugeben, irgendwie beruhigend. Nahezu meditativ. Ich setze mich davor. Außerdem tut es gut, den schweren Rucksack nicht mehr zu spüren. Mit einer Pumpe wird das reine Mineral-Solewasser, welches als Heilwasser anerkannt ist, über das Bergtannenreisig geführt und nimmt dabei ätherische Öle und aromatische

Harze auf. Tiefes Einatmen verstärkt die Wirkung. Soll bei Erkrankungen der Atemwege helfen. Auf jeden Fall entspannt es. Am Ausgang ein Insektenhotel. Ein mannshohes rundes Gebilde. Mit diversen Fächern, gefüllt mit unterschiedlichen natürlichen Materialien. Interessant. Noch interessanter der Text: „40% der Solitärbienen sind vor dem Aussterben bedroht“. Arme Bienen. Ringsum blühende, sonnenbeschienene Wiesen und Obstbäume. Soweit das Auge reicht. Was machen die Bienen nur im Ruhrpott?

Das Ortenberger Schloss

Gerade aus. Es geht wieder gerade aus. Gut, dass das Ortenberger Schloss näher kommt und auch die Frage nach einer Entscheidung: den Weg auf Höhe Ortenberg verlassen und hoch zum Schloss wandern oder weiter geradeaus auf dem Jakobusweg bleiben, den Offenburger Kirchturm schon in Sichtweite? Es kann nur eine Entscheidung geben. Wann kann man schon einmal in einem alten prunkvollen Schloss übernachten? Jetzt ist die Zeit gekommen. Außerdem wohnt das Schlossgespenst ja weiter Fluss aufwärts und es droht somit keine nächtliche Gefahr! Und das Schöne daran: Man kann günstig übernachten, denn es ist eine Jugendherberge. Und da Jugendherbergen mittlerweile auch für Erwachsene offen sind, ist es eine ideale Pilgerherberge.

Mächtig und erhaben, aber auch edel steht es da oben, umgeben von einer festen Mauer, rotbraun in der Sonne glänzend. Stolz der Bergfried und der Prachtbau, an jeder Ecke mit einem Turm versehen. Umsäumt wird das Schloss von Weinreben. 1235 wurde zum ersten Mal eine Burg erwähnt. 1678 im Holländischen Krieg zerstört. Die Burgmauer war alles, was übrig blieb. In den Folgejahren wurden beschlagene Steine fortgetragen, zum Aufbau des

Dorfes und der Stadt Offenburg. Baron Berckholtz aus Riga hat die Ruine ab 1838 im englischen romantisierenden Stil, einem ritterlich neu-gotischen, als Schloss wieder zum Leben erweckt. Tausend Bauernhöfe hätte man für das viele Geld erbauen können. Aber es ist wunderschön. Das wundert mich jetzt nicht. Letztes Jahr war ich in Riga. Kundentermine. Bei minus fünfundzwanzig Grad. Das ist ein Temperaturunterschied von fünfundsechzig Grad zu Dubai. Aber die Architektur der Stadt war einfach nur atemberaubend.

Zunächst ist aber ein Aufstieg angesagt. Nach über hundert Kilometern Schwarzwaldberge kann mich diese Bergnase jedoch nicht erschüttern. Nassgeschwitzt komme ich oben an. Durch ein steinernes Torportal betrete ich einen Schlosshof, der Ausblick von der Schlossmauer ist grandios. Das Kinzigtal, Ortenberg und die Silhouette von Offenburg bauen sich vor mir, oder besser gesagt, unter mir auf. Der Burda Media Tower und daneben stolz die Kirchtürme. Dahinter ist in Sichtweite Frankreich. Den grandiosen Ausblick sieht die Schulklasse nicht, welche in dem Schloss ihren Schullandheimaufenthalt verbringt, dafür sind sie viel zu sehr mit ihrer Pubertät beschäftigt, die auch zu meiner Beschäftigung werden wird. War ich zu Schulzeiten von den Lehrern nicht so begeistert, die auf Klassenfahrt Punkt zehn Uhr für Ruhe und getrennte Schlafräume sorgten, so bin ich es heute umso mehr.

„Hänn Sie reserviert?" frägt mich die nette Dame am Empfang, „mir sin nämlich ziemlich voll". Schulklassen und Vereine buchen die Zimmer weit im Voraus. Natürlich habe ich nicht reserviert. Ich kann noch wählen zwischen Vierbett-Zimmer mit fremden Zimmergenossen und einem Zweibett-Zimmer zur Einzelnutzung. Dann doch lieber Zweibett-Zimmer, da halte ich es wie Hape Kerkeling. Mit eigenem WC und Dusche. „Sin se Mitglied?" will die Dame noch wissen, denn sonst kann man auch heute noch nicht in Jugendherbergen übernachten. Fünf Minuten später bin ich Mitglied. An Ort und Stelle geworben.

Google Maps

Es ist noch früher Nachmittag, ich will noch hoch zum Hohen Horn. Da will der Werbefuzzi schon lange mal wieder hin. Ist ja auch schon ein paar Jahre her. Ein Aussichtsturm oben auf dem Offenburger Hausberg. Von unten sieht das gar nicht weit aus. Im Schlosshof kommen mir Kinder in mittelalterlichen Gewändern entgegen. Erlebnispädagogik nennt man das.

Nach geschätzten dreißig Minuten bereue ich die Idee mit dem Hohen Horn. Es geht einfach nur steil bergauf. Fast schon alpin. Hätte ich nur den längeren, moderaten Weg gewählt. Ich kann erahnen, dass die Ausblicke fantastisch wären, wäre da nicht dieser Wald davor. Und, wie kann es anders sein, keine Wasserflasche dabei. Lerne ich denn nie etwas dazu? Weitere dreißig Minuten später steht der stählerne Turm vor mir, erhebt sich auf einer kleinen Lichtung zwischen den Bäumen. Dahinter eine hölzerne Schutzhütte. Die könnte noch viel mehr erzählen als der Teufelsstein auf St. Roman. Unzählige Namen und Herzchen bekunden die noch junge Testosteron-Produktion. Der Turm ist funktionell, so wie das untere Stück eines Strommasten. Dafür vermittelt er Sicherheit. Der Ausblick ist ein Glücksgefühl.

Ich meine in den hintersten Schwarzwaldbergen meinen Startpunkt zu erahnen und zur anderen Seite mein Ziel, Straßburg. Über die Weinberge des Winzerortes Fessenbach schweift mein Blick in die Ebene bis zu den Bergketten im Elsass, die sich zart im frühen Abenddunst vom Himmel abheben. Dazwischen der Blick über Offenburg bis zu den Vorbergen bei Lahr. Dort zerschellte

1996 der Burda-Jet im nebligen Landeanflug auf Offenburg am Berg. Co-Pilot, Pilot und zwei Führungskräfte des Verlages waren auf der Stelle tot.

Hätte ich mein Tablet dabei, würde ich jetzt Google Maps öffnen und mir den Jakobusweg einzeichnen lassen. Mein Tablet? Ich hatte es die ganze Zeit nicht vermisst. Auch nicht die E-mails. Und nicht die sms. Und Facebook auch nicht. Ob meine vielen Facebook-Onlinefreunde mich vermissen oder ob es ihnen noch gar nicht aufgefallen ist, dass ich gar nicht da bin?

Ich kann meinen Weg auch so erahnen. Im Blickfeld auch ein großes, sachliches, akkurates Häuserensemble mit einer dicken Mauer um die Gebäude. Es signalisiert: Gefängnis. Wie es sich in einer kleinen Zelle anfühlen mag? Ich werde mir meiner unendlichen Freiheit bewusst.

Gier frisst Hirn

Nicht eine innere Stimme, sondern die Erfahrung von vorgestern sagt mir, dass es auch heute einen überwältigenden Sonnenuntergang geben wird. Das muss hier oben unglaublich sein, bei diesem Panorama. Die Sonne steht schon recht tief und färbt das Land in ein warmes weiches Licht. Mein Licht. Aber im Dunkeln den Weg wieder nach unten gehen? Ich bin Deutscher, das Sicherheitsdenken überstimmt den Romantiker.

Der Abstieg bis zum Waldrand geht schneller als der Aufstieg. Ich sitze oberhalb der Reben auf einer Bank. Und ich hatte Recht. Michelangelo, Monet und Caspar David Friedrich sind unermüdliche Künstler. Nur der Ausblick ist heute ein anderer, ein viel weiterer. Stehen hier doch keine Berge mehr im Wege und der Blick geht frei und weit hinaus ins Land bis Frankreich.

Mein Magen macht sich bemerkbar, es ist schon eine Weile her seit den leckeren Bratwürsten in der Marktscheune. Da muss ich jetzt durch. Michelangelo hat schon zum Platz nehmen aufgerufen. Was folgt, ist ein weiterer Moment für die Ewigkeit. Der Duft von Wald wird zu mir herübergetragen, Vögel singen ihr Gute Nacht-Lied.

Ich ernähre mich meistens bewusst. Ab und zu zumindest. Im Augenblick bin ich jedenfalls froh, kein Vegetarier zu sein. Schlachtplatte mit Blut- und Leberwurst sowie Schälripple stehen vor mir, dazu Kartoffelbrei und Sauerkraut. Ich verbrenne mir die Finger an der Wärmplatte, als ich diese näher zu mir heran ziehen will. Nicht an den Griffen, sondern an der heißen Platte. Gier frisst Hirn. Mit einer Hand im Eiswürfelglas, in der anderen Hand die Gabel, geht es weiter. Gemütlich, rustikal die Einrichtung in der „Krone", unten im Dorf. Die Wirtin beim Schwätzchen am Stammtisch. Heile Welt.

Gertrudis von Ortenberg Stube heißt mein Zimmer in der Jugendherberge. Sachlich, funktionell, sauber. Nur eine kleine Steinmetzarbeit erinnert mich im Zimmer daran, in einem Schloss zu sein. Ich muss das Doppelstockbett selbst beziehen, wie es in Jugendherbergen üblich ist. Zuletzt habe ich das bei der Bundeswehr gemacht. Daheim ist es immer frisch bezogen, wenn ich nach Hause komme. Im Traum fühle ich mich später wie ein Schlossherr, ab halbelf Uhr war dann auch Ruhe.

Danke Perestroika

Das frühe Morgenlicht beleuchtet die Berge auf der anderen Seite des Kinzigtales. Der Himmel ist wolkenlos und schimmert zartrosa. Die frische Morgenluft geht tief in meine Lungen.

Über eine Wendeltreppe erreiche ich den Speisesaal. „Liebe Gäste, falls etwas auf dem Buffet fehlen sollte, melden Sie sich bitte an der Essensausgabe". Das nehme ich wörtlich und lasse die Schulklasse erst zu Ende frühstücken. Ich erkunde den Bergfried, der heute als Trauzimmer genutzt wird und den oberen Teil des Schlosses. Der Speisesaal zeugt vom Reichtum der einstigen Besitzer. Dunkle, edle Holzvertäfelungen, glitzernde Kronleuchter, sowie zwei kunstvoll mit Schnitzereien verzierte offene Kamine. Wie gesagt, tausend Bauernhöfe hätte man statt des Schlosses bauen können. Aber Berckholtz war ein guter Mann, hatte auch für die armen Bauern etwas übrig. Übrig ist auch etwas am Buffet. Ich setzte mich in das kleine Turmzimmer, über mir ein Deckengewölbe mit Malereien, durch die Fenster ein unbeschreiblicher Ausblick. Beim Verlassen der Herberge erinnert mich ein riesiges Puzzle-Wandbild mit einem Motiv von Hieronymus Bosch daran, dass ich auf dem Jakobusweg bin. Meinen Weg finden.

Der Verlauf der Kinzig macht nach Ortenberg eine langgezogene Linkskurve. Die Schwarzwaldbahn verabschiedet sich vom Jakobusweg und nimmt geradeaus Kurs auf Offenburg. Der Fußweg führt an der rechten Uferseite ganz nah am Wasser entlang. Weiden mit ehrfürchtig tief heruntergezogenen Ästen stehen am Wegesrand und wiegen sich zärtlich im Wind. Ein Reiher erhebt sich majestätisch vor mir. Wie in Zeitlupe schwingen seine Flügel und tragen ihn über den Fluss.

In der Ferne, am Horizont, die Konturen der Hornisgrinde, dem höchsten Berg im nördlichen Schwarzwald. Oben drauf ein hoher Funkturm. Der höchste Berg zu sein, kann schnell zum Nachteil werden. So war es das Schicksal der Hornisgrinde, militärischer Stützpunkt zu sein. Danke Perestroika. Denn seit einigen Jahren ist der Stacheldraht entfernt und ein geschütztes Hochmoor bedeckt die Bergspitze. Bohlenwege führen die Besucher durch das

Naturerlebnis mit Weitblickgarantie bis zu den Alpen. Auch wenn die Erde keine Scheibe ist. Nationalpark Schwarzwald.

Über sieben Brücken musst Du gehn

„Baden verboten – Lebensgefahr“ steht da auf einem großen mahnenden Schild wenig später. Ich habe das Wehr am Großen Deich erreicht, die Elektrizitätswerke haben dort eine Wasserkraftanlage gebaut. Ein schönes Beispiel, wie sich neue Energien in das Landschaftsbild einpassen können. Es wirkt gar nicht so störend, besser als die Windräder auf den Bergkuppen allemal. Und die Anlage besitzt eine Fischtreppe. Man will den Lachs, der vor der Begradigung und der Verschmutzung durch die Industrialisierung die Kinzig und die Zuflüsse bis weit hoch in die Täler bevölkert hat, wieder heimisch machen. Gasthäuser mit dem Namen Salmen zeugen heute noch vom Lachsreichtum vergangener Tage. Am Wehr steht ein schnuckeliges Häuschen, das ehemalige Wehrwärterhäuschen. Das rührige Wirtspaar bietet in der kleinen Gartenwirtschaft feine Brotzeiten an. Hier zweigt auch der Mühlbach ab. Einstiger Gewerbekanal und Freibad für die Kinder. Er führt zu einer Offenburger Institution. Der Bleiche. Nicht wegen des Bleichens. Sondern wegen der gegrillten Hähnchen, die es dort im Gasthaus gibt. Hundert Meter weiter ist das alte Wasserwerk. Von den Konradin Pfadfindern der DPSG unter Organisationstalent und unermüdlichem Spendensammler Jess Haberer zu einem wahren Paradies für Jugendarbeit ausgebaut. Pilgergruppen finden dort auf Anmeldung auch günstige Schlafmöglichkeiten.

Nicht rostig, sondern modern überspannt nach dem Großen Deich eine Fußgängerbrücke den an dieser Stelle schon rund hundert Schritt breiten Flusslauf der Kinzig. Da konnten die Flößer ganz entspannt manch Lögel, das Flößerfässchen, leeren, und sich auf den baldigen Lohn freuen. Wäre die Kinzig schon begradigt gewesen.

Ich bleibe auf der Mitte der Brücke stehen. Zum ersten Mal spüre ich den Fluss so richtig in mir. Zielsicher strömt das Wasser unter mir hindurch und ich spüre diese Leere zwischen dem Wasser und mir auf der Brücke. Dieses innere Gefühl, keinen festen Boden unter den Füßen zu haben. Geistig beginne ich die Brücken über die Kinzig zu zählen, über die ich auf dem Jakobusweg gehen musste. Ab Alpirsbach, an die kleinen davor kann ich mich nicht mehr erinnern. Alpirsbach zwei, Schenkenzell Null, nach Ippichen eine, Wolfach eine, Hausach eine, in Haslach wieder zurück auf die andere Seite. Und nun stehe ich hier. Auf der siebten Brücke. Jetzt hör aber auf.

Segelboote

Hinter mir liegt das Ortenberger Schloss auf der Anhöhe, vor mir liegt noch ein weiter Weg. Dies ist ein nicht unwichtiges Detail, denn die Beherbergungsbetriebe bis Kehl sind sehr dünn gesät. Ein zu weiter Weg wie ich beschließe, mein nächstes Ziel wird Offenburg sein. Ein Besuch in meiner zweiten Heimat aus Sicht eines Pilgers. Und dann weiter nach Straßburg.

Der Kinzigdamm ist geteert, die Kinzig nun wieder zu meiner Rechten, dahinter die Weinberge von Ortenberg und Zell-Weierbach. Was für ein Anblick das im Herbst ist, wenn die Reben goldgelb, rot, orange, braun und grün im Abendlicht leuchten! Im Hintergrund, in der Ferne, unscheinbar erkennbar auf einem Weinberg: Schoss Staufenberg über Durbach, noch heute im

Besitz des Markgrafen von Baden. Ein Weingut mit Weinstube und einer Aussichtsterrasse, die das Prädikat verdient: wer im Leben nicht einmal auf dieser Weinstubenterrasse den Sonnenuntergang über dem Elsass erlebt hat, der hat nicht gelebt.

Links des Dammes der Offenburger Gifiz-See, der erste Badesee direkt an dem Jakobusweg. Am hinteren Teil umsonst, vorne mit Eintrittsgeld und Riesenrutsche. Ich verlasse den Damm und gehe auf dem Weg am See entlang. Rechts ein Toilettenhäuschen Marke Autobahnparkplatz. Besser als nichts. Sanft wiegen die kleinen weißen Segel der Boote auf dem Wasser. Verbissen aber ist der Kampf der Zwerge mit diesen Segeln. Und mit dem Vordermann, der in Führung liegt. Heute ist eine Kinder-Regatta. Ein Mann im Schlauchboot mit Außenborder-Motor passt auf, dass nichts passiert. Kleine heile Welt. Ich stelle den Rucksack ab und betrachte die Szenerie für eine Weile.

Der Gifiz-See ist ein künstlicher See. Er entstand, als viel Material für die Autobahn gebraucht wurde. So bekam Offenburg nicht nur Autobahnanschluss, sondern auch ein Naherholungsgebiet. Ein Streichelzoo begeistert die Kinder. Am Ende des Sees ein Strandgut, wie es auf neudeutsch heißt. Will damit sagen, unzählige Menschen klemmen sich bei einem Cocktail, Fingerfood und Lounge-Musik in Liegestühle. Und chillen. Erinnerungen an das Studentenleben werden wach. Erlebnisgastronomie mit einem Hauch Sehen und Gesehen werden.

Eisenbahn und Burda

Zurück auf dem Damm, verrät mir bald das Muschelschild am Pfosten, dass ich durch eine Unterführung muss, um die Straße zu überwinden. Auf der anderen Seite des Flusses die Hochschule.

Ein Hauch von Großstadt-Feeling umgibt mich aufgrund der skurrilen Graffitis in der Straßenunterführung. Unterstützt durch die matt schwarz lackierten Oberklassewagen mit getönten Scheiben auf der Straße über mir. Markant beherrscht der Burda Media Tower das Bild bei meinem Blick geradeaus. Recht neu ist der Studiengang Medien an der Hochschule. Hubert Burda machte es möglich. Vor der Hochschule, die durch Maschinenbau bekannt geworden ist, steht überdacht eine alte schwarze Dampflokomotive mit riesigen, rot lackierten Rädern, Baureihe 18 323. Aenne Burda, die Eisenbahnertochter, machte es möglich. Die Eisenbahn und Burda haben Offenburg aus dem Märchenschlaf erweckt. So ist eine quirlige Stadt mit Oberzentrum-Ambitionen entstanden. Beides in meinem Blick: eine alte Eisenbahnbogenbrücke aus Stahl, dahinter die Glasfront des hochmodernen Towers.

Auch Dank der Anbindung an die Eisenbahn stand Offenburg 1847 bis 1849 im Blickpunkt der badischen Revolutionäre und Visionäre, wurden von „entschiedenen Freunden der Verfassung" dreizehn Forderungen des Volkes verfasst. Thesen, wie sie sich heute im Grundgesetz wieder finden. Wäre das ohne Napoleons Gebietstausch und das Geschenk an das Hause Baden überhaupt möglich gewesen? Wäre die Kinzig dann heute begradigt? Gäbe es dann eine Schwarzwaldbahn, die eine Vielzahl von Herrschaftsgebieten hätte durchfahren müssen?

In Straßburg hat Gutenberg das Lesen revolutioniert und dem breiten Volk Information ermöglicht. Franz Burda, ein einfacher Drucker, setzte viele Jahre später diese Druckrevolution mit viel Mut und Konsequenz in Offenburg um. Die BUNTE ist noch heute ein Beleg dieses Wirtschaftswunders. Frau Aenne folgte mit ihren Modezeitschriften. Aus dem Betrieb des Druckers ist nur eine Generation später ein führendes globales Medien-Imperium geworden. Und Sohn Hubert Burda spricht noch immer badisch.

Ein Jungentraum

Rechts, unscheinbar ein Provinz-Fußballstation. Fünfzehn Tausend gehen da rein. Und waren auch drin, als der Fußballtraum eines gleich neben dem Fußballplatz geborenen und aufgewachsenen Jungen wahr wurde. 1987, DFB-Pokalspiel des Offenburger FV gegen die Übergroßen aus Dortmund. Ein junger Wirbelwind macht fast im Alleingang den Gelb-Schwarzen das Leben schwer. Sechzigste Minute, Ausgleich. Hundertundfünfzehnte Minute, Ausgleich. Beim Rückspiel in Dortmund gab es dann den Frack voll. Aber, es war der Beginn einer steilen Traumkarriere. Talent, Fleiß und den Willen etwas zu erreichen, waren die Basis. Bei der Fußball-WM 1994 in den USA im Spiel gegen Bulgarien in der neunundfünfzigsten Minute bewusstlos vom Platz getragen. Kultstatus in Kaiserslautern. Martin Wagner hieß der Junge.

„Man wird da gleich als Pokalheld in den Himmel gehoben. Ich habe gegen Dortmund aber nicht alleine auf dem Platz gestanden, da waren auch noch andere Leute, der Frank Ritter hat auch ein Tor geschossen. Außerdem habe ich auch Vorlagen für die Tore gebraucht" erzählt mir Martin Wagner, als er mir gegenüber sitzt. Und, „der Grundstein für meinen Erfolg habe ich schon viel früher gelegt, schon in der Jugend. Als die Kumpels am Baggersee lagen oder eine Fete gefeiert haben, habe ich hart trainiert". Dabei fing die Jugend gar nicht so gut an für Martin Wagner, auf dem Offenburger Fußballplatz. Psychologisch gesehen. „Du bist ein guter Fußballer, aber du bist zu klein". Ich sehe es Martin Wagner an, dass sich jedes dieser Worte seines Jugendtrainers in sein damals junges Hirn gebrannt hat. „Kein Mensch hat das Recht über einen anderen zu urteilen. Da kann man viel zerstören, vor allem bei jungen Menschen. Wir leben alle unter einem Himmel, keiner sollte sich einbilden, dass er besser ist als andere." Martin Wagner hat es nicht zerstört, es hat ihn stärker gemacht. Und da war ja noch sein Traum. Der Traum irgendwann einmal Deutscher Meister zu sein, Pokalgewinner, WM-Spieler. Er hat es geschafft. „Ein Traum ist ein Gefühl. Das hat man, es treibt einen an. Der Traum soll lange anhalten, man will ja nicht aufwachen." Pokalendspiel in Berlin. Martin Wagner vor dem Spiel in Blickkontakt mit dem Pokal. „Den hol ich mir" sagt sein Gefühl. Freistoß. Martin Wagners Gefühl meldet sich. Er holt sich den Ball. Schießt der Mauer zwischen den Beinen durch. Eigentlich unmöglich, aber drin. Schicksal. „Es passiert etwas, das kann ich nicht erklären".

Der spitzbübische Blick wird ernster. „Im Grunde spielt mein Herz, ich wusste auch erst viel später, dass der OFV mich nach dem Pokalspiel nach Nürnberg verkauft hat". Fußball, nicht Geld, seine Leidenschaft. Bis heute. Bei einem Besuch in der Schule hat ihn vor ein paar Tagen ein Kind gefragt, ob er reich sei. „Ja" hat er gesagt, „weil ich bei euch sein darf". Martin Wagner will der Region etwas zurückgeben, will sich einbringen. Er will von seinen guten und seinen schlechten Erfahrungen berichten. Als Profi hat er auf viel verzichtet. „Man kann nicht alles haben im Leben, nicht jeden Tag gibt es Sonnenschein". In jungen Jahren hat er schon erwachsen gedacht, von der Kindheit blieb viel auf der Strecke. Ein kaputtes Knie beendete seine Fußballerkarriere. Der Preis des Traumes.

Aber es gab auch Lohn. Glückliche Menschen. „Als sich vierzigtausend Menschen bei meinem Abschiedsspiel in Kaiserslautern von den Plätzen erhoben, das war der Wahnsinn". Die Dankbarkeit und der Respekt der Pfälzer berührt ihn noch heute. Aber er hat sich nicht für immer von seinen Pfälzern verabschiedet. Regelmäßig ist er noch im Stadion. „Je näher ich dem Rasen komme, desto höher steigt mein Adrenalinspiegel". Dort sieht er Fans, die auch heute noch sein Trikot tragen. Dankbarkeit und

Treue. Nach dem frühen Tod der Eltern fand er Schutz und einen Familienersatz in Kaiserslautern. Dankbarkeit und Treue. Otto Rehagel wurde zur Vaterfigur. „Ein klasse Trainer, ein großartiger Mensch". Er war und ist für Martin Wagner ein wichtiger Mensch. Er hat viel erklärt und vorgelebt. Dinge zu sehen, wie sie sind, anstatt sie komplizierter zu machen. „Am Samstag haben Sie ihren großen Auftritt" sein Ansporn an die Spieler. Für das Publikum. Das Stadion die zweite Heimat. „Jeder Fußballer hat eine soziale Aufgabe zu erfüllen", meint Martin Wagner. „Maximale Leistung. Das hat der Zuschauer verdient." Beim Aufwärmen hat er seine Gegner stets beobachtet. Hat studiert, wie sie drauf sind und wie er sein eigenes Spiel darauf ausrichten muss. Im Tunnel zum Spielfeld dann Pokerface. Konzentration und Vorfreude. Schlachtgesänge der gegnerischen Fans ignoriert. Nur die Anfahrt und die Abfahrt zum Station bereiteten ein ungutes Gefühl. Immer dann, wenn Chaoten eine hohe Gewaltbereitschaft hatten. Die gibt es auch heute noch.

Nicht ungut, sondern vorwurfsvoll wurde das Gefühl bei seinem einzigen Eigentor. „Und dann auch noch eins zu null verloren. Gegen den HSV". All das Gute vergessen. „Wegen Dir haben wir verloren". Selbstvorwürfe. Aber es hat ihn stark gemacht. „Die Erfahrung hätte man sich zwar schenken können, aber wie soll ich damit umgehen, wenn ich das nicht erfahren hätte?"

Und, „wie soll ich Glück weitergeben können, wenn ich es nicht selbst empfinde. Die meisten Menschen machen den Fehler, nur das zu sehen, was sie haben wollen, nicht das, was sie haben".

Eine Auswechslung oder eine Einwechslung von der Bank war eine Katastrophe. „Damit konnte man mich so richtig verletzten". „Aber es kam Gott sei Dank nicht oft vor". Martin Wagner grinst.

Christina Obergföll heißt eine andere Sportlerin, die Offenburg sympathisch medial macht. Speerwurf. Sie sammelt Medaillen wie andere Bierdeckel. Großes Kino auf dem Rathausbalkon. Den erfolgreichen Jungen aus dem Uhlgraben hat man da nie gesehen, hat den Fußballer derweil vergessen. Schnelllebige Zeit.

Darmkrebs

An der nostalgisch-rostigen Bogenbrücke habe ich schlagartig Sehnsucht nach meiner Stille. Ein ICE rattert über die Brücke, mein Körper vibriert. Ich stehe mitten in einem Sturm, meine Haare schlagen mir ins Gesicht. Lärm schmerzt meine Ohren. Es ist jedoch nicht mehr die Schwarzwaldbahn, der Jakobusweg quert an dieser Stelle die Bahnlinie Mannheim-Basel, die bereits 1844 Offenburg mit der Außenwelt verband. 1844 noch außerhalb der Stadtmauer verlaufend, durchschneidet der einst gefeierte Fortschritt heute jäh die gewachsene Stadt.

„Als ich die Diagnose hörte, war dies ein Schock". Hautkrebs. „Meine Mutter und mein Vater starben an Krebs". Martin Wagners Gesichtszüge werden nachdenklich, traurig. Der Verlust der Eltern und der Preis der langen Karriere fern von Zuhause sitzen noch tief. „Nach einer Stunde war mir klar, dass ich kämpfen werde. Da hilft mir die Vorgeschichte im Sport. Davonlaufen bringt nichts. Es holt dich ein. Überholt dich, wenn du nicht aufpasst. Stell dich dir selbst. Wenn du wegläufst machst du Probleme wichtig". Martin Wagner will kein Mitleid, als er mit der Krankheit in die Zeitung ging. „Ich will warnen. Cremt euch und eure Kinder ein. Schützt euch". „Durch Stress ist man heute anfälliger, schneller krank". Dann die Typisierung. Schwarzer oder weißer Hautkrebs? Martin Wagner, der Kämpfer, hat Glück im Unglück. Weiß, nicht tödlich. Er raucht nicht und trinkt kein Alkohol. Er hat seinem Sohn versprochen, dass er dessen Kinder länger aufwachsen sieht, wie seine Eltern ihn. Fußball spielt sein Sohn nicht. „Er muss seinen eigenen Weg gehen".

Während ich an den sechs Fingern des hochmodernen Burda Medienparks, Marke Ingenhoven Architektur, vorbeigehe, muss ich unweigerlich an Felix Burda denken. Erstgeborener Sohn des Verlegers Hubert Burda, Enkel von Franz Burda. Nur wenige Tage vor mir geboren, aber mit dreiunddreißig Jahren schon von dieser Welt gegangen. Familienvater mit zwei kleinen Kindern. Darmkrebs. Wann war ich zum letzten Mal bei der Vorsorgeuntersuchung? Warum wollte ich eigentlich keine Kinder? Der Jakobusweg lässt unbarmherzig grüßen. Was ist wirklich wichtig im Leben und was nicht? Zu gerne würde ich dieses Stück jetzt mit Hubert Burda gehen und philosophieren, ist er doch nicht nur visionärer Verleger, sondern auch eine ganz eigene Art von Philosoph. Warum heißt sein zweiter Sohn Jacob?

Offenburg

Über die Stadtbrücke, gleich bei der Messe, gehe ich rechts Richtung Altstadt. Zwei große rostige Skulpturen des Künstlers Prokorny, im Volksmund „Büroklammern" genannt, signalisieren das „offene Tor". Fünfspurig die Straße, Stille gibt's hier nur kurz nach halb vier Uhr nachts. Wenn man Glück hat. Ich blicke hoch zum Burda-Tower. Vor der Sanierung prangten hoch oben auf dem Dach die Lettern B U R D A, weithin sichtbar, so wie der riesige Weihnachtsbaum, der zur Weihnachtszeit durch geschicktes Anlassen der Bürobeleuchtungen im Hochhaus erstrahlte. Das passiert auch heute, am neuen Tower noch. Doch wehe, wenn der Herr Burda mal das Licht nicht anlässt! Komisch, an Weihnachten redet niemand von Strom sparen, nur von Nostalgie.

Die Stromspar-Tipps gibt es dann wieder ab Januar. Ganz oben im Tower ein Konferenzraum. Links Glas, rechts Glas. Weitsicht. Dort tagt einmal im Monat der Marketing Club. Die Theorie für das praktische Leben. Einer von denen bin ich. Der Werbefuzzi. Der Jakobusweg gibt mir die Theorie hinter der Theorie.

FORUM steht auf dem Klotz am Stadtbuckel. Ein Kino. Noch eine Linkskurve, dann beginnt das Flair und die Fußgängerzone. Ich entscheide mich aber, die Stadt anders zu betreten. Ich folge links der Stadtmauer, vorbei an der Weingott Dionysos-Statue, hinein in den Zwingerpark. Mächtig, hoch und robust das Mauerwerk der Stadtmauer, friedlich und still der Park. Ein Springbrunnen, Schwäne. Der Brunnen erzeugt einen Regenbogen.

Wie muss es sich angefühlt haben, als Feind vor dieser massiven, steilen Wand gestanden zu haben, wie als Verteidiger da oben? Im Dreißigjährigen Krieg siegten die Feinde, die Stadt wurde besetzt. Als im Pfälzischen Erbfolgekrieg eine Schneise der Verwüstung entlang des Oberrheins gezogen wurde, siegte der Feind erneut, die Stadt war anschließend Schutt und Asche. Das Siebzehnte Jahrhundert war wahrlich kein Zuckerschlecken für Offenburg. Nach Jahren der Armut der stetige Wiederaufbau. Barock war angesagt. Der Mauerring zieht sich auch heute noch fast komplett rund eineinhalb Kilometer um die Altstadt und vermittelt einen Eindruck über die Größe der ehemaligen freien Reichsstadt. Die drei Stadttore hatten allerdings nicht das Glück, kluge Stadtplaner gehabt zu haben. So wie die in Gengenbach. Schade.

Linker Hand im Zwingerpark der Mühlbach. Über den Bach hinweg stand einst eine riesige Spinnerei. Eintausendundzweihundert Webstühle hatte diese. Und unzählige Überstunden für die Weber, darunter viele Kinder. An der historischen Wenk-Treppe erklimme ich den Schutzwall und treffe auf das wertvollste

Kulturgut in Offenburg, den Ölberg, ein Nischenbau in Form einer gotischen Kapelle aus dem sechzehnten Jahrhundert. Daneben eine Nachbildung eines fünfhundert Jahre alten Christuskreuzes aus der Renaissance. Dahinter die Heilig-Kreuz-Kirche mit ihrem dreistöckigen markanten Turm und dem grünen Dach. Im dreizehnten Jahrhundert erschaffen, auf der Asche der Pfälzer Übeltat von 1689 im heutigen Aussehen ab dem Jahre 1700 erneut aufgebaut.

Der große Marktplatz hinter der Hauptstraße ist umrahmt vom Charme der Jahrhunderte sowie Beton und Glas der Neuzeit. Auf dem Marktplatz Wassersprudler für die Kleinen und Cafés für die Großen. In der Innenstadt treffen Historie, Barock und Biedermeier auf Nachkriegsbausünden, Einkaufswelten auf Cappuccinomeile unter Palmen, spielende Kinder auf große, sich drehende „Werres"-Vögel. Und mitten drin die Linienbusse. Offenburg ist die Hauptstadt der Ortenau, dem größten Landkreis in Baden-Württemberg. Und je größer die Stadt, desto hektischer die Menschen, die sich darin bewegen. Vorbei die totale Gemütlichkeit in Wolfach und Haslach.

Am Ursprung der badischen Revolutionäre regiert heute eine Frau, eine Schwäbin, die Edith Schreiner, im Rathaus. Das war nicht immer so. Der erste bekannte in Offenburg war ein Italiener, genauer gesagt, ein Römer. Cornelius Pinarius Clemens sicherte auch an diesem Ort die römische Provinz Germania superior. 74 vor Christus war das. Die genaue Stadtgründung weiß man dann nicht so genau. War es der Missionar Offo anno 605? Die Staufer oder der Straßburger Bischof? Vermutlich die Zähringer. 1148 jedenfalls erstmals urkundlich erwähnt, wurde Offenburg 1240 freie Reichsstadt. Auch die Österreicher hatten mal das Wort. Der habsburgerische Doppelkopfadler prangt noch heute an dem barocken Rathaus. Auf dem Rundbogen, den zwei Pilaster halten.

Darüber steht Justitia.

Dann kamen die Badner. Klar, wegen diesem Napoleon und seinem Gebietstausch. Zweihundertundzehn Jahre später sitze ich vermutlich in seinem damaligen Hotelzimmer und packe meinen Rucksack aus. Nach Kaisern, Fußballtrainern, Sängerinnen, sehr Verliebten, jetzt also auch noch der Bonaparte. Sein Essgeschirr, eine Zinn-Terrine, ist noch heute im Besitz des Hotels gleich neben dem Rathaus.

Napoleon war es auch, der in der ersten Offenburger Zeitung, vor über zweihundert Jahren, Notiz fand. Seine Russlandfeldzüge, bei denen auch unzählige Badner als unfreiwillige Söldner den Tod fanden. Berichtet wurde aber auch über die Mäuseplage. 1812 wurde zudem beschlossen, die mittelalterlichen Stadttore abzutragen. Die Familie Reiff bewahrt auch heute noch mit dem Offenburger Tageblatt dieses familiäre Zeitungserbe.

Pressefreiheit eines der Grundrechte, manifestiert in den Forderungen des Volkes in der Versammlung der badischen Revolutionäre in Offenburg.

Hotel Sonne

Das über sechshundertfünfzig Jahre alte Hotel „Sonne" versteckt seine lange Geschichte nicht. 1930 betrat wieder ein Österreicher, später Oberdeutscher, das Haus. Der mit dem kleinen Schnauzbärtchen und dem Seitenscheitel. Und dem ausgestreckten Arm. Man kann sich seine Gäste ja nicht immer aussuchen. 1941 wäre der Mann mit dem Bärtchen von seinem eigenen Gefolge dafür hart bestraft worden, hat die Gauleitung doch ein „Lokalverbot über das „Hotel zur Sonne" für alle Parteigenossen und Parteianwärter" verhängt. Der Wirt, Karl Schimpf, dachte nämlich anders.

Anders dachte auch Bürgermeister Walther Blumenstock, als die Fahnen des Unheils am Rathaus gehisst wurden. Er verließ das Rathaus.

Schmuck schmiegt sich das Hotel mit seinen grünen Fensterläden zwischen den stolzen Königshof, heute Sitz der Polizei, und das historische Rathaus. Seit dem vierzehnten Jahrhundert ist das Hotel dokumentiert. 1689 teilte es das gnadenlose Schicksal der gesamten Stadt und wurde während des Pfälzischen Erbfolgekrieges komplett niedergebrannt. Nur das Kapuzinerkloster blieb unversehrt. Ludwig XIV hatte viel zu beichten. Die Jahre nach dem Wiederaufbau scheint das Hotel heute freudig zu dokumentieren. Es ist gleichsam einem lebenden Museum, ein liebevolles Himmelbett ziert mein Zimmer zu welchem eine dunkle, schwere, stilvolle Holztreppe führt. Golden verzierte prachtvolle Rahmen beheimaten Spiegel. Biedermeier-Möbel und alte Zeichnungen und Stiche schaffen ein einmaliges Ambiente. Holztäfelungen, Kachelofen, kunstvoll geschnitzte Lampenhalter sowie Butzenfenster verleihen der guten Stube einen ganz eigenen Charme, im Herrgottswinkel ein Jesuskreuz. Im Restaurant ein Gefühl der Biedermeierzeit mit Stofftapeten und verschnörkelten Wandleuchten. Unter dem Haus tiefe Weinkeller. „Weinbau war auch in Offenburg schon früh ein Thema“, wie mir das Hotelier-Paar Gabi und Horst Schimpf-Schöppner erzählen. Die fünfte Generation auf der „Sonne“. Seit über hundertfünfzig Jahren steht der Familienname schon in den Büchern. Als ich den beiden von meinem Erlebnis der Stille erzähle, leuchten Gabi Schimpf-Schöppners Augen: „als Kind habe ich mein Zimmer über der Küche gehabt. Das Klappern der Töpfe hat mich in den Schlaf gewiegt. Ruhetags war es dann immer so still und unheimlich“. Auch ihr Mann hat gleich eine Geschichte parat: „als wir vor einigen Jahren im Haus neue Stromkästen gesetzt haben, war das gesamte Haus über zwei

Tage total stromlos. Wir saßen dann abends bei Kerzenlicht in der Stube und haben uns gegenseitig Geschichten erzählt". Die Familienzusammenführung in der Bollenhutstube im Haslacher Trachtenmuseum ist doch nicht nur fürs Museum, denke ich. Es müsste nur öfter der Strom ausfallen. Schlecht für Herrn Burda und seinen Weihnachtsbaum, gut für das Familienleben.

Geteiltes Leid

Knallorange ist ein riesiger Würfel am anderen Ende der Fußgängerzone. Die lebensbejahende Farbe der Fassadenverkleidung des Kaufhauses signalisiert den Zeitgeist der Siebziger. Stankowski. Auch so etwas avanciert zum Prädikat Denkmalschutz. Neogotisch dagegen die evangelische Stadtkirche mit dem mehrfach filigran gegliederten, münsterartigen Turm. Erbaut 1857 bis 1864. Drei Baumeister hat sie in diesen sieben Jahren verbraucht. Jeder seinen eigenen Stil eingebracht. Wie die Kirche wohl im ersten Entwurf von Eisenlohr ausgesehen haben mag? Schräg gegenüber, etwas versteckt, das Kaffeehaus Maurer. Butzenfenster auch hier, 1884 erbaut, sehr charmant. Im Keller die eigene Kaffeerösterei.

In der Innenstadt windet sich eine lustige wasserspendende Schlange aus dem Boden, weiter hinten dreht sich ein großer Stein, in der Metzgerstraße ein Geschäft für Holzspielzeug. Den Kindern gefällt alles, der Nintento DS wird zur Nebensache.

Neptun schaut von seinem schmucken Brunnen regungslos auf die Kinder. Und auf die Busse. Und auf das Einhorn auf dem barocken Prachtbau gegenüber. Einhörner entgiften mit ihrem Horn verseuchtes Wasser, so die Legende, und wurden deshalb zum Erkennungszeichen von Apotheken. Damals. Nur Fassaden, nicht das Innere, unterliegen dem Denkmalschutz, habe ich mir von einem befreundeten Architekten einmal erklären lassen. Deshalb ist in der geschichtsvollen Einhornapotheke nun auch ein schickes Modeparadies eingezogen, groß die Schaufenster. Gottseidank aber ohne drei knallrote Buchstaben an der hellen Fassade. Einmal, da hatte Neptun so richtig Kopfweh. Als nämlich der Klaus, das ist der vom „Café unter den Pagoden", und der Mauro, das ist der vom Eiscafé gegenüber, ein tolle Idee hatten. Es war die Zeit der Sambafestivals in Offenburg, typisch badisch eben. Das Wasser im Brunnen abgelassen und eine Cocktailbar eingerichtet. Tolle Idee! Ein Stromkabel um den Kopf des Neptun gewickelt, hinüber zum Eiscafe. „In fünf Meter Höhe". Morgens lag beides am Boden. Das Kabel. Und der Neptun. Tolle Idee! Beim Klaus gibt es übrigens auch den Jakobusstempel.

Am Fischmarkt trifft den kunstvollen Löwen auf dem malerischen Brunnen von 1599 ebenfalls ein hartes Schicksal. Geteiltes Leid ist halbes Leid. Seine Augen schmerzen bei dem Blick auf die grell-gelben, aufgeklebten Werbefiguren in den Obergeschossfenstern der historischen Hirschapotheke mit wunderbarer Fassadenmalerei. Die Alchimisten. Stolz der treppenförmige Zinnengiebel. Eine Personalvermittlung klebt da. Meine Augen schmerzen auch. Gehören Fenster eigentlich nicht mehr zur Fassade? Oder nur die Außenseite der Fenster? Ich muss mal meinen Freund, den Architekten, anrufen. Und den Denkmalschutzbeauftragten von Offenburg. Gleich nach dem von Zell.

Eine Augenweide dagegen sind die Farben der Blumen und der frischen Gemüse, die sich nebeneinander reihen und einen berauschenden Duft in der Fußgängerzone verbreiten. Dann ist Dienstag oder Samstag. Markttag in Offenburg. Neben Verkaufswagen der Landmetzgereien, bauen auch noch Bäuerinnen der umliegenden Dörfer ihre Stände auf. Freuen sich auf einen Tratsch mit den Kunden. Dann hält auch in Offenburg Gemütlichkeit Einzug.

Gegenüber der Hirschapotheke steht das St. Andreas-Hospital, welches vor über siebenhundert Jahren gegründet wurde. Die schlichte Kapelle ist über das Bürgerbüro im roten Haus zu erreichen. Etwas abseits das Kapuzinerkloster mit Kreuzgang. Es überstand die Feuerwalze Ludwig des XIV. Wegen des Beichtens vermutlich. Heute ist darin ein Gymnasium. Und deshalb für Besucher verschlossen. Etwas weiter das Franziskanerkloster, heute Mädchen-Gymnasium. Und deshalb verschlossen. Offen hat dagegen das Ritterhaus-Museum, das eindrucksvoll die Offenburger Geschichte zeigt. Ganz besonders ist die Geschichte, als dreiste Diebe am helllichten Tag dem Nashorn der Cohn-Sammlung, eines Offenburger Weltenbummlers der Kolonialzeit, das Horn absägten und stahlen. Für die Potenz der Chinesen.

Der Einhundertundzweijährige

Wieder treffe ich auf Aenne Burda, die „Königin der Kleider". Die wohltätige Tochter der Stadt hat ihre Spuren hinterlassen. Ein ehemaliges Patrizierhaus, heute ein Heim für betreutes Wohnen, trägt den Namen der Stifterin. Nicht ohne Grund.

Mit einem freundlichen „Grüß Gott" empfängt mich Kurt Erhart. Schneeweiß das Haar, die Augen hellwach. Ich gebe ihm die Hand. Ich fühle seine Hand. Die Hand eines über einhundertundzweijährigen Menschen. Ein bewegendes Gefühl. Ich habe noch nie die Hand eines über hundert Jahre alten Menschen gefühlt. Kurt Erhart wirkt jünger auf mich. Viel jünger. Ich betrete seine Stube im Aenne-Burda-Stift. Wie gesagt, ein Heim für betreutes Wohnen. Ein gemütliches Sofa, ein Sessel, Bücherregal, Essecke. Alles, was ein Ort der Geborgenheit so braucht. Kurt Erhart ist katholischer Pfarrer im Ruhestand, es wird ein Gespräch über

Gott, Jesus von Nazareth und den Glauben. Jedes Wort, das Kurt Erhart sagt, ist wohl überlegt, der Geist in Bestform. Seine Augen strahlen, als ich ihm von meinem Jakobusweg erzähle. Mühelos steht Kurt Erhart auf, holt zwei Fotos. Eines vom Jakobusstein in Wolfach und eines vom Jakobus in Schutterwald. Er weiß, wovon ich rede. Er war Vikar in Wolfach, fuhr alle vierzehn Tage mit dem Motorrad in das protestantische Kirnbach, um eine Handvoll katholische Schulkinder zu unterrichten. Er predigte vor der Wolfacher Jakobus-Wallfahrtskirche unter freiem Himmel.

Sein Telefon klingelt, auch mit einhundertundzwei Jahren ist er ein gefragter Mann.

Gestern hat er eine Kuckucksuhr geschenkt bekommen. „Des isch mei letdschder irdischer Wunsch" habe er im Spaß mal erwähnt, sagt er mit einem Lächeln. Jetzt hängt sie an der Wand. Zum achtundziebzigsten Jubiläum seiner Priesterweihe. Er ließ es sich dann auch nicht nehmen, eine halbe Stunde Predigt zu halten.

Was er einem Menschen sagt, der früh seine Mutter verloren hat und an Gott zweifelt, will ich von ihm wissen. „Der Mensch muss sich die Frage stellen, bin ich Christ oder bin ich kein Christ?" Kurt Erhart antwortet wohl überlegt und voller Überzeugung. „Bin ich getauft, ohne gefragt zu sein? Als Entscheidung der Eltern. Religiosität empfängt man mit der Muttermilch. Wenn da nicht der Grund gelegt wurde, dann fehlt etwas Wesentliches. Mit der Kommunion das bewusste Stärken. Was bedeutet Jesus von Nazareth? Jesus von Nazareth ist der Menschensohn, Prophet Gottes. Ist Gott und Mensch zugleich. Das ist die Grundlage, dass ich Christ bin. Eine Wallfahrt kann mir helfen. Wallfahrt ist ein Erlebnis". Begeisterung funkelt in seinen Augen. „Evangelium ist keine Buchreligion. Christentum ist die Verkündigung des Evangeliums, der Frohbotschaft, dass dieser Jesus von Nazareth die

Liebe Gottes selber ist und uns schenkt. Darin liegt alles."

Wieder steht Kurt Erhart auf, holt ein Buch, er ist in seinem Element. Er setzt sich, blättert in dem Buch „Mit der Kirche fühlen" von Medard Kehl. Er schmunzelt, sucht eine bestimmte Stelle. „Es ist so köstlich geschrieben". Er blättert, als blättere ein Zwanzigjähriger in einem Buch. Hellwach.

Kurt Erhart spricht auch die jüngsten Skandale, die Sittlichkeitsverbrechen an. Er ist informiert, trotz seines hohen stolzen Alters. „Man muss gescheit damit umgehen, nicht wie früher".

Und er zitiert Adenauer in einem Gespräch mit dem Kölner Kardinal Frings. „Ich verstehe den lieben Gott nicht mehr. Ich verstehe nicht, dass der liebe Gott der Weisheit Grenzen gesetzt hat, der Dummheit nicht". Humor zeichnet Kurt Erhart aus. Ich vermute, Glauben und Humor ist sein Altersrezept.

Hinter dem Aenne-Burda-Stift, dem Vinzentiushaus, der Vinzentius-Garten. Eine Oase der Ruhe, ein Gegenpol zur Geräuschkulisse der Stadt. Ein Lapidarium. Steinfiguren umsäumen den friedlichen Garten. Begrenzt wird der Garten durch die mächtige Stadtmauer. Unterhalb der Stadtmauer der Park, durch welchen ich die Stadt betreten habe. Und da war es auch wieder, das Licht, das sich in den Blättern der ehrwürdigen Platanen bricht.

68er Revolution

„Hallo Werner" sage ich mit einem Schmunzeln, als ich das charmant unkonventionelle „Café Grün" neben der Dreifaltigkeitskirche betrete. Denn eigentlich heißt Jess Haberer Werner Haberer. Als Bub hat es ihm Jess Haber, der Held aus der Westernserie „Am blauen Fluss" angetan. Von da an hieß er nur noch Jess. Als Schüler, als 68er Rebell, als Rockmusiker, als Leibwächter des

Ministerpräsidenten Lothar Späth, als Lehrer, als Gemeinderat, als Chef der Stadtkapelle, als Träger des italienischen Verdienstordens, als Rektor, welcher dem Bundesinnenminister das vorbildliche Schulkonzept zur Integration ausländischer Schüler vorstellte. Jess, der Tausendsassa. Und natürlich als Boss der Pfadfinder. Daher kenne ich ihn. Und er hat es geschafft, dass das Institut für deutsche Sprache ihm offiziell im Personalausweis aus Werner einen Jess gemacht hat. Wer das schon einmal versucht hat, der weiß, dass das nicht geht. Eigentlich. Das ist so, als würde ich Heidi Klum einen Heiratsantrag machen und sie sagt ja. Er ist ein Offenburger Original, sein Elternhaus steht auf der Stadtmauer. Ich will etwas über sein Offenburg wissen. Sein Offenburg beginnt mit Revolution. Nicht die Badische und nicht die des Druckes. Die der Jugend. Abitur 1968. Wie soll es da auch anders sein. Die neue Beat-Musik war angesagt. Alles, was einen Ton ergab, wurde aus dem Keller geschleift. Waschbretter, Zuber, Besenstiele. In jedem zweiten Keller wurde Musik gemacht. „Lange Hoor bis zum Arsch un de Vadder Bolizischd". Dort wo heute das Kino steht, stand gegenüber die Zieboldsche Getreidemühle. Hausbesetzung nach Offenburger Art. Die Jugend wollte ihren eigenen Raum. Die Jugend hat gesiegt. Heute hat Offenburg Vorbildcharakter mit dezentralen Jugendzentren, in jedem Stadtteil eines.

Nicht gesiegt hat bei Jess Haberer die Musik, trotz Vorprogramm bei Genesis. Zunächst. Als die Freundin sagte „die Musik oder ich", wurde aus dem rebellischen Rockmusiker ein Lehrer und braver Familienvater, das Enkelkind auf dem Schoß. Ende des Traums? Nicht bei Jess Haberer. Im Schulunterricht Musik als verbindendes Element zwischen der Jugend und Nationen. Mit fünfundsechzig, im Ruhestand, sein Debütalbum „Create Your Life", gestalte dein Leben. Darüber habe ich auf dem bisherigen Jakobusweg auch schon viel nachgedacht. Erst wenn man seine

Träume aufgibt, hat man verloren. Jess Haberer ist das krasse Gegenteil. Und die Freundin ist noch immer seine Frau. „When A Blind Man Cries", ein Coversong von Deep Purple, ist seinem Schwiegervater gewidmet, der blind aus dem Krieg zurückkam. Jess Haberer ist angekommen. Das spürt man. Ich noch nicht.

Heimat

Am Nebentisch sitzt Stefan Strumbel, der „Kuckucksuhrverschandler", wie viele ihn nennen. Andere nennen ihn Shooting-Star am internationalen Künstlerhimmel. Jess Haberer nennt ihn Stefan und winkt ihn zu uns an den Tisch. Strumbel war ein Schüler von Jess. „Ein ganz schwieriger". Schwarzer Hut, Jeans, T-Shirt und schwarzes Sakko. Die Ärmel hochgekrempelt, ein Tattoo strahlt mir entgegen. Schrill ist seine Kunst. Da kann ein Schwarzwälder Bollenhutmädel schon einmal ein Maschinengewehr tragen und Handgranaten eine Kuckucksuhr zieren. In Neonfarben versteht sich. Er provoziert. Wie damals in der Schule. „Nix hat er ausgelassen von dem, was man nicht macht" meint Jess mit einem Grinsen im Gesicht. Strumbel grinst zurück. Selbst das Schulhaus hat er mit seinen illegalen Graffitis nicht verschont. „Den grauen Alltag bunter machen. Ein Hauch von urbanem Leben nach Offenburg bringen". Und aus Offenburg hinaus. Züge waren seine liebsten Objekte. „Kunst aus Offenburg fährt bis nach Berlin und ermöglicht auch Hartz IV und Obdachlosen gratis Zugang zur Kunst und das Auseinandersetzen mit Kunst". Am Zug muss es schnell gehen. Da zeigt sich der wahre Künstler. Es muss schnell gehen. Das erinnert mich an Holger Müller, den begnadeten Glasbläser. Ohne teures Atelier von Papas Gnaden, vorgeheizt, den Kaffee frisch gebrüht. Am Zug heißt ganz für die Kunst, ohne Gage, ein sehr gefährlicher Job. Mit einem Bein im Grab, mit dem anderen im Knast.

Auf der Anklagebank dann auch die Einsicht bei Stefan Strumbel: „was mache ich hier eigentlich?“ Er wurde anständig. So gut es eben ging. Setzte sich mit der Region und ihrer, seiner, Identifikation auseinander. Und seiner Heimat. „Heimat steht für Provinz. Du musst Traditionen brechen, um Neues zu schaffen“. Er will die Menschen wachrütteln. Farben und Symbole so laut machen, dass die Menschen sie wieder entdecken. Neu entdecken. Strumbel hat den Begriff Heimat wieder ins Gedächtnis gerufen, hat ihn sensibilisiert. „Egal welche Bildung Du hast, Heimat gibt Dir Geborgenheit. In New York gibt es das Wort „Heimat“ nicht, die Menschen beneiden uns, bedankten sich bei mir.“ „What the fuck is heimat“ war die künstlerische Antwort von Strumbel. Das prangt auch in großen Lettern an der bunten Kuckucksuhr, die nun beim Modezaren Karl Lagerfeld an der Wand hängt.

Strumbel auf Kuckucksuhren zu reduzieren wäre falsch. „Heimat bedeutet Geburt“. Und Mutterliebe. „Mutterliebe und die Geborgenheit im Mutterbauch suchst du dein ganzes Leben lang wieder.“ So findet sich auch das Motiv der Madonna als Inbegriff der Mutterliebe in seinen Kunstwerken wieder. Selbst die Kirche hat ihn entdeckt. Im nahe gelegenen Goldscheuer strahlt Altarkunst, auch in Neon versteht sich. Und eine Madonna in Tracht made by Strumbel. Der Kirche drohte die Schließung. Strumbel hat sie wieder erweckt, hat Menschen ihren Platz der Geborgenheit erhalten. „Heimat bedeutet Erinnerungen. An die Taufe, an die Trauung.“ Geld wollte er für die Madonna nicht haben.

Stefan Strumbel steht auf und geht. Zu Hause warten Frau und Kind auf den Mann mit den tätowierten Armen und den Augen, die von Liebe zeugen, wenn er über Heimat redet.

Erfunden hat die bunte Kuckucksuhr übrigens mein großer

Bruder Helmut, als er in den Siebzigern leicht bis mittelschwer angetrunken von einer Party nach Hause kam und unsere schöne Kuckucksuhr aus dunklem Massivholz mit fröhlicher rosa und hellblauer Farbe anmalte. Nicht Neon, aber wetterfest und permanent versteht sich. Das Ende der heilen Welt. Der arme Helmut hat ziemlichen Ärger mit unserem Vater bekommen, der Strumbel bekommt viel Geld dafür. Dass Strumbel 1979, nur wenige Tage später das Licht der Welt erblickte, nachdem meine Mutter ihre Augen für immer schloss, lege ich unter Zufall ab. „What the fuck is heimat". Aber wie war das mit dem Mutterbauch?

Auf dem Spielplatz gegenüber des Cafés klettern Kinder auf die Bäume vor der Dreifaltigkeitskirche, die Mütter schauen ihnen besorgt zu.

Ich bin ja auch ein Künstler. Vor ungefähr zehn Jahren habe ich mir eine Leinwand gekauft, einsfünfzig auf drei Meter. Und Farbe in allen Orangetönen. Dazu Zinnoberrot. Und Pinsel in allen Größen. „Lebensfreude" ist der Titel. Angefangen zu malen habe ich noch nicht. Die Farbe ist vermutlich eingetrocknet.

Stolpersteine

Doppeltürme mit einer zurückspringenden Rosette bestimmen das Bild der Dreifaltigkeitskirche im Stil einer romanischen Basilika auf kreuzförmigen Grundriss. Sie ist die jüngste, erst etwas über hundert Jahre alte katholische Kirche der Stadt. Wenn man von den Betongebilden der Nachkriegsjahre absieht. Als es in den Stadtmauern zu eng wurde, musste man über dem Eisenbahngraben bauen. Die Eisenbahn, die Garnison und die Industrialisierung brachten immer mehr Menschen in die Stadt. Zuerst wurde die Mädchenschule, die Turnhalle und die Bubenschule gebaut, dann die Kirche. Auf ehemaligem Friedhofgelände. Etwas weiter das Galgenfeld, da hingen früher die Bösewichte zur Abschreckung. Oder die Denunzierten. Dahinter brannten die Hexen.

Nicht lange hingen die Glocken in den Doppeltürmen der Kirche. Im Zweiten Weltkrieg wurden sie für Rüstungszwecke abtransportiert. 1949 ersetzt. Aufstrebende und horizontale Linien schaffen Harmonie an der Außenfassade. Der helle Ton der Putzfelder wird von kräftigen Lisensen aus rotem Sandstein gerahmt und gegliedert. Geldknappheit sorgte dafür, dass nur der Chor und die Seitenschiffe eingewölbt wurden. Langhaus und Querhaus erhielten flache Holzdecken. „Wie man in der Welt zum Monarchen aufblickte, so und noch weit demütiger sollte der Gläubige die Kirche betreten und ehrfürchtig zu Gott beten". Ideale der letzten Jahrhundertwende. Ruhe und Strenge waren die künstlerische Vorgabe. Maler Fidel Henselmann wirkte an der Ausmalung der Mittelschiffdecke mit. Bei der Innenraumrenovierung vor rund zwanzig Jahren wurde dann „ein erträglicher Kompromiss zwischen konservativer Kunstauffassung und nachkonziliarer Liturgie angestrebt."

Bei der Dreifaltigkeitskirche beginnt die Oststadt. Im Aufschwung der Gründerzeit aus dem Boden gesprossen, strahlen die Fassaden und deren Verzierungen um die Wette, wollen zur Schönheitskönigin gewählt werden. Ich schlendere durch die Straßen, schaue an den Häusern empor. Sie zeugen vom Wohlstand der Erbauer und deren Sinn für die schönen Künste.

Dieter Schäfer, Offenburger Künstler und Schüler von Otto Laible, hat in seinen Holzstichen die Oststadt auf filigrane, unverwechselbare Weise dokumentiert. Sein Schüler war ich, er hat mir die schönen Künste gelehrt. Der runde Schillerplatz eines seiner Lieblingsmotive. Am Schillerplatz steht ein Gymnasium und ein Café. Für die schwänzenden Schüler hat Inhaber Thomas Braun

Schillers Zitate an die Wände seines Cafés geschrieben. Nicht das Hornberger Schießen. Die Glocke. Als Ersatz für den ausgefallenen Unterricht.

Ich entdecke immer wieder neue, beeindruckende Details an den Bauten. Der Blick auf den Gehweg verrät hingegen nichts Gutes. Stolpersteine. Jeder Stein trägt den Namen eines grausamen jüdischen Schicksals.

Freiheit

„Aus Krieg und Tod wird Freiheit". Zwanzig Meter hoch und aus Aluminium ist die Skulptur des amerikanischen Künstlers Jonathan Borofsky „Freiheit Männlich/Weiblich" auf dem Platz der Verfassungsfreunde. Die Umrisse einer Frau und eines Mannes verschmelzen zu einer Silhouette. Eine Hommage an die 1848er Revolutionäre und die wichtige Versammlung in Offenburg. Ein Geschenk von Aenne Burda an die Stadt. Wo vor einigen Jahrzehnten noch Infanteristen und später französische Truppen den Krieg übten, und wo Zwangsarbeiter einen heimtückischen Tod fanden, herrscht heute Frieden. Ein gelungenes Stück moderner Städteplanung. Aus Kasernen wurde Wohnraum, umgeben von Grün. Ein Platz der Begegnung. Mitten in der Stadt.

Zurück innerhalb der Stadtmauer, erinnert der „Salmen" an Freiheit. Und an Tod. 1847 Versammlungsort der badischen Revolutionäre, ab 1875 jüdische Synagoge, 1938 Reichskristallnacht.

Heute auch ein Ort der Begegnung. Im jüdischen Gedenkraum oder in der Ausstellung zur badischen Revolution. Oder in der Weinstube mit Restaurant.

Ein Restaurant eröffnete auch Kunstmaler Henselmann. Auf dem Offenburger Hausberg, der Lindenhöhe. Viel Spott musste er ertragen, weil er diesen heiligen Berg bebauen wollte. Denn Henselmann machte, wie man heute sagen würde, auch in Immobilien. Er durfte nur bauen, wenn auch die Offenburger weiterhin auf den Berg kommen durften. Bürokratie. So wurde es ein Restaurant. „Jetz isch´s halt aso". Seine humoristische Antwort schrieb er an die Fassade. Jahrzehnte später zog ein Graf ein und verzauberte mit seinen Kochkünsten. Nikolaus Graf. Heute steht die Lindenhöhe leer, die Legende sagt, dass an gut gehenden Dingen immer zu viele mitverdienen wollen. Des isch halt aso.

Zurück auf den Jakobusweg

Die Spur von Kirchenmaler Henselmann führt nach New York, sein Enkel wurde dort angesagter Künstler, so wie der Strumbel. Die Spur vom kochenden Graf führt entlang der Kinzig, bis Griesheim in den „Adler". Dieser war Gerichtsstätte der Flößer, heute zaubert der Nikolaus dort. Mich zieht es zum Abendessen zurück in die „Sonne" und danach über die Dächer der Stadt. Im Obergeschoss des modernen H&M-Gebäudes befindet sich das „Schöllmanns". Willi Schöllmann war auch ein Schüler von Jess Haberer. Auch kein einfacher. An den kalten nackten Betonwänden der Bar hängt eine Kuckucksuhr. Eine vom Strumbel. Von der Dachterrasse der Blick über die Stadt bis weit in die Berge, in der Ferne die Hornisgrinde. Und auf den Kirchturm. Am Kirchturm ein Rundgang. „Das wäre ein schöner Platz für ein Bistro, das würde der Kirche Zulauf bringen" denke ich mit einem Schmunzeln. Das Rathaus mit seinem Glockentürmchen ist zum Greifen nahe. Auch der sagenumwobene Offo steht da oben. Die große, runde, hell leuchtende Rathausuhr erinnert mich an den Film „Zurück in die Zukunft". Es fehlt nur noch der verrückte Professor, der an dem Uhrzeiger hängt. In der Bar finden sich auch die Schönen und Reichen der Stadt ein.

Das melodiöse Glockenspiel des Rathauses weckt mich. Als ich aus dem Fenster blicke, schaue ich auf die St. Ursula Säule. Grazil und andächtig steht sie da, die Schutzpatronin der Stadt, auf ihrem zwölf Meter hohen Granitsockel. Auf der festen Stadtmauer soll sie einst erschienen sein, um feindliche Truppen abzuwehren. Franz Burda, der „Senator“ wie die Offenburger ihn liebevoll nennen, machte das Denkmal möglich. Heiße Gemeinderatsdiskussionen am Stammtisch der „Sonne“ über den Standort der Säule sollen dem vorausgegangen sein, wie mir Horst, der heutige Wirt, erzählt hat. Die ersten Sonnenstrahlen des Morgenlichtes erwärmen golden Ursulas Kopf. Ursula hieß auch meine Mutter. Schnell wieder an etwas Anderes denken. Es ist Zeit für mich, wieder auf den Weg zu gehen. Zurück auf den Jakobusweg. Weiterlaufen. Davonlaufen?

Digitale Revolution

Rathaus, Hotel „Sonne“ und der rosafarbene Königshof bilden ein attraktives Ensemble am Eingang zur Stadt, welcher mein Ausgang wird. Der Königshof hatte den gleichen Planer wie Schloss Favorite in Rastatt. Das spürt man. Das schmucke Portal kam jedoch erst später hinzu. Heute residiert im Königshof die Polizei. Charmant, im Erker eines schmucken historischen Gebäudes eine Heiligenfigur. Im Haus ein Nachtclub. Hat das Rotlicht eigentlich auch einen Schutzheiligen? Am Ausgang der Altstadt sehe ich nun auch die alte Zieboldmühle vor meinem geistigen Auge. Und wie die 68er Revolutionäre mit ihren „Haaren bis zum Arsch“ in den Fenstern hängen, sich gegen die Stadt auflehnen.

Der Weg führt mich wieder am Eingang zum Zwingerpark und an der Bronzeskulptur vorbei, die den griechischen Weingott Dionysos darstellt. Dionysos war kein geringerer als der Sohn des Zeus. Genussvoll riecht er an Trauben, ein Junge streckt sich ihm entgegen. 1984 wurde das Werk von dem italienischen Bildhauer Sandro Chia geschaffen, von Franz Burda gestiftet. Ich weiß noch nicht, dass sie für mich in einem Jahr eine wichtige Rolle spielen wird. Hartnäckigkeit zahlt sich eben aus.

Es ist das Jahr 2014, eine große schwarze Limousine, deutsches Fabrikat, hält vor der Skulptur. Die Menschen, die sich davor versammelt haben, warten schon. Die Skulptur hat bald dreißigsten Geburtstag. Die hintere, rechte, schwere Fahrzeugtür öffnet sich, Dr. Hubert Burda, der Verleger mit dem Media Tower, steigt aus, winkt. Die Menge freut sich, die Burda Blaskapelle spielt auf. Die linke, hintere, schwere Fahrzeugtür öffnet sich, die Menge wundert sich. Der Langenbacher steigt aus. Wie kommt der denn da rein? Oder besser gesagt, wer ist das denn überhaupt? Langenbacher winkt sicherheitshalber mal nicht, aber er strahlt. Über beide Backen.

Ja, wie kommt der denn da rein? Wie gesagt, Hartnäckigkeit zahlt sich aus. Habe ich mal gelernt. „Wenn Du was erreichen willst, musst Du hartnäckig bleiben, musst auch schon mal nerven". Die arme hübsche Frau Sojka zum Beispiel. Die Sekretärin vom Herrn Burda. Denn ich wollte zu diesem Buch auch mit Herrn Burda persönlich reden. Über das Leben, über die Heimat. Er ist ja ein Offenburger Bub, „dritter Sohn vom Senator Franz". „De Vadder" wie Hubert Burda ihn nennt. Das Studium führte ihn weg von Offenburg. Aus der Heimat nach München, dann in die Welt. Und zur Philosophie. Im Münchner Hirschgarten wandelnd. Wandelnd wie Aristoteles. Herr Burda ist deshalb auch Kunsthistoriker, ein Kreativer. Visionärer Wegbegleiter der digitalen Revolution. Internet, Web 2.0, Facebook, Massenmedien, die Macht der Bilder. Aus der BUNTE, dem „Blättle", wurde ein Lifestyle-Magazin. Aus Nachrichtenmagazinen Focus. Im Vorfeld totgesagt, der Bub aus der Provinz. Er hat es allen gezeigt.

Und jetzt sitze ich neben ihm im Auto. Die Augen strahlen Wissen aus, die markante Brille unterstreicht das. Vierundsiebzig ist er, beweisen muss er nichts mehr. Und er lächelt, der Offenburger Spitzbub schimmert dabei immer wieder durch. Er sieht seinem Großvater sehr ähnlich, der unscheinbar in der Fußgängerzone steht. Als Bronzefigur den Andres, die Offenburger Fasnetfigur, darstellend. Aus Böhmen kam der Großvater nach Offenburg, der elitäre Tennisclub lehnte die Aufnahme ab. Der Senator baute später seinen eigenen Platz, den Sportclub gleich mit.

Der Offenburger Bub strahlte auch in Hubert Burdas Gesicht, als er vorhin im Ortsteil Fessenbach die Vernissage des 1988 verstorbenen Heimatmalers Sepp Linder eröffnete, seinem Mentor. Denn Hubert Burda lernte in frühen Jahren auch das Malen. Das Auge für die Kunst, für die Bilder.

Klar, auf badisch hat er die Vernissage eröffnet. Die Anwesenden geduzt, man kennt sich im beschaulichen Ort. Auch mein zweiter Kunstlehrer und Wegbereiter, der Joachim von Heimburg, war darunter. Mit Künstlermütze versteht sich, so wie damals schon in der Schule. Oder draußen in der Natur, als er mir das Auge für Bilder lernte. „Gschichtle" von früher erzählte Burda, wie er als junger Bursch „do hinde durch die Weinberg vom Vadder gange isch". Mit Krawatte versteht sich. Er war ja nun Verlegersohn und nicht Winzer. Nichts anmerken lassen. „Wieviel Öchsle hänn ihr?" rief er also fachmännisch zu den Weinbauern hinüber. „Achteneunzig" die Antwort. „Des isch abber gued, mir hänn nur dreiesiebzig". „Ihr hänn au nu liedrige Lage" die Antwort. Will sagen, der Senator hatte nur noch Nebenlagen erwerben können. Die Vernissagegäste lachen, applaudieren. So lieben sie ihren Hubert.

Ja, und jetzt sitzt der Herr Burda neben mir im Auto. In seinem Auto. Meines ist etwas kleiner. Vor der Vernissage war keine Zeit für ein Gespräch. Frau Sojka meinte dann: „fünf nach Fünf können Sie mir Herrn Dr. Burda runter nach Offenburg fahren, mit ihm reden. Im Auto. Ich nicke. Und schlucke. Mein vorbereitetes Interviewkonzept fliegt dahin. Bis Offenburg sind es nur fünf Minuten, wenn ich Glück habe fünfeinhalb. Hoffentlich fährt der Fahrer etwas langsamer.

„Heimat trägst Du im Herzen. Hinaus in die Welt. Sie ortet dich. Der Dialekt ist dazu ein Fundament. Compostela ist in dir selber. Die Kindheit schafft eine Geografie. Die Erinnerungen, die Fachwerkhäuser, die Apfelbäume, die Weinberge. Die Bilder". Während er das sagt, ziehen Weinberge und Fachwerkhäuser an uns vorbei. Die Sonne strahlt sie an, bestrahlt die Geborgenheit. Hubert Burda schwärmt vom Philosophen Martin Heidegger. Wie dieser nicht aus der großen weiten Welt heraus, sondern aus seiner bescheidenen Holzhütte in Todtnauberg philosophierte. Hubert Burda spricht von der „Lichtung", von der „Kehre". Die „Kehre als Symbol, das Leben zu ändern". Heidegger-Kenner Peter Trwny hat Heidegger mal so erklärt: „Es ist wichtig zu berücksichtigen, dass das Dasein oder der Mensch nicht isoliert für sich lebt, sondern dass er offen ist, offen für die Welt – und dass die Welt diese Offenheit ist, die er auch für seine Existenz braucht". Das habe ich später, wieder draußen aus dem Auto, noch gegoogelt. Kein Problem, dank Smartphone und der digitalen Revolution.

„Heimat zu entdecken ist auch ein geistiger Prozess", sagt Hubert Burda weiter. Kindheitsblicke erkennen, Verknüpfungen, Metaphern. Ich erzähle ihm von meiner Erfahrung auf dem Jakobusweg, wie der Duft von Tannennadeln in mir Kindheitsbilder weckte und frage ihn: „Kann das Web 3.0 auch Gerüche übermitteln?“ Ich dachte, er sagt ja, aber: „das Web ist eine immaterielle Revolution. Daher auch der Wunsch der Begegnung“. Mit der Tochter in New York kommuniziert er mittels Skype. Wenn sie Zahnweh hat, zeigt sie ihm den schmerzenden Zahn. Burda spricht von High Tech und High Touch. „Als Verleger muss man Tendenzen spüren“. Tendenzen nach „Selber schaffen, im Garten zum Beispiel“. Sehnsüchte. „Heimat sind auch Menschen, die gleiche Erlebnisse haben“.

Die Limousine fährt durch die Grabenalle, biegt ab in den Stadtbuckel, hält vor der Dionysos-Skulptur. Hubert Burda steigt aus, geht zu den Menschen und frägt die Menge und die Kapelle: „Henn er ebbs zum Trinke?“

Wenig später sitzt er schon wieder in seinem Hubschrauber nach München. Ich hätte ihn zu gerne noch gefragt, ob Web 4.0 auch Gedanken übertragen kann. Und ob der Mensch, der ja als Jäger und Sammler geboren ist, in seinem Gehirn die unglaubliche Datenmenge noch verarbeiten kann oder ob er verdammt ist, müde zu werden. Ob die schnelle Neuzeit nur noch Verweigerer und Kümmerer haben wird. Ob es eine neue Zweiklassengesellschaft geben wird?

Als ob mich der Jakobusweg wieder ermahnen wolle, lese ich noch das Stifterschild an der Skulptur und zucke zusammen. Der Senator übergab am 30. September das Werk an die Weinstadt Offenburg. Zwei Jahre später sollte der 30. September sein Todestag sein.

Über die Stadtbrücke hinweg, vorbei am Messegelände und Mercure Hotel mit Panoramahallenbad im obersten Geschoss, geht es in den Stadtteil Albersbösch. Dort treffe ich nochmal auf die Spuren der Glasbläser. Die Siegwarts. Aus einer der wichtigsten Glasbläserdynastien des Schwarzwaldes sind heute Bäcker geworden. Am Sportplatz stoße ich wieder auf den Jakobusweg, welcher vom Gifiz-See kommend, hier durch die Fußgängerunterführung, die Bahngleise unterquert hat.

Ab jetzt beginnt eine ganz andere Welt auf dem Kinzigtäler Jakobusweg. Laubwald, Ebene und am Ende der Rhein.

Ich gehe neben der Straße entlang, die Offenburg mit Schutterwald verbindet und sehne mich nach der Stille des Waldes. Die Häuser werden weniger, linker Hand ein klares Zeichen der Globalisierung. Ein chinesisches Schnellrestaurant. All you can eat für wenig Geld. Armer Herr Müller in der Marktscheune. Der Chinese kontert.

Mein Licht, meine Stille

Ich überquere die Straße nach den letzten Häusern, mein Blick fällt auf Schrebergärtchen. Oasen des Glückes und der Geborgenheit zwischen Autobahn und Trabantenstadtteil, welcher nach der Perestroika hier entstand, um den Menschen eine neue alte Heimat zu geben.

Friedvoll spiegeln sich die Wolken in dem See, dem Burgerwaldsee, der wenige Schritte später zu meinen Füßen liegt. Als ob sie eine Geschichte erzählen, ziehen die Wolken federleicht über das Blau des Himmels und des Wassers. Im Hintergrund vereinzelte Hochhäuser, die einen Hauch Großstadt suggerieren wollen. Es riecht auch nach See, dieser ganz bestimmte Geruch von Wasser. Ein altes, verwunschenes, hölzernes Boot liegt am Uferrand und wartet auf die große Überfahrt. Ein Angler streckt geduldig seine Angel in das Wasser. Sonnenstrahlen glitzern silbern auf dem Wasser, wie kleine Sternchen, die auf den Wellen schwimmen. Laubbäume bestimmen das Bild. Die Zeit der

Schwarzwaldtannen ist endgültig vorbei. Eine neue Landschaft beginnt. Das Licht ist geblieben. Es glitzert beständig durch die Blätter der Baumkronen, so wie es das schon seit tausenden von Jahren macht. Die Palette der daraus entstehenden Grüntöne scheint unendlich.

Unendlich ist auch das monotone Geräusch der Motoren, der Pfad läuft nun parallel zu der Autobahn A5, die Ende der Fünfziger Jahre den Südwesten und Offenburg eroberte.

Gott sei Dank, eine Unterführung führt mich auf die andere Seite der Autobahn und wieder tief in den Wald. Laubwald, die ersten Blätter verfärben sich schon. Mein Licht, meine Stille. An einer Weggabelung das bekannte Kreuz nach Cruz de Ferro Art. Dieses Kreuz sehe ich als Hommage der Kinzigtäler Jakobusfreunde an die Stille auf der Anhöhe über St. Roman.

„Kurt Klein ist der geistige Vater des Kinzigtäler Jakobusweges. Und auch das Schutterwälder Urgestein Gerhard Junker darf nicht vergessen werden". Franz Grathwohl ist das, der mir das erzählt. Bescheiden verschweigt er, dass er der Dritte im Bunde war. „In geselliger Runde kam Kurt Klein auf die Idee. In Loßburg stöberte er in alten Testamenten von Pilgern, die belegen, dass durch das Kinzigtal ein Pilgerweg gen Compostela führte. Kehl dann als Übergang über den Rhein". Kurt Klein konnte Gerhard Junker und Franz Grathwohl begeistern. Der Weg wurde erforscht, bestehende Strukturen genutzt. Die Schilder mit der orangenen Muschel gedruckt und aufgehängt. Dazu eben diese Kreuze. Franz Grathwohl war schon öfters in Spanien, auf dem Weg. „Als meine Mutter schon mit neunundsechzig Jahren starb, stand für mich fest, dass ich mich auf den Weg machen werde. 1990 war das. Am Tag nach der Kommunion der Enkelin ging es nochmal in die Kirche und dann los. Und dann packt dich der Virus". Immer wieder Spanien. Mit dem Fahrrad, wie er gesteht.

Franz Grathwohl schwelgt in Erinnerungen, bekommt leuchtende Augen. „Ich glaube, das ist es auch, was den Jakobusweg ausmacht", sage ich. Die Erinnerungen. „Aber die jungen Menschen lassen sich nicht mehr begeistern", ergänzt der Franz. „Die Kinzigtäler Jakobusfreunde werden weniger. Mein größter Wunsch wäre, dass meine Kinder sich auch einmal auf den Weg begeben, es erleben". Der Sohn hat aber keine Zeit. Aus dem Nichts mit Freunden ein Unternehmen aufgebaut, das nicht nur in Offenburg Akzente setzt. Und Eisenbahnarchitektur erhält.

Der Kinzigtäler Jakobusweg von Loßburg nach Schutterwald endet in rund einem Kilometer. Ich will aber noch weiter. Ich muss weiter. Am Kreuz gehe ich links. Kein Berg, kein Hügel, keine Erhebung mehr. Der Weg ist einfach nur noch eben. Daran wird sich bis zur geschwungenen Mimrambrücke, die in Kehl über den Rhein führt, auch nichts mehr ändern. Aber die ist noch weit. Maisfelder säumen meinen Weg, als ich mich Schutterwald nähere. In der Ferne der Kirchturm mit dem schmucken Türmchen auf dem Turm, auf der Weide stehen Pferde. Eine andere Art von heile Welt. In Schutterwald gibt es deutlich mehr Pferde als Übernachtungsmöglichkeiten. Kein Hotel, kein Gasthof mit Zimmern, keine ausgewiesenen Privatzimmer. Nur ein Anruf bei den Jakobusfreunden könnte helfen. Hinter der Pferdeweide, als kleiner Abstecher, der Schutterwälder Badesee. Mit Pommes und allem, was dazu gehört. Ich widerstehe, der Weg ist noch weit.

Schutterwald

Ich treffe auf den Bahnhof. Bahnhof? Weit und breit keine Gleise! Bis in die 1950er Jahre dampfte und zischte hier der „Entenköpfer". Eine kleine Eisenbahn, die Schutterwald und auch die weiteren folgenden Dörfer mit der Außenwelt verband und der fortschreitenden Industrialisierung in Offenburg Arbeiter lieferte. Ohne Autobahnbrücke, die Autobahn gab es ja noch nicht. Dafür Enten auf den Gleisen, manche schafften den Sprung auf die Seite vermutlich nicht rechtzeitig.

Im Ortskern, gleich nach der einzigen Ampel im Ort, ein würdiges Haus im klassizistischen Baustil, über der Türe steht ST. JAKOB geschrieben. Vor der Türe steht der heilige Jakobus, mehr als mannshoch, kunstvoll aus Stein gemeißelt. Pilger, die von Loßburg nach Schutterwald wandern, sind nun am Ziel. Groß, mit Pilgerstab und einer Muschel auf dem Herz, steht er da. Ich umarme ihn. Das Haus ist ein Altenheim.

Schutterwald hat seit dem neunzehnten Jahrhundert ein eigenes Jakobuslied, seit 1478 wird in Schutterwald der Heilige St. Jakobus bereits verehrt. Wen wundert es da, dass die Kirche Jakobuskirche heißt. Das barocke Portal der Kirche und der mächtige Kirchturm erzeugen Ehrfurcht. Im Innern französischer Einfluss und schlichte Schönheit, die den kommenden Klassizismus ankündigte. 1787 fertiggestellt für damals achthundert Einwohner. Ich wundere mich einmal mehr über die Größe der Kirche in Relation zur Ortsgröße. 1351 stand hier bereits das erste Gotteshaus. Die als Relief gefertigte Jakobuspilgergruppe hingegen ist gerademal zwei Jahre alt.

Handball

Landwirtschaft und Ackerbau prägten den Ort. Und Handball. 1998 zwang der kleine TUS Schutterwald im „Final Four" des DHB-Pokal die Großen vom THW Kiel in die Knie. Zumindest fast. Bis zur ersten Halbzeit. Dann hat Goliath doch gegen David gewonnen. Sieger des Herzens. Live im TV. Mit dabei ein Schutterwälder Eigengewächs. Martin Heuberger. Hundertvierundsechzig Bundesligaspiele für Schutterwald. Und nur für Schutterwald. Dann wurde er Handball-Bundestrainer. Seinem Opa gehörte die Ziegelfabrik in Schutterwald, mit acht Jahren kam Martin Heuberger zum Handball, zum TUS Schutterwald. In all den Jahren als Spieler, Nationalspieler und Trainer ist er dem Verein treu geblieben, Abwerbeversuche zwecklos. Schutterwald die Heimat, Werte im Herzen. „Un außerdem hätt mer mich ausm Dorf gjagt", wie mir Martin Heuberger mit einem Schmunzeln verrät. Er, das Vorbild für die Jugend. Er hängt an seinem Schutterwald, „lebt gern aufm Dorf, au wenn manche meine s isch hinterm Mond". Für ihn ist es Rückzugstätte nach dem Trubel. Nicht die weite Welt waren seine Werte, er entschied sich für Frau und Kinder. Und der Trainerjob? Martin Heuberger fasziniert es, unterschiedliche Charaktere auf ein Ziel einzustimmen. „Auch wenn es manchmal weh tut. Wenn Du es allen recht mache möchtsch, hasch keinen Erfolg. Dann hasch verlore". Sein Traum als Jugendspieler war es immer gewesen, bei den Großen mitzuspielen. Der Traum wurde wahr.

Auf Sebastian Faißt, den Jungen aus Alpirsbach-Ehlenbogen, spreche ich ihn nicht an. Ich weiß, wie tief es Heuberger getroffen hat, war Sebastian doch wie ein Sohn für ihn. In der Jugend in Schutterwald. Und als Spieler, damals im Jugendländerspiel in der Schweiz, Heuberger der Trainer.

Es gab auch noch einen anderen Traum eines kleinen Handballjungen. Nur ein Steinwurf entfernt liegt Hofweier. Auch ein Dorf. Namen wie Arno Ehret, Simon Schobel oder Arnulf Meffle fallen mir ein. Und ein schmächtiger Teenager im Kader der C-Jugend des Tus Hofweier. Elmar Langenbacher. Die andern waren tolle Spieler, der Elmar war zu schlecht. Aber er konnte umsonst die

Spiele der Stars anschauen, das war doch schon mal was. Dafür musste er dreimal die Woche von Offenburg nach Niederschopfheim radeln, wo sich die Halle befindet. Bei Wind und Wetter. Dazu gehörte auch Schnee und Eis. Und Sturm. Für einen Traum, den der Elmar aufgeben musste. Zu schlecht für Bundesliga-Nachwuchs, wie gesagt. Man muss wissen, wenn es besser ist, sich neue Träume zu schaffen. Dafür hat Elmar gelernt, mit Niederlagen umzugehen. Für Martin Heuberger war der Sprung zum Rivalen im Nachbardorf nie ein Thema gewesen. Denn das wäre „Hochverrat" gewesen. Dann hätte man ihn ganz bestimmt aus dem Dorf gejagt. Nicht aus dem Dorf jagen wird man ihn, wenn seine Zeit als Bundestrainer endet, denn die „kann schnell vorbei sein" wie er selbstbewusst sagt. Recht sollte er behalten.

Martin Heuberger ist am 5. Juni geboren. Wie meine Mutter. Danke Jakobusweg, ich habe dich nicht vergessen. Sind das wirklich alles Zufälle, oder will mir doch da oben jemand etwas sagen? Nächstes Mal wandere ich auf einem Genießerpfad und nicht auf einem Pilgerweg.

Schutterwald hat noch ein weiteres Handball-Urgewächs. Auch ein Heuberger. Der Michael. Auch am Spielfeldrand. Markenzeichen Wuschelbart. Und Kamera. Seit ich denken kann, steht er am Spielfeldrand. Seine Fotos ausgezeichnet vom Weltverband.

Der Storchengroßvater

„Die Strommasten waren ein großes Problem. Sie waren noch nicht isoliert. Ein Bein auf dem Mast, eines auf dem Kabel, und es macht Batsch". Kurt Schley ist das, der mir das erzählt. Er meint damit eine der Ursachen, warum die Störche sich in den Sechziger Jahren dünne machten. Das andere Problem war die

Nahrungsknappheit. Als die Wiesen zuwuchsen, zugebaut oder kultiviert wurden, fehlte die Nahrung. Frösche, Mäuse, Insekten. Das war nicht nur in Schutterwald so. „Ein Storch braucht fünfundzwanzig bis dreißig Hektar Wiese um seine Familie ernähren zu können". Kurt Schley war es auch, der 1996 in der Ortenau, in Schutterwald, den ersten Storchenmast baute, ein Nest obendrauf. „Für bescheuert haben sie ihn gehalten". Drei Tage später saßen Störche im Nest. Innerer Triumph. Auf die Idee gebracht hat den Sozialarbeiter und Psychologen ein Berber, der Eddy Schwalt, welcher ihm erzählte, dass es in Spanien noch Störche gäbe. Heute gilt Kurt Schley als Storchenvater. So wie der Alois in Haslach, der die Storchentradition hoch hält. Aber der Storchenvater Kurt hat auch einen Storchenvater, einen Storchengroßvater sozusagen. Sein Lehrer Erich Meyer war es, der „raus in die Natur" schon in seinem Lehrplan hatte. In den Sechzigern. „Und uns Kinder für die Natur begeisterte". Und traurig machte, ob des Storchensterbens. Heute ist Kurt Schley Leiter der Jugendhilfe, ist für junge Menschen da, mit denen es das Leben bisher nicht so gut gemeint hat. Er begeistert sie für die Störche, gibt ihnen Aufgaben, baut Storchennester, übergibt Verantwortung, erklärt Zusammenhänge der Natur. Um rund fünfzig Nester kümmert er sich mittlerweile und bedauert die teilweise übertriebene Stor chenliebe, die sich breit macht. „Wenn auf jedem zweiten Dach ein Nest gebaut wird, reicht die Nahrung nicht."

Und da war sie auch wieder, die Klimaerwärmung. „Störche aus Norddeutschland überwintern bei uns, während unsere Störche nach Südfrankreich oder Afrika fliegen. Rund dreißig Prozent überleben das auch heute nicht." Die Umwelt, die Strommasten, Unwetter. Und Monokultur. Wenn Wiesen zu Maisfeldern werden, fehlt die Nahrung. „Dann haben wir in zehn Jahren wieder das gleiche Problem".

Mutter

Sonnenblumen strecken ihr gelbes unschuldiges Blütenkleid in den Himmel, schmucke Fachwerkhäuschen mit grünen Fensterläden und eine Madonna am Wegesrand begleiten mich bis zum Ende des Ortes. Und die Neubauten natürlich. Nach dem Sportplatz biege ich rechter Hand ab, immer am Waldrand entlang, dann wieder links. Und wieder geradeaus. Der rechte Winkel bestimmt den Weg. Die Schwarzwaldberge verabschieden sich in der Ferne, bei meinem Blick zurück. Vögel zwitschern.

Sorgte ein Bienenhaus und eine wollige Schafherde zu Beginn noch für Abwechslung, so zählen nun ausschließlich die Schritte. Das Gehen wird wieder zur Meditation. Laubbäume und Mischwald bestimmen das Bild und geben einen Vorgeschmack auf die Rheinauen. Dicht bewachsen ist der Boden des Waldes. Nichts lenkt die Gedanken mehr ab.

In einem Seminar des Motivationstrainers Jens Corssen habe ich einmal viel über den „Quatschi" gelernt, der immer in unseren Ohren und unseren Gedanken sitzt und unaufhörlich mit uns plappert. Und das Gehirn nicht zur Ruhe kommen lässt. Ob wir wollen oder nicht. Wir müssen nur lernen damit umzugehen. „Selbstentwickler" nennt er das. Steffen Kirchner nennt dazu sogar Zahlen. Der Mensch denkt im Durchschnitt sechzigtausend Gedanken am Tag. Und davon nur fünftausend neue. Das habe ich hoch oben im Burda-Tower gelernt. Was machen wir eigentlich mit den ganzen alten Gedanken? Und was singt Pippi Langstrumpf? „Ich mach mir die Welt, so wie sie mir gefällt". Jetzt ist der Quatschi ruhig. Urplötzlich. Die Füße wechseln sich automatisch ab, sich nach vorne zu bewegen, Schritte entstehen. Auch unaufhörlich. Das Rad im Kopf hingegen ist angehalten. Endlich. Endlich Stille. Meine Stille.

Ich setzte mich auf einen am Weg liegenden Baumstamm. Stille. Endlich Stille. Meine Stille. Urplötzlich. Ich spüre wieder meinen Herzschlag. Und ein Pochen im Magen. Aus der Stille wird Unruhe. Innere Unruhe. Dieses Mal bleibe ich sitzen, laufe nicht davon. Ich will spüren, was passiert. Was soll denn schon passieren?

„Sie kommt nicht mehr…". Ein Schluchzen versagte meinem Vater die Stimme. Noch nie hatte ich meinen Vater weinen sehen. Tränen liefen über sein Gesicht, er nahm uns zwei Kinder in den Arm. Mein Onkel stand hilflos daneben. Was hätte er auch tun sollen? Meine Mutter war gestorben. Mit neununddreißig Jahren. Ich war elf Jahre alt, meine Schwester zwölf. Meine beiden Brüder geradeso aus dem Haus. Wie konnte sich der liebe Gott dieses erbärmliche Bild damals nur antun?

Jetzt ist er da der Punkt, von dem alle Pilger erzählen. Irgendwann sitzt du einfach nur da und heulst. Einfach so. Aus dem Nichts. Aus der Stille. Stille, die wir verlernt haben.

Schnell an etwas anderes denken! Das menschliche Gehirn kann immer nur einen Gedanken gleichzeitig denken. Sagt Jo seph Murphy. Einen schlechten oder einen guten Gedanken. Das nennt man dann Positives Denken. Oder Davonlaufen.

Nein. Dieses Mal bleibe ich sitzen. „Verdränge die negativen Bilder nicht, sondern hole sie dir immer und immer wieder bewusst vor das geistige Auge. Dann gewöhnt sich das Gehirn mit der Zeit daran, kann damit umgehen. Wer davon läuft, leidet. Und wer leidet, der lebt nicht". Das habe ich so ungefähr bei Michael Begelspacher gehört. „Leidest du noch oder lebst du schon?", war sein Vortrag. Ein interessanter Vortrag, wie ich nun feststelle.

Über „Sieben Brücken" pfeifend, gehe ich weiter. Ich fühle mich gut.

Glückliche Hühner

Jäh sind meine Gedanken zurück. Am Waldrand entdecke ich Überreste eines Bunkers aus dem Weltkrieg. Ein Bunker für die Heimat. Dicke, zerborstene Mauern, aus denen sich verbogene, rostige Stahlträger winden. Wie ein Brautschleier gleitet dichtgewachsener Efeu von den Mauerresten nach unten. Ein Kampf der Natur gegen den Mensch. Wenngleich die Natur gegen diesen meterdicken Stahlbeton nicht gewinnen kann, so kann sie zumindest versuchen zu vertuschen, was der Mensch ihr und sich selbst angetan hat.

Vor mir liegen wieder Maisfelder. Monokultur. Am Himmel das Knattern und Surren von Motoren. Modellbauer sind mit ihren ferngesteuerten Fliegern am Werk. Kinder sehe ich. Und große, ganz große Kinder. Sie scheuchen mich freundlich aber bestimmt weiter, da ich in ihrer Landeanflugschneise stehe. Als Kind hatte ich auch einen Flieger. Aber nur mit Gummiaufziehpropeller. Ferngesteuert war zu teuer.

Ich überquere die Schutter. Links liegt Müllen, ich lasse es links liegen, auch wenn ich dadurch die St.Ulrichs Kapelle mit den schmucken Fenstern verpasse. Davon habe ich mittlerweile schon so viele gesehen.

In Müllen saß ich zu meiner Mr. Melody Zeit, zu Beginn der 1990er Jahre, neben Martin Wagner, dem Fußballstar. In einem Gasthaus. Ich der Musiker eines Familienfestes, er ein Gast. Neben ihm sein kleiner Sohn, gegenüber ein Kind im Rollstuhl. Wie Martin Wagner seinem Jungen die Situation einfühlsam erklärte, hat mich tief beeindruckt. Bis heute.

Rechts eine alte Mühle, die Rohrburger Mühle, mit großen hohen Holzschuppen, umrahmt von Tabakpflanzen, der zweiten Monokultur. Also Duokultur? Soweit das Auge reicht rekeln sich zart rosafarbene Blüten in den Himmel, Pflanze um Pflanze, bis zum Horizont. Ein faszinierendes Bild. Nur unterbrochen von den osteuropäischen Erntehelfern zwischen den Pflanzen. Bis vor einigen Jahrzehnten war Tabak noch ein wichtiger Wirtschaftszweig der Region vor den Bergen des Schwarzwaldes. Störche sehe ich keine.

Zur anderen Seite hin kann ich von Zeit zu Zeit schon die Vogesen erkennen. Ich komme meinem Ziel näher. Auf Teerstraßen.

Der Begriff „glückliche Hühner“ bekommt für mich eine neue Dimension. Auf einem riesigen Freigelände tummeln sich unzählige gackernde Hühner zwischen Apfelbaumstämmchen, an welchen saftig rote Äpfel hängen. Ich gehe an den Zaun, die Hühner kommen sofort angerannt. Der Fressinstinkt. So wie zu Hause unsere Katze, wenn sie nur erahnt, dass jemand in Richtung Küche oder Vorratsraum geht. Oder die Kuhherde in Wolfach-Ippichen. Hühner werden hier zwar auch kommerziell gezüchtet, aber sie sterben immerhin nach einem glücklichen Leben. Vielleicht stirbt das Huhn auch gar nicht, sondern nur dessen ungeborenes Leben. Eine Eiergebärmaschine. Tag für Tag. Wie dem auch sei, so sieht vermutlich moderne Bio-Freilandhaltung aus. Und ich habe eben auch gelernt, warum man Äpfel waschen soll, bevor man sie isst. Wer weiß, ob die schon mal am Boden lagen. Komisch, sobald ein Zaun um die Hühner ist, spricht man von Freilandhaltung. Bei all den Bauernhöfen, an welchen ich im Schwarzwald vorbei gewandert bin, liefen die Hühner frei herum. Der Zaun dient den freien Hühnern wohl zum Schutz.

Ich krame einen Apfel aus meinem Rucksack und reibe ihn zum Säubern an meinem Hemd. So hätte es Oma auch gemacht. „An apple a day keeps the doctor away“ kannte sie zwar nicht. Aber daran gehalten hat sie sich doch irgendwie. Ist alt geworden, meine Oma.

Strumbels Kirche

Ein Jakobusstein, gleich einem Grenzstein, weist mir den Weg. Wenig später überquere ich eine Straße und es geht wieder hinein in den Mischwald. Neben dem Weg noch ein Bunker. Der Wald riecht schon nach Herbst. Der Weg führt geradeaus. Geradeaus, oder im rechten Winkel abbiegend, versteht sich. So gehe ich, bis ich an eine kleine Holzblockhütte komme. Ein Highlight mitten im Wald! Wie ein Hexenhäuschen sieht sie aus. Fehlt nur noch der Lebkuchen an den Wänden. Ich setzte mich davor, es ist Zeit für mein Wurstbrötchen. Der Quatschi ist ruhig.

Das war es dann aber auch schon mit Abwechslung. Ist aber auch gut so. Der Quatschi bleibt still. Wieder folgen Schritte, ich weiß nicht wie viele. Hundert, fünfhundert, tausend? Ich gehe einfach nur und denke nichts.

Bis die Stille wieder von Autogeräuschen unterbrochen wird und ich alsbald auf eine Straße treffe.

Ein Weg führt in den Wald, ein Schild sagt „Goldscheuer 1,9 km“. Das ist mir Stefan Strumbels Kirche wert. Ich mach´s kurz. Die Kirche ist verschlossen. Der Ort der Geborgenheit ist abgeriegelt. Strumbels Kunst hat einen hohen Marktwert. Vermutlich deshalb. Ein Zettel verrät: „Geöffnet Samstagnachmittag oder Sonntagnachmittag von 14.00 – 16.00 Uhr“. Heute ist Donnerstag. „Oder vorher bei der katholischen Gemeinde Kehl-Marlen anrufen“. Heute habe ich die Zeit nicht mehr zu warten.

Später im Jahr komme ich nochmal zur Kirche zurück, denn ich will sie sehen. Sie ist anders, sie ist wunderschön. Von innen zumindest. Ich muss sagen, Stefan Strumbel hat ganze Arbeit geleistet. Geplant war nur ein Madonna-Graffiti in der Kirche, daraus wurde ein Gesamtkonzept. Und das muss man gesehen haben. Das muss man gespürt haben. Der Blick fällt gleich auf die Kreuzigungsgruppe an der Altarwand, oder vielmehr auf das Umfeld. Altrosafarbene Strahlen auf schwarzem Grund gehen gleichsam Sonnenstrahlen von der hölzernen Gruppe aus. Jeder zweite Strahl verliert sich in der Unendlichkeit. Die einfühlsam geschnitzten Figuren von 1963 werden durch Strumbel neu in Szene gesetzt. Abgesetzt von der Wand ruhen sie in einem weißen gotischen Torbogen, der Bogen begrenzt durch ein Lichtband, dahinter die gesprayten Strahlen. Auf den zweiten Blick stelle ich fest, dass die Figuren der Gruppe, Jesus, darunter Maria und sein Jünger Johannes, hinterleuchtet sind. Mit Neonfarben. Und die wechseln sich langsam ab, geben der Gesamtszenerie eine erhabene Anmutung. Rosa, Violett, Grün, Blau, Rot, Gold. Fast wie der Himmel über der Kapelle in Gengenbach. Durch die seitlichen Fenster mit den Glasmalereien fällt zusätzlich ein Lichtspiel auf die Gruppe. Faszinierend. Einnehmend.

Ein schmales Lichtband führt von der Spitze des gotischen Bogens über die Decke an die hintere Empore der Kirche. Dort ist überdimensional Strumbels Madonna mit Kind. Auch in einem gotischen Bogen. Als Graffiti, flächig Schwarz und Weiß. Direkt auf der Wand. Das Auge der Madonna ist im Comic-Stil, dem Manga-Stil. Das Kind, Jesu, schaut ernst vor zum Altarbild, wo es seine Zukunft am Kreuz sieht. Der Hintergrund der Madonna ist Altrosa, so wie die Strahlen hinter dem Altarbild, über dem Kopf Türkis. Auf dem Kopf trägt die Madonna die typische Kopfbedeckung der Hanauer Tracht, die Maschenkapp. „Strumbel wollte ihr ursprünglich einen Bollenhut aufziehen, aber da hat sich die Gemeinde gewehrt und ihn überzeugt" sagt Renate Hauer, die zu mir gekommen ist, mit einem Lächeln. Sie gehört der katholischen Gemeinde an und hat das Kirchenkunstprojekt von Anfang an begleitet. Anfangs hatte die Gemeinde schon Bedenken als Pfarrer Braunstein von der Idee erzählte. Wegen Strumbels

Bollenhutfrauen mit Maschinengewehren und so. Als die Kirche fertig war, war sie seit langem mal wieder so richtig voll.

Auch auf den zweiten Blick fallen mir die besonderen Details auf. Die Einfassungen der vierzehn Glasmalereien der Kreuzwegstationen sind in Gold, das Sonnenlicht bricht sich darin, gibt dem Ganzen eine ganz besondere Stimmung. Und die Wände sind nicht weiß, sondern in Grautönen gestreift. Eine Anlehnung an die Romanik. Fünf Elemente sind es denn auch, die Strumbel mit Feingefühl kombiniert. Die Romanik, der Spitzbogen der Gotik, das Gold des Barock, das Altrosa und Türkis des Biedermeier und, ganz Strumbel, Pop-Art-Sprechblasen neben dem Ausgang. Hat er alles gut gemacht. „Und wer vor verschlossener Türe steht, darf gerne die Telefonnummern auf dem Zettel an der Türe anrufen, ich wohne nicht weit und bin gleich da“, sagt Frau Hauer freundlich. Und das meint sie auch so.

Zurück zum Jakobusweg

In schmuckem Rot die alte Schule mit Glockentürmchen, daneben das Rathaus von Goldscheuer. Davor ein Brunnen, der Goldschürfer zeigt. Geschürft wurde vermutlich nicht nach Gold. Sondern geschürft in „güldener“ Erde, wenn sie nach Überschwemmungen besonders nährstoffreich war. Nicht Schürfen sondern Ziehen macht die Jungs aus Goldscheuer bekannt. Teamarbeit in Perfektion. Tauzieh-Bundesliga. Ja, auch so etwas gibt es.

Die Nähe zu Frankreich wird spürbar. An unübersehbarer Zigarettenwerbung entlang der Straße. Schild um Schild. „Unser Dorf soll schöner werden“ sieht anders aus. Ich könnte es mir jetzt einfach machen und der Straße bis Kehl-Marlen folgen und mir dort ein Zimmer nehmen. Schon alleine des berühmten Kuchens im Garten des „Ochsen“ wegen. Aber nein, ich gehe den Weg zum Ausgangspunkt zurück. Das verlangt meine Pilgerehre. Der Originalweg muss schon sein.

Ich bin zurück am Ausgangspunkt, am Schild nach Goldscheuer. Nach wenigen weiteren Schritten entdecke ich ein kleinodes Stück fast unberührten Altrheins. So hat es am Oberrhein überall ausgesehen bevor mein Freund und Ingenieur Tulla das gerade Lineal an den Rhein ansetzte und Hochwasser, und damit Not und Elend, ein Ende hatten. Aber auch die Wildnis der Natur.

Urwüchsig biegen sich vor mir noch die Bäume am Ufer, klar und rein ist das Wasser. Nicht weit von hier beginnt Rhein aufwärts das Taubergießen, das wohl berühmteste Stück Altrhein und Naturschutzgebiet. Der Altrhein ist dort so natürlich, dass selbst die seltenen Eisvögel eine Heimat finden. Doch von natürlicher Wildnis zu reden wäre nicht richtig. Lange vor der Begradigung des Rheines hat der Mensch sich den Boden nutzbar gemacht, Wälder gerodet. Auch am Ufer des Rheines. Mit sogenannten Faschinen, Bündeln aus Weidenästen, das Ufer gesichert.

Ein Hauch von Nostalgie kommt in mir auf. Ironisch gesehen. Ich wandere wieder auf einem Damm. Nicht auf dem Kinzigdamm und auch nicht auf dem Rheindamm. Einfach nur auf einem Damm. Neben mir, oder vielmehr gesagt unter mir, die Straße. Über mir, die Sonne. Obwohl ich mich beidem schutzlos ausgeliefert fühle, fühle ich mich gut. Ich habe nicht mehr so viel Gewicht zu tragen. Soviel Gewicht in meinen Gedanken. Uno, dos, tres. Quattro, cinco, seis. Dieses Mal klingt es wie ein Lied von meinen Lippen. Schilder warnen davor, dass das Gebiet unterhalb des Dammes ein Überschwemmungsbereich ist. Die Städte rheinabwärts danken es den Planern. Wenn sie davon wissen. Und wenn der Rhein nicht zu viel Wasser führt. Denn dann bekommen die Kölner trotzdem nasse Füße.

Vater Rhein

Vater Rhein, da ist er! Breit und stolz liegt er vor mir. Die Sonne glitzert auf den unzähligen Wellen. Elegante, weiße Schwäne scheinen über das Wasser zu schweben. Würdevoll sieht das aus. Weiße Segelboote versuchen es ihnen gleichzutun. Das sieht auch elegant und würdevoll aus. Weit öffnet sich der Rhein und erzeugt Sehnsucht und Fernweh. Kleine Segel verschmelzen mit dem Hintergrund. Ob das da drüben schon Frankreich ist? Linker Hand erkenne ich die neue Pflimlin-Brücke, die seit einigen Jahren Deutschland und Frankreich noch schneller verbindet. Ohne Grenzkontrollen. Ohne, dass Papa den schönen alten Opel Rekord, C-Modell mit schwarzem Vinyldach, mitsamt Familie darin wenden und wieder zurückfahren musste. Nur wegen der Nase. Zugegeben, einer großen Nase. Als mein Vater gestorben ist, habe ich mir wieder ein solches schönes Auto gekauft. In memoriam. Sitze ich dann im Opel und schließe die Augen, so sehe und rieche ich meine Kindheit. Im Heute fahre ich mit dem alten Opel ganz einfach nach Frankreich. Einfach so rüber in eine ganz andere Welt, in eine andere Mentalität. Trotz gemeinsamer Vergangenheit. Trotz schwieriger Vergangenheit. Und der alte Rekord springt auch immer an, er weiß ob seiner symbolischen Bedeutung.

Die Schwäne säubern mit ihren Schnäbeln ihr Gefieder, um sich im nächsten Moment aufzubäumen, ihre Flügel weit zu spreizen, sich zu schütteln und wieder zu putzen. Majestätisch. Auf dem Parkplatz hinter mir besteigt ein alter Herr seinen noch älteren Rolls Royce. Auch majestätisch. Ein Hauch von Sylt, passend zu den Segelbooten. Mir gefällt mein Opel Rekord, Baujahr 1970, trotzdem besser. Frau Schwan schwänelt mit Herrn Schwan.

Königlicher Hafenskipper

Rechter Hand tauche ich wieder ein in die Altrheinidylle. Zwei Libellen führen ihr Liebesspiel auf. Die Vegetation am Wasser ist wieder urwüchsig. Lianen hängen von den Bäumen. Zwischen die unendlichen Grüntöne mischen sich die ersten Rottöne des Herbstes und die Blautöne des Himmels. Die Szenerie spiegelt sich auf dem Wasser. Seerosen blühen auf dem Spiegelbild. Claude Monet hätte seine wahre Freude daran. Neben dem Weg strecken wilde Orchideen ihre Köpfe gen Himmel. So sieht das Paradies aus. Eine ganz andere Art von Idylle als noch vor einigen Tagen in St. Roman. Eine schmale Fußgängerbrücke führt über einen Seitenarm. Und wieder Stau durch Radfahrer. Ich lächle, ich bin entspannt. Das könnte mir auch Spaß machen. Mit dem Rad am Rhein entlang. Ein Tulla-Stein berichtet über die Geschichte der Begradigung des Flusses. 1820 wurden diese Steine in den Vorplanungen zur Orientierung gesetzt. Die Grenze zwischen Baden und dem Elsass verlief in der Mitte des Rheines. Dort hätte man die Steine vermutlich nicht so gut erkennen können. 1820 trug der Stein auf der zum Elsass zugewendeten Seite noch die bourbonische Lilie, denn Frankreich war noch Königreich. Nach 1871 wurde die Lilie herausgemeißelt und durch die Buchstaben E-L für Elsass-Lothringen ersetzt.

Mein Weg führt durch eine Wiese, der Duft von reifen Äpfeln streift meine Nase. Ich treffe auf einen kleinen Binnenhafen, schmucke Segelboote liegen da vor Anker oder besser gesagt am gegenüberliegenden Steg. Die Masten spiegeln sich im Wasser. Wie gerne würde ich eines besteigen und in See stechen. Ich erinnere mich an einen Segeltörn um Mallorca, als unser „Königlicher Hafenskipper“ Thomas bei sportlichem Wellengang sowie starken Winden und Strömungen die Bavaria rückwärts einparkte.

Oder vielmehr einparken wollte. Die Luxusyacht, die schon im Hafen lag, kam näher und näher. Da halfen auch die zahlreichen, selbstverständlich lautstarken, wohlgemerkt unterschiedlichen, und vor allem aber ungebetenen Ratschläge, nichts. In modernen Autos würde das bedeuten, dass der Piepton immer schneller werden würde, bis er schließlich zum schrillen Dauerton wird. Segelboote sind robust. Und millionenschwere Yachten Gott sei Dank auch. Smutje Uwe grinst.

An meiner Uferseite liegt ein altes Fischerboot, ein Stocherkahn. Nicht so robust wie die Yacht, er ist mit Wasser schon fast voll gelaufen. Eine historische Holzkonstruktion, flach auf dem Wasser liegend. Mit einem langen Stock, stochern die Fischer über das Wasser, um ihre Netze auszulegen. Ein reiner Männerjob. Frauen hatten und haben bis heute in diesen Zünften nichts zu suchen. Das Fischereirecht wird vererbt. Eine vom Aussterben bedrohte Rasse. Zumal die Netze immer häufiger leer bleiben. Dank der Kormorane und des Tierschutzes. Für die Kormorane. Ein Stück flussaufwärts, in Rust, wo Achterbahnen und die Glücksschreie der Insassen das Bild beherrschen, gibt es noch solch ein kleines Stück lebende Fischeridylle. Als Kontrastprogramm zur rasanten Freizeitgesellschaft. Die Boote nehmen Gäste auf und führen sie in die atemberaubende unendliche Stille des Altrheins. Begleitet von Wasservögeln, Bibern und Schwänen, die die Tierschutzgesetzte genau kennen und deshalb auch ganz nah ans Boot kommen. Das letzte Paradies auf Erden. Der Herr Mack, das ist der mit dem Europa-Park für die Freizeitgesellschaft, hat auch ein Kontrastprogramm, ein Herz für Pilger. Denn der Spaßpark hat auch eine Kirche, eine Stätte der Ruhe. Im Kloster Isabel finden einmal im Jahr Pilgergespräche statt. Das macht der Herr Mack nicht aus Gründen des Marketing, das hat er gar nicht nötig. Das macht er von Herzen.

Ein kurioses Bild bereichert zudem das Ufer vor mir. Neben dem Stocherkahn liegt ein nicht identifizierbares Schwimmobjekt, ein USO sozusagen. Zusammengezimmert aus Dachlatten, kreuz und quer. Mit Folien und Planen isoliert. Ein mit Alustangen und einem Wellblech als Dach wetterfest gemachtem Etwas. Und als Krönung präsentiert sich mitten auf dem Meisterwerk ein drehbarer Bürostuhl für den Kapitän. Am Bug ein umgeklappter Autositz. Als ob das Gefährt bald in die Hochsee auslaufen würde, um Haie zu fangen. Es fehlt nur noch die dramatische Musik.

Auf Brautschau

Nach Altrhein treffe ich wieder auf den Rhein. Königlich liegt und fließt er vor mir. Was wohl die Flößer, ganz hinten aus dem Kinzigtal, gedacht haben mögen, als sie zum ersten Mal auf den ihnen unbekannten, sagenumwobenen Rhein getroffen sind? Vermutlich nichts, weil sie ihn erst gar nicht sahen. Denn meist endete ihr Weg bekannter Weise in Willstätt, wo andere Flößer das Holz übernahmen. Was dachten aber die Auswanderer aus Nordrach mit Ziel Amerika? Hier beginnt die große Freiheit! Oder begann die Angst vor dem großen Abenteuer, welches bei der Dimension des übergroßen, damals noch wilden Rheins, deutlich wurde?

Der Rhein ist heute begradigt, also ist auch mein Weg schnurgerade. Den Sonnenschutz über dem Weg entlang des Flusses hat Tulla in seiner Planung leider vergessen. Vielleicht hätte er ihn nicht vergessen, wenn er die Fertigstellung selbst noch erlebt hätte. Hat er aber nicht. Langsam aber ziemlich sicher spüre ich meinen Rucksack und den Ruf nach einer Dusche.

Eine Holzhütte auf dem heißen Rheindamm gewährt bei meiner Rast etwas Schatten und ich kann sitzen. Ich blicke auf die Flachwasserzone. Ein künstlich angelegter Bereich, um den Wasservögeln wieder eine Heimat zu geben. Inselketten bilden dazu einen natürlichen Wasserstandswall. So wie es der natürliche Rhein vor seiner Begradigung auch getan hat. Ein Refugium. Gleich dahinter die großen Flusshandelsschiffe. Die Melodie von „MS Franziska" geht mir durch den Kopf, als Skipper Gustav Knuth mit seiner Franziska durch den Rhein schipperte, und wir Kinder gespannt vor dem Fernseher lagen. Auf den anderen beiden Kanälen kam ja nichts Schöneres. Und vor 18.00 Uhr schon gar nicht. Dafür war um Mitternacht Schluss. Mit der Nationalhymne. Danach das Testbild. Das haben wir aber erst später gesehen, denn als Kinder ging es früh ins Bett. Nur wenn Wum und Wendelin über den Bildschirm alberten und laut „Töööööölke" schrien, dann saßen auch wir noch davor. Ausnahmeregelung. Das Bild in Schwarz und Weiß versteht sich, gelegentlich mit einem über den Bildschirm fahrenden schwarzen Querstreifen. Vaters Faustschlag auf das Holzgehäuse half. Dazu musste er aufstehen.

Unten, am Ufer dieser Flachwasserzone, eine hölzerne Aussichtsplattform mit Schautafeln, von wo aus die Vögel beobachtet werden können. Ich bekomme Biologie-Unterricht: „Brautschau oder Auszeit". Na, ich bin auf Auszeit. Sonst bekomme ich Ärger mit der Frau zu Hause. „Im Winter suchen sich die Enten Brutpartner für die nächste Saison. Dementsprechend tragen sie schon jetzt ihre Brutkleider, die bei den Männchen in der Regel bunt und prächtig sind". Da könnte ich mit meiner laschen sandfarbenen Hose und meinem Leinenhemd nicht punkten. „Es herrscht die Zeit der Brautschau und viele Arten legen schon ihr auffälliges Balzverhalten an den Tag. Die Taucher lassen sich dagegen Zeit, bevor der Stress beginnt." Stimmt, das ist Stress. Ich lese weiter. Wäre ich ein Wasservogel, wüsste ich nun wie es geht.

Darunter das Ganze auf französisch. Wegen der Völkerverständigung. Die Sprache. Die neue Grenze. Eine Grenze, die dank der Landesgartenschau 2004 und eines genialen Pariser Architekten, Marc Mimram, heute trockenen und vor allem friedlichen Fußes überwunden werden kann. Ich kann die Mimrambrücke schon erkennen, wie sie filigran und wunderschön geschwungen den Rhein überspannt, getragen von zwei unscheinbaren Pylonen. Zweiundsiebzig Stahlseile sind von den Pylonen zum Fußgängerweg und zum Radweg gespannt und tragen diese Doppelbrücke. Ein Hauch von Brücke über diesen mächtigen Fluss.

Die Mimrambrücke ist mein heutiges Ziel. Ich jubiliere innerlich. Mein Schritt wird schneller und führt mich in ein Wäldchen mit Naturlehrpfad, bis ich nach einiger Zeit wieder an das Rheinufer gelange. Die Brücke nun deutlich und noch eleganter vor mir. Veranschlagt für den Bau waren zehn Millionen, dann fünfzehn Millionen. Gekostet hat sie schließlich einundzwanzig Millionen. Bezahlt von Deutschen und Franzosen. Aber sie ist es wert, wie ich finde.

Auf der ersten grenzüberschreitenden Landesgartenschau verbanden Blumen Deutschland und Frankreich. Kehl und Straßburg haben sich da wirklich Mühe gegeben, das sieht man heute noch. Die Parkanlage ist mit Menschen bevölkert. Sie liegen da im Gras und sonnen sich, spazieren und flanieren. Bäume spenden Schatten. Kinder tollen auf dem Spielplatz. Breit aber friedlich fließt der Rhein. Auf der anderen Seite des Rheins das gleiche Bild. „Garten der zwei Ufer“ nennt sich das. Ich denke, treffender kann man es nicht sagen. Unscheinbar der Jakobusstein, eingemeißelt das Straßburger Münster. Ich bin fast am Ziel meines Weges. Für heute.

Extrawürste diese Werbefuzzis

Die Investition in meinen Jugendherbergsausweis könnte sich nun lohnen, gleich am Rheinufer befindet sich eine Jugendherberge. An der Eingangstüre ein Schild. Da steht nicht „Herzlich Willkommen" drauf. Da steht „für Personen, die keine Gäste sind, ist das Betreten dieses Hauses und des Geländes verboten! Bei Zuwiderhandlung erfolgt Strafanzeige". Tja. Der Herbergsvater wird schon wissen, warum er das Schild da aufhängt. Daneben ist ein Campingplatz. Ich vermute mal, das Schild hängt wegen zu viel Testosteron im Umfeld.

Ich entdecke die „Rheinschnecke", ein Restaurant. Ein Idyll, nur wenige Schritte von der Jugendherberge entfernt. An einem Altrheinarm, gleichsam einem See gelegen, der die Begradigung des Rheins überlebte und der noch heute zwischen den Häusern fließt. Oder vielmehr steht. Denn weite Teile des Altrheins sind stehende Gewässer. Das freute in früheren Zeiten besonders die Stechmücken, welche die tödliche Malaria in sich trugen. So ganz nebenbei beendete Tulla diese jährliche Epidemie, denn nach der Begradigung des Rheines hatten sie keine Brutstätten mehr. Blöd für ihn war nur, dass er an einem Stich erlag. In Paris.

Rheinbegradigung. Fluch und Segen. Auf jeden Fall schön für die Kinder, die da unbekümmert auf dem Abenteuerspielplatz bei der Rheinschnecke spielen, während ich im Biergarten sitze. Mein Blick geht auf eine Neugier erweckende Turmkonstruktion auf der anderen Seite des kleinen Altrheinsees, inmitten der Stadt. Dem Weißtannenturm. Eine clevere Holzkonstruktion, die Treppen führen außen um mächtige Stämme herum. Das wären auch gute Masten für die Holländer gewesen.

Zweihundertundzehn Stufen. Jede Treppe zweihundert Euro wert. Gestiftet von Bürgern und Firmen zum Bau des Turmes.

Jeder Spender hat ein Schildchen bekommen. Schwarz graviert. Nur das Schild von Goos ist bunt. Immer Extrawürste, diese Werbefuzzis. Ganz oben war dann noch Geld über. Also in die Ecken auch noch Schildchen machen. Dann war immer noch Geld über. Also Turm beleuchten. Von diesem Überschuss hat die Mimrambrücke nur geträumt. Wunderschön beleuchtet ist die Brücke trotzdem. Auch wegen der Zugvögel, die sich in den Trägerseilen verfangen könnten. Die Naturschutzuntersuchung hat nochmal eine stolze Summe gekostet. Wie war das gleich mit den tausend Bauernhöfen unterhalb des Ortenberger Schlosses? Am Ufer des Sees ein Liebespaar, Arm in Arm.

Trinationale Metropolregion

Vor der Begradigung des Rheins wäre ich im Sumpf gestanden. Das mächtige Wasser der Strömung formte den Fluss immer wieder neu. Bis zu drei Kilometer breit konnte der Rhein dabei werden. An dieser Stelle einen Turm zu bauen oder gar die wunderschönen Häuser, die ich sehe, undenkbar. Das allererste, was hier stand, waren die Baracken der Arbeiter, die den Fluss zähmten. Das Gebiet wird auch heute noch „Insel" genannt.

Auf der Insel steht nun auch eines der ersten Gebäude, die den Baracken folgten, die St. Johannes-Nepomuk-Kirche. Unschuldig weiß, mit einem hohen Turm, wie ich ihn in dieser Art auf meiner Reise noch nicht gesehen habe. An der Spitze zwei Arkadenumgänge. Nachts beleuchtet, der Kirchturm wird zum Leuchtturm für die Schiffe auf dem nahen Rhein. 1914 wurde sie fertiggestellt, da machte der Leuchtturm abseits von heutiger abendlicher Romantik bestimmt auch noch Sinn. Das Giebelfeld über dem Portal zeigt „Christi Himmelfahrt". „Himmel als Codewort für die menschliche Sehnsucht" wie mir der kleine Kirchenführer verrät, welchen ich gekauft habe. Das nahe Wasser als konsequentes Element. In der Taufkapelle fließt das Taufwasser über einen Messingbehälter weiter über Granitstein bis in ein Fußbecken. Taufe von Kopf bis Fuß. Ein einmaliger Taufbrunnen. Der schlichte Altar symbolisiert eine Brücke. Eine Brücke zwischen Himmel und Erde, eine Brücke zwischen Deutschland und Frankreich. Erschaffen erst 1999. Alle Menschen werden Brüder, wo dein sanfter Flügel weilt. Nicht so sanft war der Flügel, als die Kirche am 28. Juni 1914 feierlich geweiht wurde. An diesem Tag wurde Erzherzog Ferdinand ermordet. Was folgte war der Erste Weltkrieg.

Mein Abendspaziergang führt mich weiter, vor ans gepflegte Rheinufer. Die Abendsonne schenkt den Menschen und Bäumen lange Schatten und den Wellen des Rheins ein zartes Funkeln. Ein weißes Rheinschiff zieht langsam vorbei, der Wind trägt Musik zu mir herüber.

Acht Bildhauer und Steinmetzfirmen aus der Ortenau gaben zur Landesgartenschau dem Biblischen Garten am Rheinufer Gestalt. Buntsandstein aus den Vogesen war ihr Material, so wie es auch schon das Material der Münsterbauer in Straßburg gewesen ist. Siebzehn Kunstwerke beschreiben biblische Themen. Etwas weiter die Skulptur „Begegnung" des Münchner Künstlers Josef Fromm von 1994. Zwei Figuren, die sich umarmen. „Nicht innig. Noch zögernd, abwartend, zweifelnd, hoffend. Begegnet Frankreich Deutschland? Oder Elsass Baden? Kehl Straßburg?" Das Fundament ist genauer betrachtet dreiteilig. Deutschland, Frankreich, Schweiz. Heute würde man dazu Trinationale Metropolregion am Oberrhein sagen.

Ich gehe vor zur Brücke, auch „Passerelle" genannt.

Das Mobiltelefon

Die Mimram-Brücke schrieb nicht nur wegen der beeindruckenden Architektur, der Kosten und der symbolischen Verbindung ehemaliger Feinde Geschichte. Nein, da war 2009 auch noch dieses Mobiltelefon. In den Händen eines italienischen Staatspräsidenten, der am Rheinufer stand und telefonierte. Lange telefonierte. Sehr lange telefonierte. Live vor Abermillionen von Fernsehzuschauern. Mit wem bloß? Der andere Präsident, der amerikanische „Yes we can"-Präsident, Bundeskanzlerin Merkel und alle anderen Staatschefs und Bündnispartner der Nato standen schon oben auf der Brücke, nachdem sie das Warten satt hatten. Der Franzose kam ihnen als neues Vollmitglied schon von der anderen Rheinseite schnellen stolzen Schrittes entgegen. Ganz große Symbolik. Ganz großes Kino. Besonders wegen des Italieners. Dem „Bunga-Bunga", wie die Medien ihn nannten. Das stand so aber nicht im Drehbuch.

Nun stehe ich auf der Plattform in der Mitte der Passarelle und schaue auf den Rhein. Wie das Wasser unter mir fließt. Mächtig, mystisch und doch friedlich. So entstehen Sagen. Der Rhein als Schicksalsfluss. Kehler Straßen tragen deshalb auch die Namen einiger Heldenfiguren aus der Nibelungensage. Ich fühle mich sorgenfrei. So schön kann das Leben sein. Ohne Wenn und Aber. Ich bin am Ziel. Mein Päckchen ist deutlich leichter geworden.

Kehl am Rhein

Die sonstige Geschichte Kehls ist nicht so lustig, die ist traurig. An einer für Machthungrige strategisch so günstigen und für die Menschen so ungünstigen Stelle, war Kehl immer wieder

Kriegsschauplatz, wurde immer wieder zerstört, Menschen getötet oder vorher evakuiert und ihrer Heimat beraubt. Grenzstadt und Brückenkopf die Schicksalsworte. 1038 erstmals als Fischerdorf erwähnt, 1678 von Ludwig XIV. eingenommen. Nicht weil er Kehl wollte. Nein, er hatte es auf Straßburg abgesehen. Straßburg als mächtige freie Handels- und Reichsstadt. So gehörte dem finsteren Schatten des Sonnenkönigs die Brücke. Der wichtige Handelsweg nach Straßburg und somit die Lebensader Straßburgs war abgeschnitten. Drei Jahre Belagerung, dann ging Straßburg in die Knie, wurde zum ersten Mal französisch. Ludwig ließ von seinem Bauherren Vauban eine sternförmige Festung um Kehl bauen. Danach machte er nicht nur Offenburg kaputt.

Zwei Ludwige später holt mich das Schicksal der Magdalena aus Nordrach wieder ein. Maria Antonia Josepha Johanna überquerte hier den Rhein. Besser bekannt als Marie Antoinette. Fünfzehn Jahre war sie damals alt. Als Habsburgerin verheiratet mit dem Sechzehnten von Frankreich. Auf einer Insel inmitten des urwüchsigen, verzweigten Rheines wurde eine Hütte gezimmert. Mit prachtvollen Teppichen und allerlei Adelskram verziert und prunkvoll gemacht. Zu Kehl hin mit einem Vorraum und zu Straßburg einem weiteren. Mittendrin musste sich das arme Mädchen umziehen. Von der österreichischen Tracht in die königlich französische. Ein Beobachter dieser königlichen Prozedur vom 7. Mai 1770 war ein Mann namens Johann Wolfgang von Goethe. Antoinette starb bekanntlich wenige Monate nach ihrem Mann. Vermutlich nicht aus Liebe wie die Magdalena. Auf jeden Fall aber durch die Guillotine. Wie ihr Mann.

Mein Tag war lang, der Weg auch. Im Fernsehen kann ich wählen zwischen Gewalt, Voyeurismus und Dummheit. Und, wenn ich lange genug suche, auch etwas Gescheitem. Vorbei die Zeit von „Tööööölke“. Schade.

Der Finger Gottes

Ich bin wie immer früh wach und stehe auf besagtem Weißtannenturm. Meine Gedanken schweifen in die Vergangenheit angesichts der Höhe, in welcher ich nun stehe: „Ready Steady – Goooooo!“ Ich will mir gerade noch eine Ausrede überlegen, da pfeift der Wind mit einem ohrenbetäubendem Getöse an mir vorbei. Ich will schreien, aber es gelingt mir nicht. Keinen Ton bekomme ich heraus. Mein Herz schlägt wie wild. Adrenalin. Ich rase der Erde entgegen. Das Getöse wird immer lauter, je schneller ich falle. Oder besser gesagt: je schneller wir fallen. Denn, ich bin Gott sei Dank nicht allein. Ich bin festgegurtet an einen Fallschirmspringer. Tandemsprung nennt man so etwas. Er ist es nun auch, der von hinten meinen Kopf packt und in die Richtung dreht, in die es etwas zu sehen gibt: das Kap der guten Hoffnung! Es liegt friedlich unter mir. Nein! Es rast bedrohlich auf mich zu. Schnell aber faszinierend. Sehr schnell und sehr faszinierend. Das Abendrot färbt das Meer in ein ganz besonderes Momentum. Das Glitzern und Funkeln auf den Wellen wird zum Spiegel des Weltalls. Jedes Funkeln eine Geschichte. Wieder die Geschichte einer Seele, die zu einem Stern wurde? Ich habe es tatsächlich getan. Ich habe einen Fallschirmsprung gebucht. Und ich habe es immerhin bis jetzt schon einmal überlebt in diesem Etwas von Flugzeug, in dem das modernste die Sitze waren, die an die Sitze eines frühen Renault 4 erinnern – also ein Gestell, welches mit Wäscheleine umwickelt ist – bis auf zwölftausend Fuß zu kommen. Dann werde ich den Rest auch noch überleben. Was, wenn der Schirm sich nicht öffnet? geht es mir durch den Kopf. Egal! Ich habe tatsächlich Egal! gedacht. Der Rausch der Geschwindigkeit. Nie soll es enden. Aber es endet. Mit einem plötzlichen Ruck. Und dann herrscht Stille. Unendliche Stille. Eine Stille wie ich sie bis zum heutigen Tage nur noch einmal auf dem Jakobusweg gefunden habe. Und Freiheit. Ich schwebe zwischen Himmel und Erde, der Schirm trägt mich sicher.

Damals, mit Ende Zwanzig, konnte mich nichts beängstigen. Fotoproduktionen am Ende der Welt. Dazwischen Abenteuer pur. Mit den Fotos biedere Branchen revolutioniert. Heute würde ich Südafrika nur noch „All inklusive" buchen. Alter Mann!

Mir bietet sich ein grandioser Ausblick in das Elsass und nach Straßburg, wo sich die Spitze des Straßburger Münsters betend zum Himmel streckt. Das Morgenlicht bestrahlt das Bild mit einer segnenden Wärme. Gegenüber, in der Ferne die Umrisse der Schwarzwaldberge, fein gezeichnet gegen den Morgenhimmel. Das silberne Band des Rheins leuchtet. Majestätisch die Mimrambrücke. Hinter dem Fußballstation ein nostalgischer Wasserturm, davor ein Freibad.

„Der Finger Gottes" wird dieses Bild der dunklen Münstersilhouette genannt, wie mir Klaus Gras, passionierter Heimatforscher und Kehler Buchautor erzählt. Seine Augen funkeln, Kehl und Straßburg ist sein Thema. Und schon wieder hat dieser Tulla seine Finger im Spiel. Fluch und Segen. Durch seine Begradigung sank der Grundwasserspiegel. Das Münsterfundament aus Baumstämmen stand plötzlich im Freien, begann zu faulen. Der Turm drohte umzustürzen. Johannes Knauth entwickelte das Knauthsche Hebelverfahren, der Turm war gerettet.

Brücken

Klaus Gras erzählt mir auch von der langen Bruck. Sie war 1388 die erste bekannte Brücke, die zwischen Basel und der Nordsee über den Rhein gebaut wurde. Fast eineinhalb Kilometer lang schlang sie sich in S-Form über die vielen Seitenarme des Rheines. Dazwischen immer wieder Inseln, Festland, Sumpf. Die ständigen Veränderungen des Flusslaufes machten Anpassungen der Brücke notwendig. Die lange Bruck verband Straßburg mit Kehl. „Ohne Straßburg kein Kehl“ weiß Klaus Gras. Das Münster bis zur Höhe der Plattform war schon fast fertiggestellt, der Handel musste vorangetrieben werden. Die freie Reichsstadt Straßburg brauchte und baute die Brücke, Holz das Material. Später wurden Schiffsbrücken gebaut: Boot an Boot, darüber Holzplanken für die Fahrbahn. Heute alles kaum vorstellbar. Vorstellbar aber ist, dass damit der Kampf um die Städte begann, Menschen und Brücken immer wieder zu Opfern wurden. Wenn nicht durch Krieg, dann doch durch Hochwasser.

Kehl teilte das Schicksal Straßburgs. Nach 1681 baute Vauban eine weitere Festung auf halber Strecke. Für Napoleon wurde 1806 sogar ein Triumphbogen am Ende der Napoleonsbrücke errichtet. Der Bau von Eisenbahnbrücken aus Eisen und Stahl ab 1861 machte deren Schicksal nicht besser. Kehl als Spielball der Mächtigen. Insgesamt sechs Mal französisch. Hin und Her. Bis nach dem Zweiten Weltkrieg. Kehl war bis in das Jahr 1953 ein Teil Frankreichs. Bis acht Jahre nach Kriegsende. Nach dem Washingtoner Abkommen 1949 Straße für Straße zurückgegeben. Die Kehler konnten erneut in ihre Stadt zurückkehren. Wenn man so will ist Kehl die jüngste Stadt der Bundesrepublik. Warum sich die Kehler dies immer wieder antun? Heimat?

Mutter Kinzig

Heute ist Kehl Multi-Kulti, freundlich und einladend. Französisch deutlich hörbar im Stimmengewirr. Die Stadt hat verziehen.

Das spürt man sofort, wenn man über den großen Marktplatz bei der Kirche schlendert. Multi-Kulti auch die Verwaltung. Der „Sizilianer“ Toni Vetrano sitzt nun im Rathaussessel. Mitten auf dem Marktplatz ist die Tourist-Information untergebracht. Dort gibt es auch den Pilgerstempelabdruck, ein sehr schöner, wie ich finde. Mit Abbild des Jakobus: „Jakobusstein – Kehl am Rhein“. Gegenüber steht eine weitere, ältere Kirche. Friedenskirche als treffender Name.

Auf dem Marktplatz steht auch „Mutter Kinzig“ und schaut auf die Friedenskirche. Carola Vogt, eine sympathische attraktive Frau in den Vierzigern, sitzt mir im Café Danner gegenüber und erzählt mir über Kehler und Straßburger Geschichte. Der Inhaber des Cafés ein begnadeter Chocolatier, Frau Vogt eine leidenschaftliche Stadtführerin. Auch Kehl und Straßburg gehören in ihr Fachgebiet. Begeistert zitiert sie Goethe und dessen Meinung über Antoinettes Zwischenstopp in der Mitte des Rheines.

„Mutter Kinzig“, eine gusseiserne lebensgroße Figur stand einst zusammen mit der Figur des „Vater Rheins“ in Nischen des Kehler Brückenportales, weiß Carola Vogt. In schlanken schmuckvollen Fialen am neugotischen Portal der neuen, technisch aufsehenerregenden Friedensbrücke, die 1861 Eröffnung feierte. Im Portal zur Straßburger Seite glänzten „Mutter Ill“ und ebenfalls „Vater Rhein“. Das Bauwerk war mehr als reine Zweckerfüllung, es war große Kunst. Und Prestige. Das tragende Fachwerk ein filigranes Gitterwerk. Monumental die gotischen Eingangsportale im Stile einer Kathedrale. Vier Pfeiler trugen die Brücke. Gewalztes Flacheisen wurde zusammen genietet, eine Gitterbrücke für die schweren Eisenbahnen entstand. Für den Bau der Fundamente wurden Druckkästen entwickelt und Luftschleusen für die Arbeiter.

Not schweißt bekanntlich zusammen. Kehl und Straßburg, Frankreich und Deutschland brauchten sich für den Handel gegenseitig. So wurde vereinbart, dass die jeweiligen Brückenenden, die Verbindungen zwischen Portalen und Ufern, weggedreht werden konnten. Nur für den Fall, dass es doch noch einmal zu einem Krieg kommen würde. So würde die schöne Brücke zwar unpassierbar, aber nicht zerstört. Sicher ist sicher. Zumindest neun Jahre lang. Dann wurde das Drehteil auf badischer Seite zu Beginn des deutsch-französischen Krieges gesprengt, das wunderschöne Portal gleich mit. Mutter Kinzig stürzte in den Rhein. Man hatte sicherheitshalber auch Sprengkammern eingebaut. Freundschaft und Vertrauen. Der Zweite Weltkrieg gab der geflickten Brücke den Rest. Auf dem Fundament steht heute die Villa Schmidt, ein Restaurant. Am Fundament erkennbar die Schießscharten. Die Öffnungen auf die Brücke gerichtet.

Eine neue funktionelle Straßenbrücke und parallel eine Eisenbahnbrücke führen heute über den Rhein. Gerademal rund zweihundertfünfzig Meter lang. Dafür höher als die alten Brücken, damit die Schiffe darunter durchpassen. Europabrücke heißt das hässliche Bauwerk für die Fahrzeuge. Ohne Sprengkammern. Hoffe ich. Über fünfzig Jahre steht es nun schon friedlich da, dieses Bauwerk. Die Grenzkontrollen an den Enden der Brücke sind abgeschafft. Und der Brückenzoll sowieso. Bei Baggerarbeiten im Fluss wurde eher zufällig Mutter Kinzig gefunden, aus dem Rhein gefischt und auf dem Marktplatz aufgestellt. Am Kopf trägt sie einen Kranz aus Tannenzapfen. Vermutlich aus dem Zauberwald in Loßburg. Wo ist eigentlich Vater Rhein abgeblieben?

Auf dem Marktplatz herrscht am heutigen Freitagmorgen buntes Markttreiben. Neben der Kirche eine Erinnerungstafel für die Synagoge. Kehl erinnert mit Gedenkrosen aber auch an die französischen Widerstandskämpfer, die in den letzten Kriegstagen, in der „Schwarzwälder Blutwoche“, aus den Gefängnissen geholt und erschossen wurden.

Reif für die Insel

Freie Gedanken herrschten in Kehl 1780, als in der Festung die in Frankreich verbotenen Werke von Voltaire und Rousseau gedruckt wurden. Vorboten der französischen Revolution.

Als Napoleon 1815 sein Waterloo erlebte, wurde die Festung Kehl geschleift. Sprich, aus eigener Hand dem Erdboden gleich gemacht. Nach Plänen des Karlsruher Architekten Weinbrenner Kehl wieder aufgebaut. Einige Häuser wie das Weinbrennerhaus in der Hauptstraße 22 zeigen noch heute seinen Baustil. 1910 schließlich wurde die Festung Kehl und das viel größere Dorf Kehl zum heutigen Kehl vereinigt. Der Rhein ist noch immer zentrales Element, Kehl besitzt einen der größten Binnenhäfen Deutschlands und mit den Badischen Stahlwerken das leistungsstärkste Elektrostahlwerk der Welt. Da ist nichts mehr von der Flößernostalgie übrig geblieben, als die Floße aus dem Kinzigtal zu großen Rheinfloßen, regelrechten schwimmenden Dörfern, zusammengebunden wurden. Im Läger, dort, wo heute viele Autos parken.

Einen Hauch von Geschichte erzeugt dafür noch besagte Villa Schmidt, wo ich nun auf der Terrasse sitze, den Blick auf den Rhein gerichtet. Erbaut wurde die schmucke Villa von Ludwig Schmidt, dem Schwiegersohn von Ludwig Trick. Trick, als Holzhändler einst von Alpirsbach nach Kehl gekommen, führte in Kehl mit seiner Papierfabrik nicht nur die Industrialisierung ein, sondern auch ein Sozialsystem und Arbeiterwohnungen. Ritter von Buß hätte das gefallen. Die Arbeiter dabei immer im Blick zu haben, war dem Patriarchen dabei sicher nicht unangenehm. Unangenehm war die Industrialisierung jedoch für den Rhein und die Luft. Damals.

Richtige Pilger würden jetzt über die anmutige Passerelle oder die Europabrücke zu Fuß bis nach Straßburg gehen. Oder auch

Architekturstudenten und eifrige Stadtplaner, die es interessiert, wie sich Vororte entwickeln. Ich habe absolut keine Lust auf einen ein-bis-zwei-Stundenmarsch. Ich nehme bequem die S-Bahn. Ich muss allerdings mit einem schmucklosen Bahnhof vorlieb nehmen, der „architektonisch hübsch durchgebildete“ aus der Gründerzeit der Eisenbahn überlebte gerade einmal neun Jahre. Wie die Eisenbahnbrücke. Gleicher Standort, gleiches Schicksal. Bald wird die Straßburger Tram wieder bis Kehl fahren, wie sie es vor dem Zweiten Weltkrieg getan hat. Dann wird es noch einfacher sein, nach Straßburg zu gelangen.

Ich bin reif für die Insel. Die Insel „Schdroosburi“ wie die Elsässer liebevoll sagen. Die Altstadt von Straßburg wird von der Ill, einem Nebenfluss des Rheins, umflossen. Nicht wegen der Insel, sondern wegen der historischen Bauten wurde die Altstadt 1988 zum Weltkulturerbe erklärt. Doch bis dahin war der Weg weit und Straßburg blickt wie Kehl auf viele kriegerische Zeiten, Zerstörungen und Besitzerwechsel zurück. Gleiche Lage, gleiches Schicksal. „Da liegt wie ein gefällter Elefant die zerbrochene Eisenbahnbrücke im Wasser“, schreibt Alfred Döblin, als er nach seiner Rückkehr aus der Emigration 1945 von Straßburg über den Rhein zurück nach Deutschland fuhr.

Lady Liberty

Ich fahre in die andere Richtung. Ins Elsass. Gleiche Lage, gleiches Schicksal. Wechselnde Machthaber, viele Kriege. Die Kriegserlebnisse des deutsch-französischen Krieges brannten einem Elsässer die Verwirklichung einer kolossalen Idee der Freiheit in den Kopf. Auch ein UNESCO Weltkulturerbe. Animiert von Laboulaye schuf der Elsässer Bartholdi die Freiheitsstaue. Nicht im Elsass, in Paris. Spielt aber auch keine Rolle, es geht um die Freiheit. Er schuf auch keine gewaltbereite Figur wie Delacraux in „Freiheit führt das Volk an", wo eine halb entblößte Frau, die Fahne in der Hand, die Kämpfer über die Barrikaden führt. Bartholdis Figur war und ist bis heute sanft. Lady Liberty. Am ausgestreckten Arm eine Fackel. „Nicht zum Verbrennen, zum Erhellen". Ein Geschenk des französischen Volkes an Amerika. Nur den Sockel mussten die Amerikaner selbst bezahlen. Das war der Beginn der Macht der Medien. Denn jene Amerikaner, die Geld hatten, wollten dieses lieber vermehren und nicht für einen Sockel der Freiheit spenden. So ging ein Drucker, Herr Purlizer, hin und begeisterte durch seine Zeitung das Volk. Die ärmsten der Armen spendeten für das Ideal. Ein Ideal, welches sie nach Amerika geführt hatte. Freiheit. Vermutlich spendeten auch Nordracher. Als der Sockel gebaut war, war Purlizer nicht zum Festakt geladen. Er war Jude. Auch keine Schwarzen waren geladen. Und auch keine Frauen. Bei der Eröffnung der Freiheitsstatue hatte die Freiheit noch einen langen Weg vor sich.

Straßburg

Mein Weg ist nicht mehr lange, gleich bin ich in Straßburg. Etwas länger, rund siebenhunderttausend Jahre hat es gedauert, bis Straßburg zum heutigen Glanz wuchs. Auf das hohe Alter weisen erste Besiedlungsspuren hin. Zwölf vor Christus gründete dann der römische Feldherr Drusus, „Argentoratum", die Stadt „Silberburg". Im Mittelalter setzte sich die „Burg an der Straße" durch.

Der Rhein ist überquert, ich tauche in die Häuserwelt ein. Vielversprechend ist der Blick aus dem Fenster. Die Vorfreude steigt. Beeindruckend der Bahnhof aus der Zeit des deutschen

Kaiserreichs, als Straßburg deutsch war. Ich habe das Gefühl, dass gleich Marschmusik ertönt und der kaiserliche Dampfzug einfährt. So wie im Film. Prunkvoll die Decken, Wände und Fenster. Beim Betreten der Bahnhofsvorhalle bin ich schnell in der Gegenwart. Hundert Prozent Kontrast. An die historische Außenfassade mit Figurenreliefs bäuerlichen Lebens und reicher Ornamentik, schmiegt sich oval ein gläserner Anbau mit abgespannten filigranen Stahlrippen. Viel Glas, viel Licht. Quietschblaue Fahrkartenautomaten ersetzen die flanierenden Paare aus der Kaiserzeit. Transparente Fahrstühle führen nach unten. So wie man das heute halt so macht. Nicht nur in Frankreich. Von außen ist kein kaiserlich-architektonischer Glanz mehr zu erkennen. Nur die futuristische Glaskonstruktion. Wie ein modernes Fußballstation, ein Ufo oder Einkaufszentrum sieht es aus. Oder eben ein Bahnhof. Als ob man die kaiserliche Geschichte verdecken will.

Im Park vor dem Bahnhof tummeln sich Menschen auf dem Rasen, Kinder spielen im Gras. Schön sieht das aus. Ob es nachts auch noch so ist, will ich nicht erkunden. Obwohl der beleuchtete Glaskorpus bestimmt eine interessante Szenerie ergibt.

Der Weg in die Altstadt folgt wieder einmal dem Menschenverstand, bis ich an eine Kirche komme. Eine besondere Kirche, vereint sie doch katholische und protestantische Gläubige. Aber doch betet jeder für sich. Als Simultankirche teilte Saint-Pierre-le-Vieux seit 1683 die Konfessionen. 2012 dann das Einsehen. Seither gibt es eine Verbindungstür zwischen Chor und Langhaus. Zwischen Katholiken und Protestanten.

Verführerische Düfte liegen in der Luft, als ich durch das schmale Gässchen schlendere. Döner Kebap. Typisch elsässisch eben. Ich widerstehe, mir gelüstet nach Flammenkuchen. Mit Zwiebeln und Speck. Oder mit Choucroute, dem elsässischen Sauerkraut. Und dazu ein Elsässer Riesling.

Die Anzahl der Fotoapparate, die mit Chinesen und Japanern verbunden sind, steigt schlagartig, als ich mich dem alten Gerberviertel Petite France nähere. Fachwerkhaus an Fachwerkhaus, romantisch, dicht an dicht. Sich gegenseitig beschützend vor dem Ansturm der Menschen. Ruhepol sind die roten Geranien an den Fenstern. Postkartenständer eifern mit Guglhupfformen und Plüschstörchen um die Wette. Guglhupf ist der typische elsässische Hefekuchen, auch lecker zum Riesling, besonders mit Rosinen drin oder auch mal Speck. Und der Storch ist das Maskottchen des Elsasses.

Miniröcke

Unter mächtigen, schattenspendenden Bäumen die Tische zweier Gaststuben. Trotz des Trubels wirkt das einladend. Am Rande des Platzes ein Geländer, dahinter die Ill. In der von alten Steinmauern begrenzten Schleuse ein Ausflugsboot. Futuristisch sieht das aus. Das lange Boot muss nach den Maßen der Schleuse konstruiert sein, keine Hand breit passt mehr auf die linke und rechte Seite des Schiffes. Und niedrig ist es, so wie die zahlreichen steinernen Brücken der Stadt. War die Schleuse schon eine Attraktion, so folgt gleich die nächste. Ein Brückenwärter schließt für die Fußgänger die alte Brücke mit einer Kette. Wenig später dreht sich das Bauwerk mittels einer historischen Konstruktion zur Seite, macht dem Boot Platz. Die japanischen Kameras klicken.

In einer Seitengasse neben dem Kino ein wahrer Geheimtipp: L´ Èpicerie. Ein Hauch von Südfrankreich. Kleine Tischchen mit rot-weiß karierten Tischdeckchen, Klappstühle, zarttürkis die Fensterrahmen. An der Wand hängen Schiefertafeln mit Kreide beschrieben. „Nos tartines“ steht da. Und darunter eine Auflistung von Leckereien. Dazu eine Karaffe Rosé. Willkommen in einer anderen Welt, willkommen im Savoir-vivre. So schön ist das Leben. Dass Straßburg Frauenüberschuss zu haben scheint, wird da fast nebensächlich. Fast. Auch deren beliebtestes Kleidungsstück, der Minirock. Aber, ich bin schließlich ein Pilger, was an meinem großen Rucksack vermutlich zu erkennen ist. In Straßburg interessiert das aber niemanden, wie man herum läuft. Straßburg ist ja nicht mehr Deutschland.

Auf der Treppe des gegenüberliegenden Hauseinganges sitzt ein Straßenmusiker und spielt auf seinem Saxophon. Das Instrument erzählt eine Geschichte. Gefühlvoll und melodisch schön. Das wird mir noch öfters begegnen, kommen Studenten doch von aller Welt hier her, um in Straßburg Musik zu studieren.

Der Innenraum der Epicerie ist noch faszinierender. Wie in einem alten französischen Film, die Zeit scheint hier stehen geblieben. An den Wänden der Toilette kleben alte Tageszeitungen statt einer Tapete. Der Opel Kadett B ist gerade neu erschienen und im Angebot. Da muss ich gleich mal anrufen.

Gleich um die Ecke ein Platz, der Gutenberg-Platz, darauf steht ein nostalgisches Karussell und dreht sich friedlich im Kreis. Auf den weißen, anmutigen Pferdchen des Karussells Kinder, über das gesamte Gesicht strahlend. Ohne Gameboy und Playstation. Eine Statue überschaut den Platz. Herr Gensfleisch heißt der Mann, den die Statue kunstvoll abbildet. Oder viel mehr hieß. Auch bekannt als Johannes Gutenberg, Erfinder des Buchdrucks. Grundstein der modernen Medienwelt. Bildung für alle. In der Mitte des fünfzehnten Jahrhunderts wirkte er in Straßburg. Unter dem Platz eine Tiefgarage, hinter der Häuserreihe baut sich mächtig der Turm des Straßburger Münsters auf. Tausendjährige Geschichte.

Das Straßburger Münster

Der Münsterturm zieht mich magisch an. Die Gasse dahin ist bevölkert mit Plüschstörchen und Touristen. Ab und zu redet auch jemand französisch. Historisches Fachwerk, dahinter das Münster. Unglaublich beeindruckend, die Mittagssonne strahlt die imposante Fassade an, der rote Sandstein leuchtet in tausenden Nuancen. Der Mensch wird klein. Sehr klein. Massiv das Mauerwerk der Fassade aus roten Sandsteinblöcken, zart und zerbrechlich die Kunst, die dem Mauerwerk vorgesetzt ist. Drei Portale, die dreiteilige Querteilung der Fassade, die große Blume sowie der Helm auf dem Turm der linken Turmplattform bestimmen das Bild der Westfassade. Warum gibt es keinen zweiten Helm, frage ich mich? Über dem mächtigen Hauptportal in der Mitte zeigt ein Tympanon einen Zyklus von fünfzehn Szenen aus der Passion Christi. Alles symmetrisch. Bis auf den Turmhelm, denn da ist wie gesagt nur einer, rechts nur eine Plattform auf dem Turm. Das war so nicht geplant bei der Grundsteinlegung vor fast tausend Jahren. Die Notre-Dame von Straßburg sollte ein Portal mit Doppeltürmen erhalten. So wie die Notre-Dame in Paris. Und darauf die Helme. Die Statik, die Kosten. Und vor allem der Dachsteiner Krieg. Da machten sich die Sponsoren dünne. Das ist auch heute noch so. Nur statt Krieg heißt das heute Krise.

Ich gehe bis zum Vorplatz, das Münster wird mächtiger und mächtiger. Ich lege mich auf den Boden und schaue nach oben. Das stört hier niemanden, ich bin auch nicht der einzige. Wolken ziehen über das Bauwerk. Es wirkt, als würde es im nächsten Moment umfallen und mich begraben. Das Portal steht aber schon seit fast siebenhundert Jahren, der Turm und der Helm schon seit rund sechshundert Jahren. Ich liege vor der Westfassade, begonnen hat der Bau 1015 im Osten mit dem spätromanischen

Querhaus. 1439 wurde Straßburgs Notre-Dame im gotischen und hochgotischen Stil vollendet. 1880 um das Langhaus und später dann um den Vierungsturm erweitert. Wie viele Arbeiter wohl bei dem Bau und für den Bau ums Leben gekommen sind?

Fünf Euro leichter betrete ich die Wendeltreppe hoch zur Aussichtsplattform. Ich hoffe, eine Einbahntreppe, denn sonst wird es richtig eng. Treppe um Treppe geht es nach oben, immer rechts rum. Vor mir keuchende Besucher, hinter mir keuchende Besucher. Kleine Fenster geben die Sicht frei auf das Bauwerk, auf die filigrane zerbrechliche Kunst. Ein Aussichtsbalkon. Die Menschen unten auf dem Platz werden kleiner. Als ich das letzte Mal diesen Turm bestieg, war der Platz noch Parkplatz, vollgeparkt mit Autos. Heute flanieren da fröhlich Menschen. Treppe um Treppe geht es weiter. Immer höher, das Keuchen immer lauter. Jetzt wäre ich gerne Thomas Dold. Der würde vermutlich hochrennen. Grinsend versteht sich. Warum habe ich eigentlich nicht erst ein Zimmer gesucht und den Rucksack abgelegt? Stabil und doch feingliedrig die seitlichen Streben des gotischen Bauwerks. Seit Jahrhunderten leiten sie das Gewicht des Gewölbedaches zur Seite und zur Erde ab. Respekt vor den Baumeistern des Mittelalters. Ohne CAD-Programme und Nachschlagewerke. Kupferngrün das Dach der Kathedrale. Das fällt von unten gar nicht so auf. Dann bin ich oben. Beeindruckend. Mächtig. Groß.

Von hier oben ist die Architektur des Weltkulturerbes bestens erkennbar. Fachwerk an Fachwerk, Haus an Haus, Palast an Palast. Dazwischen Kirchen und Plätze. Im Hintergrund, im Kontrast dazu, der moderne gläserne Rundbau des Europaparlaments. Hochhäuser umzingeln die Stadt. Straßburg wächst unaufhörlich. In der Ferne die zartblauen Silhouetten der Berge. Des Schwarzwaldes und der Vogesen. Darüber nur noch das Blau des Himmels. Weit sind die Schwarzwaldberge entfernt.

Geheimtipps

Ich erkämpfe mir einen freien Platz in einem Café. Direkt vor der Westfassade. Ein Sitzplatz mit Münsterblick und Münsterblick-Kaffee-Preis. Egal, der Anblick ist es wert. Als die Glocken zwölf Uhr schlagen, ist die Aufführung perfekt. Ich erschauere. Morgen früh werde ich den Gottesdienst besuchen. Den ersten seit meiner Pilgerreise. Das Bauwerk verfehlt seinen Sinn nicht.

Mein Blick geht nach links und fällt auf ein schiefes, von einem alten Sandsteinsockel mit Arkaden getragenes, dunkles, schweres Fachwerkhaus. Nur das Stockwerk unter dem steilen Dach trägt rote Farbe an der Wand. Das „Haus Kammerzell" soll das schönste Haus in Straßburg sein. Es zeugt vom Reichtum seiner Erbauer und Besitzer. Reich durch Käse und Kolonialwaren. Handel und das Bistum spielten in all den vielen Jahren die wichtigste Rolle zur Entwicklung Straßburgs. Und der Holzhandel, Holz aus dem Kinzigtal. Das Fachwerk besticht durch Schnitzereien. Im Haus und vor dem Haus ein Restaurant. Das würde meinem Pilgergeldbeutel vermutlich endgültig den Rest geben. Daneben die Tourist-Information, ich finde schnell ein passendes Zimmer.

Dort hält es mich nicht lange, die Stadt ruft! Historie, wohin der Blick auch geht. Prachtvoll die Fassaden, die wechselvolle Geschichte wird sichtbar. Pulsierend und faszinierend. Kaum ein Haus, an welchem der Blick nach oben nicht lohnt. Prunkvolle Kaiserzeit. Blühende Parkanlagen, bunte Blumenbeete. Ein alter Ginkobaum. Baum des Lebens. Fahnen wehen im Wind. Die Nation ist stolz. Kann sie auch sein. Eine futuristische Straßenbahn zieht nahezu lautlos an mir vorbei. Straßburg wird ihrem Anspruch als Hauptstadt von Europa gerecht. Ein kleines römisches Aquädukt erinnert an die frühe Geschichte. Das Brunnenwasser steht dem Kopf im Brunnen bis zur Unterkante Oberlippe. Was will uns der bekannt satirische Straßburger Künstler Tomi Ungerer damit sagen? Kunstvolle schmiedeeiserne Straßenlaternen auf dem Opernplatz, würdig das Opernhaus. In der Kaiserzeit entwickelte sich Straßburg rasch. Wie ein Hufeisen schmiegen sich die Prachtbauten seither um die Altstadtinsel. Türmchen und Erker verzieren die Häuser, kleine Balkone zeugen von vergangenen Tagen. Groß der Kleberplatz, Kinder spielen im Brunnen.

Auf der Ill liegen Boote. Aber nicht nur die Ausflugsboote, sondern auch fest verzurrte. Mit Restaurants oder Cafés drinnen und Liegestühlen draußen. Im „Atlantico“ bestelle ich ein Picon. Das ist dieses höllische Bier mit einem Schuss dunklen Amer Likörs.

Jede Stadt hat so ihren ganz besonderen Geheimtipp, wo Weltenbummler und Studenten sich treffen. So auch Straßburg. Schlicht der Name, elsässisch das Erlebnis. „Au Brasseur“ steht in weißen Lettern auf der roten Markise, darunter Tische. Nur wenige Gässchen hinter dem Münster, oder der Cathédrale, wie die Franzosen sagen, liegt das, wohin die Weltenbummler pilgern. Drinnen wird es urelsässisch. Und mitten drin ein Braukessel aus Kupfer. Hier wird das Bier noch selbst gemacht. So wie der Flammenkuchen, der ununterbrochen auf Holzbrettchen aus der Küche herausgetragen wird. Ein Duft liegt in der Luft, der Magen beginnt sofort zu knurren. Ich warte auf den Kellner, in Frankreich setzt man sich nicht, man wird gesetzt. An ein kleines Tischchen, Einzelpersonen sind hier die Ausnahme. Immer mehr Menschen strömen herein. Ich hebe den Altersdurchschnitt. Egal, ich fühle mich jung. Ist ja erst zwanzig Jahre her, mein Studium. Das waren noch Zeiten. Früher. Jetzt fange ich auch schon an mit „früher“. Im Keller beginnt eine Band zu spielen, ich werde neugierig. Was folgt ist Party. So wie früher.

Später liege ich noch einmal auf dem Münstervorplatz und schaue mir die letzte Vorführung der abendlichen Lichtspiele an.

Die Straßburger Touristiker illuminieren im Sommer zum Klang klassischer Musik die imposante Fassade. Das farbige Licht folgt der Melodie. Einfache Idee, kolossale Wirkung. Atemberaubend. Beeindruckend.

Gottesdienst

Der Wecker reißt mich aus dem Schlaf. Acht Uhr. „Was für eine blöde Idee, in den Gottesdienst zu gehen", denke ich mir und will mich noch einmal umdrehen. Aber sonntags ist Heilige Messe mit gregorianischem Gesang. Das will ich mir nicht entgehen lassen. Aber leider schon um neun Uhr. Und leider auch nur um neun Uhr. Mein Kopf brummt noch etwas, es war lustig gestern Abend.

Die Stadt erwacht. Die Sonne strahlt. Als ob sie dem Werbefuzzi das Weltkulturerbe bestmöglich präsentieren wolle. Die ersten Ladenbesitzer schieben ihre Verkaufsständer mit Plüschstörchen vor die Türen, in den Kneipen wird gefegt. Ein Duft von frischen Croissants liegt in der Luft. Für einen Moment überlege ich, ob ich mich lieber in das schmucke Café setzen soll, mein Magen ist noch leer. Schon neun Uhr und ich habe noch einige Gassen vor mir. Typisch. Die Westfassade wirft einen schweren Schatten auf den Vorplatz. Am Eingang sitzen Bettler. Das war bestimmt auch schon früher so. Nur heute wirkt das sehr organisiert. Mein Geldbeutel bleibt zu.

Ich betrete die Kathedrale. Mächtig. Groß. Riesig. Majestätisch. Gewaltig. Unglaublich. Hoch, die Stützen massiv. Aber sie ist fast leer. Nur vereinzelte Menschen sitzen auf den Stühlen in den unzähligen Kirchenreihen. Ein Schild sagt. „Bitte Ruhe Gottesdienst". Auf drei Sprachen. Der Chor ist beleuchtet. Ein gebündelter Lichtstrahl bahnt sich seinen Weg durch eines der

Kuppelfenster in den Chor. Licht fällt auch durch die großen Seitenfenster, zieht helle Streifen in den großen Innenraum. Die Genialität der gotischen Statiker erlaubte den Einbau größerer Fenster als dies noch in der Romanik möglich war. „Gott das Licht". Das erzeugt Wirkung. Die Fenster erzählen unzählige biblische Geschichten. Einige Touristen gehen durch die Reihe, Japaner machen Fotos. „Bin ich wirklich richtig um diese Zeit?" frage ich mich. Linker Hand des Chores ist die Johanneskapelle. Ein Band sperrt diese ab. „Kein Zutritt. Gottesdienst" steht auch da. Aus der Kapelle klingt Chorgesang. Ich traue mich nicht hinein, setzte mich stattdessen vorne in das Kirchenschiff und lausche dem Gesang aus der Ferne.

Als katholische Kirche erbaut, fiel die Kathedrale nach der Reformation zwischenzeitlich in protestantische Hände und zahlreiche Kunstwerke Übeltätern zum Opfer. So vor allem in den revolutionären Jahren. Schade. Dafür bekam der Münsterhelm von beherzten Straßburgern eine blecherne rote Jakobinermütze aufgesetzt. Um sie mit einem Trick vor den Revoluzzern zu retten. Es ist ihnen gelungen.

Von innen wirkt die riesige Blume im Hauptportal nicht minder beeindruckend. Schlicht, aber beeindruckend. Wie war das in Gengenbach bei Schwester Roswitha mit dem Weiß und Blau und Grün? Durch die mächtigen bunten Seitenfenster fällt mystisch das Licht. Besonders mystisch wird es zweimal im Jahr in der Kathedrale, zur Taggleiche und Nachtgleiche. Dann verwandelt ein grünes Stück Mosaikglas im Südfenster, Judas Schuh, das Sonnenlicht zu einem grünen Strahl. Dieser trifft genau den Baldachin über der Christusfigur an der Kanzel. So etwas stärkt den Glauben ungemein. Und ich glaube, die Baumeister haben nichts ausgelassen, was die Menschen beeindruckt.

Die Glocken der Kathedrale klingen durch das Gotteshaus,

erzeugen noch mehr Ehrfurcht. Weitere Menschen setzen sich auf die Stühle im Kirchenschiff. Ein Priester geht durch den Hauptgang, nickt den Gläubigen freundlich zu. Sein Gewand flattert bei jedem Schritt. Bin ich einfach nur zu früh hier gewesen? Hätte ich noch Zeit für das Croissant gehabt?

Der Chor ist verstummt, im Kirchenschiff erklingen sanfte Orgelklänge. Die Silbermann-Orgel ging bei einer Restaurierung verloren, heute erklingt eine Orgel des Straßburger Orgelbauers Roethinger. An der Orgel befindet sich aber noch der historische Brezelmann, der Rohraffe. Dahinter versteckte sich vor der Reformation der Münsterdiener und wetterte in die Menge. Damals glaubte man das! Mächtig ziehen sich die Wände in die Höhe bis die Kathedrale in hundertzweiundvierzig Meter Höhe mit dem Kreuz auf der Spitze endet. Genauso hoch liegt Straßburg über dem Meeresspiegel. Und da will mir noch jemand Glauben machen, dass die damals dachten, die Erde sei eine Scheibe. Bis Ende des neunzehnten Jahrhunderts das höchste Gebäude der christlichen Welt. Der Kölner Dom im Vergleich dazu ein Neubau. Hier wird der Mensch klein, wenn er andächtig auf dem einfachen, harten Holzstuhl sitzt.

Die Orgelklänge werden klangvoller und mächtiger. Mit jeder Wiederholung der Akkorde kommt ein Register hinzu. Der Bass vibriert in meinem Magen. Rund einhundertundfünfzig Menschen, schätze ich, sitzen nun auf den Stühlen. Bei fast zweihundertundfünfundsiebzigtausend Einwohnern. Und vielen Touristen. Die hätten auch in die Jakobuskapelle in Wolfach gepasst. In diesem riesigen Gotteshaus verlieren sie sich. Ein Glöckchen erklingt. Eine kleine Prozession nähert sich aus der Kapelle, schreitet zum Altar. Vorneweg ein junger Mann in dunkler Uniform, auf dem Kopf ein Hut, so wie Napoleon. Eine goldgelbe Scherpe von der Schulter um den Körper geschwungen. Weiße Handschuhe.

In der einen Hand hält er einen Zeremonienstock, in der anderen eine Art Hellebarde. Dahinter ein Ministrant im weißen Gewand, beide Hände umfassen einen hohen Stab mit Kreuz obendrauf. Dahinter die Priester. Oder ist einer davon der Bischof von Straßburg? Ich habe eine protestantische Grundausbildung hinter mir, ich weiß das nicht so genau.

Die Orgel wird leiser, der gregorianische Chor hat Aufstellung hinter dem Altar genommen und beginnt zu singen. Ich gebe zu, das erzeugt eine große Ehrfurcht. Passend dazu werden die Sammelkörbchen schon in Position gebracht. Die Gläubigen und ich erheben sich, ein Vorsinger reiht sich in den gregorianischen Chor, wird zum Dirigent, die Gläubigen stimmen ein. Halleluja. Strumbel hat Recht. Die Kirche weckt Erinnerungen. Ich muss an die Hochzeiten, Taufen und Konfirmationen denken, die ich in Kirchen erlebt habe. Und natürlich an die Pflichtbesuche an Heiligabend. Ich spüre ganz genau, was Strumbel meinte, als er davon sprach, dass die Kirche ein Heimatgefühl verleiht. In der ersten Reihe sitzt ein blinder Mann, er weiß ganz genau, wann er sich erheben muss. Was die Priester sagen, verstehe ich nicht, sie sprechen französisch. Ein Mann im schwarzen Anzug betritt die Kanzel, er hält eine kurze Predigt auf Deutsch. Wieder erklingt der Chor, die Orgel untermalt. Kyrie eleison. Herr erbarme dich! Vor mir hält eine Mutter ihr kleines Kind auf dem Arm. Das Kind schaut zu mir, streckt mir die Zunge raus. In der Predigt verstehe ich nur „la vie“ und das Amén. Mit Akzent auf dem E.

Eine Frau im Rollstuhl kommt hinzu. Auf ihrem Schoß eine Katze. Brav und ruhig bleibt diese sitzen. Die Rollstuhlfahrerin strahlt. Im Kirchenschiff, das sich mittlerweile doch recht gut gefüllt hat, sitzen kaum junge Menschen, überwiegend ältere Menschen sehe ich da. Einsame Menschen. Der Duft von Weihrauch erfüllt den großen Raum. Gibt der akustischen Ehrfurcht auch noch eine zum Riechen. Die Körbchen werden gereicht. Man sagt, je wohlhabender ein Volk ist, desto schwerer fällt ihm das Teilen. Hier nicht.

Die Glocken erklingen, setzen minutenlang den Schlussakkord. Ich gebe zu, es fällt schwer, nicht gerührt zu sein. Tränen rollen über das Gesicht. Erinnerungen. Nicht nur an Taufen, Hochzeiten, Weihnachten. Auch an Beerdigungen. Und, die gesamte Pilgerreise rennt durch meine Gedanken. Wie ein Film. So muss es den Pilgern ergangen sein, wenn sie in Santiago de Compostela angekommen waren. Viele haben das auch nicht geschafft.

Ich will jetzt kein Werbefuzzi für die Kirche sein, aber ich möchte behaupten, die Menschen gehen nach dem Gottesdienstbesuch besonnener in den Tag.

Carpe Diem

Ein Gesamtkunstwerk ist die astronomische Uhr rechts vom Chor, die aus der Renaissance erhalten ist. Nach dem Gottesdient, ab zwölf Uhr, ist eine Vorführung.

Neben dem Ziffernblatt des prachtvollen Gesamtkunstwerkes sitzt ein Engelchen, schlägt zu Beginn der Vorführung auf das goldene Glöckchen, als wolle es sagen „was macht ihr mit eurer verbleibenden Zeit? Euch nutzlosen Dingen hingeben?“ Anschließend schlägt der Tod im oberen Gehäuse die Stunde.

„Die Zeit eures Lebens ist euch gegeben um zu Lieben“.

Gleichsam einem Lichtspot im Theater fällt am „Weißen Kreuz" bei Wolfach ein gebündelter Lichtstrahl durch das dichte Blätterwerk genau auf die Madonna am Christuskreuz

Hotel

Fabrikgasse
Pfarrhofgasse
re Kirchgasse
Kolonialwaren
Obst und Gemüse

Das volck so bey der

Fotos

Die junge Kinzig bei Loßburg
Kloster Alpirsbach, Clarissenkloster Wittichen, St. Jakobuskapelle Wolfach, Vinzentiusgarten Offenburg
St. Roman, Sonnenaufgang bei St. Roman, Schwarzwaldhaus in Ippichen, Bergkapelle Gengenbach
Kinzig bei Wolfach, Kinzig bei Gengenbach, Kinzig bei Offenburg, Mimrambrücke in Kehl am Rhein
Madonna am Weißen Kreuz bei Wolfach
Mein Licht, meine Stille, Schenkenburg in Schenkenzell, Schloss Ortenberg
Haslach, Wolfach, Gengenbach, Schiltach
Trachtenmuseum Haslach, Storchenmuseum Zell a. H., Puppenmuseum Nordrach, Flößermuseum Gengenbach
Strumbels Madonna in Goldscheuer

Alle Fotos: Elmar Langenbacher

Das Motiv der Heimat sowie die Madonna als Inbegriff der Mutterliebe finden sich in Stefan Strumbels Kunst wieder.
Hier: Madonna in Hanauer Tracht in der „Maria Hilfe der Christen"-Kirche in Kehl-Goldscheuer

Der neue Werbefuzzi

Ich bin ein Werbefuzzi. Aber ein ganz anderer als zu Beginn meiner Reise. Der neue Werbefuzzi ist ruhiger geworden, gelassener. Und trotzdem erfolgreicher. Oder gerade deshalb? Er freut sich darüber, nur noch genau die Dinge zu tun, die ihm Spaß machen. Und er umgibt sich nur noch mit Menschen, die er mag, und die ihn mögen. Auch in Krisenzeiten. Und er hat dieses Buch geschrieben über seine Reise auf dem Kinzigtäler Jakobusweg. Ohne Auftrag der Touristiker. Und als es fertig war, da hat er sich gedacht, da muss eigentlich noch die Talvariante von Schenkenzell über Schiltach bis Wolfach rein, bevor es gedruckt wird. Nicht nur wegen den Pilgern, welche den anstrengenden Anstieg über St. Roman nicht gehen wollen oder können. Nein, auch wegen der bequelmen Talvariante an sich. Denn die ist auch sehr schön.

Es regnet

Und deswegen sitze ich nun wieder in der Kinzigtalbahn und schaue aus dem Fenster. Ich habe auch bei meiner ersten Fahrt schon aus dem Fenster geschaut. Irgendwie. Dieses Mal schaue ich aber ganz bewusst hinaus. Und ich schaue ganz bewusst, was ich sehe. Es stört mich auch nicht, dass der Regen gegen das Fenster prasselt. Wegen des nicht blauen Himmels für die schönen Fotos. Wenn es regnet, dann regnet es eben. Die Tropfen klatschen auf die Scheibe, der Wind trägt sie fort. Immer fort. Die Landschaft zieht vorbei, verschwindet im Dunst. Schemenhaft das Ortenberger Schloss auf der Anhöhe, Weinberge, Gengenbach. Bauernhöfe tauchen auf und verschwinden wieder. Biberach, Haslach, Hausach. Der weiße Triebwagenzug biegt ab Richtung Wolfach.

Menschen steigen ein und aus. Ein Tunnel. Regen prasselt wieder gegen das Fenster. Unnachlässig. Neben mir die Kinzig. Schiltach. Der Regen lässt nach. Gott sei Dank. Noch ein Tunnel, dann bin ich da, in Schenkenzell.

Die Mütze tief im Gesicht, Regenjacke, kleines Reisegepäck. Es ist Anfang Juli, später Nachmittag, ich will in Schenkenzell übernachten. Und, zugegeben, ich will es mir auch gut gehen lassen. Die Küche und so. Doch zuvor hat der liebe Gott einen Aufstieg angesetzt, mein Hotel liegt oben am Waldrand.

Burgblick

Vom Bahnhof in Schenkenzell führt eine geteerte Straße bergan in den Wald und weiter am Waldrand entlang. Der Ausblick entschädigt für den Aufstieg. Moderat fällt die blühende Wiese rechter Hand der Straße abwärts bis zum Ufer der Kinzig, die sich an dieser Stelle halbrund um eine Bergnase schlängelt und von Weidenbäumen gesäumt wird. Auf dem Berg steht eine Burg. Oder besser gesagt, eine Burgruine. Die Schenkenburg. Der Regen hüpft auf der Straße. Auf das frische Grün der Wiese trifft das dunkle Grün der Bäume, die zur Burg führen. Bäume säumen die Burgruine ein. Einzeln stehen sie nebeneinander. Hinter der Burg weitere Bergrücken, links ein Talausschnitt mit Wiese und Neubauten. Ein weiterer flacher Bergrücken schließt das Bild ab. Wolkenverhangen der Himmel. Ein dünner, heller Himmelsstreifen trennt die Spitzen der blaugrauen Bergrücken von den dunklen Wolken. Stolz weht trotzend eine Fahne auf den Überresten des Bergfriedes. Nur wenige Schritte weiter erreiche ich den „Winterhaldenhof".

Im Schwarzwald kann es schnell gehen, besonders in Tälern.

In der Zeit, in der ich eingecheckt habe und anschließend aus der Dusche komme, hat sich der Regen verzogen. Sonnenschein erobert die Szenerie. Bäume zeichnen sich vor Nebelschwaden ab. Das ist die Mystik, aus der die Schwarzwälder Sagen entstanden. Von meinem Zimmer aus habe ich einen fantastischen Ausblick auf die Burg. Aus Tradition werden Hotels gerne nach dem Gewann benannt, wo sie stehen, zum Beispiel in der Winterhalde. Damals, als es noch harte Winter gab. Als vor über dreihundert Jahren der „Winterhaldenhof" als Bauernhof gebaut wurde, gab es noch keine Werbefuzzis. Sonst würde dieses Hotel bestimmt „Burgblick" heißen. Das verkauft sich besser. An der Stelle des alten Bauernhofes steht heute ein Hotelneubau, Gemütlichkeit und Name sind geblieben.

Sonne

Die Wälder sind noch immer in sattdunkles Graugrün getaucht. Dieses Mal strahlt allerdings eine zartgrüne Kante an den Baumwipfeln. Dort, wo die frühe Abendsonne sie noch erreicht. Majestätisch rahmt dieses Lichtband die Burg ein. Zarte Nebelfetzen steigen aus dem dunklen Wald empor, lichtdurchflutet durch das Gegenlicht. Sie verlieren sich als Hauch im Himmel. Einzelne runde Baumkronen leuchten in den Bergrücken, eine Reihe von Tannen hebt sich vom dunklen Blaugrün davor ab. Die Spitzen bilden ein Sägeblatt und fallen diagonal zu Tal. Vereinzelte Kiefern werden zu Silhouetten vor den Nebelfetzen. Ihre langen, kahlen Stämme geben der Naturaufführung eine besondere Note. Erhaben die Ruine. Falken oder so etwas in der Art kreisen über der Burg, lassen sich auf den Spitzen der Pfosten, die in der Wiese stehen, nieder. Sie beobachten die Wiese, ich beobachte die Greifvögel. Als eine alte Frau ihren Hund auf dem Feldweg ausführt, fliegen sie davon. Da haben die Mäuse noch einmal Glück gehabt. Für den Moment. Blau der Himmel, wo vor einer Stunde noch dunkelgraue Wolken standen. Friede. Wieder steigen Nebel auf, als ob die Burgritter kleine Feuer im Wald machen würden. Die tiefe Sonne blendet mich, der Wald wird in den Schatten dunkler. Der helle Stein der Burg sinkt in ein Grau, wie in Tarnfarben steht sie nun vor dem Wald. Die Sonne versinkt langsam hinter den Baumwipfeln, bestrahlt mit letzter Kraft deren Spitzen. Das Grau gewinnt. Es wird jedoch nicht dunkel. Nur grauer. Als die Abendsonne versunken ist, beginnen die Nebel als breite Bänder aus den Wäldern zu steigen, verschlucken Stück für Stück die Landschaft. Himmel und Berg wird eines, Grenzen verschwinden.

Schenkenzeller Bergkräutersuppe

Der Architekt hat sich nicht nur bei den Zimmern etwas gedacht, auch beim Restaurant. Große Panoramafenster, Burgblick. Aus dem dunklen Grau ist durch die Nebel ein Weißgrau geworden, bis schließlich und endgültig die Dunkelheit siegt. Strahler rücken die Burgruine ins rechte Licht. Auch „wenn die Schokoladenseite leider nach Schiltach zeigt“ wie mir der Herr Schmid bei meinem ersten Besuch mit Wehmut in der Stimme erzählt hat. Ein Blick in die Speisekarte verrät mir: Naturpark-Wirt. „33 km-Menü“. „In Bärlauch gebratener Streuobstwiesenapfel mit Eulersbacher Rauchforellentartar“. „Geschmortes vom heimischen Weideochsen in eigener Sauce mit Quark-Kräuter-Nocken und Sommergemüse“. Mit kräftig Ortenberger Spätburgunder in der Sauce versteht sich. Zu fragen, ob das Gemüse tiefgefroren war, wäre Majestätsbeleidigung. „Die Wirtin pflückt die Kräuter selbst in den Wiesen“ erklärt mir die Bedienung im schicken Dirndl zur „Schenkenzeller Bergkräutersuppe“.

Vereinzelte Lichter in der dunklen Landschaft, stolz strahlt die Burg im künstlichen Licht, ansonsten schwarze Nacht. Nach dem „Kirschwasserhalbgefrorenem auf halbgeschlagener Sauerkirschsahne aus Kirschen vom Baum vor dem Hotel“, gehe ich in die Knie. Der Werbefuzzi Bauchansatz spannt. Oma hätte jetzt gesagt: „s druckt uff d´ Kuttle“. Statt einer Minibar gibt es Getränke in den Etagenkühlschränken. „Bitte notieren Sie die entnommenen Getränke“. Schwarzwälder Vertrauensvorschuss.

Glücklich sinke ich ins Bett. Morgen wird ein guter Tag. Mit einem zufriedenen Grinsen schlafe ich vermutlich ein.

Der Morgen

Ich wache früh auf, halbsechs. Es ist bereits hell. Meine Hoffnung auf Sonnenschein, so wie gestern Abend, erfüllt sich allerdings nicht. Stattdessen sehe ich vier breite Querstreifen vor mir. Das helle Grün der Wiese, darüber das dunkle Grün der Bergnase, dann das satte Blaugrün des Berges dahinter. Und als flauschiger Himmelsstreifen legt sich ein weißes Nebelband über die Grüns. Mittendrin der helle Stein der Burgruine. Durch die Wipfel der vorderen Bäume ziehen weiße Dunstschwaden. Geheimnisvoll. Ich lege mich noch einmal hin und drehe mich um.

Sieben Uhr. Die Streifen sind geblieben, das Blaugrün bekommt jedoch Akzente. Vereinzelte Flecken leuchten in frischem Grün. Dort, wo sich die Sonne schon durch die Nebelschicht kämpft und den Wald anstrahlt. Der weiße flauschige Streifen besitzt hellblaue Farbtupfer. „Wie viele Farbnuancen Grün doch haben kann“, denke ich. Ich glaube, heute wird ein richtig guter Tag.

Die unterste Nebelschicht beginnt zu leuchten. Wunderschön. Vor einem Jahr wäre ich aufgestanden und hätte bestimmt nur „Mist. Nebel!“ gesagt. Heute nicht. Die Schenkenburg steht nun klar vor mir auf dem Bergrücken, ein Brückchen führt auf die Erhebung daneben, links der Burg ist ein Aussichtspavillon. Wie mächtig muss sie einst gewesen sein. Schon bald werde ich ganz dort oben stehen. Auch der Berg in der Ferne erhält erste Sonnenflecken.

Stuttgarts Schickeria

Willy Schoch besucht mich zum Frühstück im Hotel. Klar, er ist Ur-Schenkenzeller und gefragter Ortshistoriker. Man darf sich Historiker jedoch nicht als alte, gebückte, vom Leben sehr gezeichnete, Männer vorstellen. Nur weil der Begriff verstaubt klingt. Da sitzt mir einmal mehr ein dynamischer Mensch gegenüber, freudig die Augen, Leidenschaft strahlen diese aus. Für die Geschichte des Ortes und der Region. Würde er nicht sagen, dass er schon im Ruhestand ist, so würde ich es ihm nicht glauben.

„Das Alpirsbacher Kloster bestückte die westliche Ecke seines Territoriums mit einer kleinen „Celle“, in der ein armer Mönch wohnte“. Oder wohnen musste. „Subsidiary“ würde der Werbefuzzi dies heute auf Neudeutsch nennen. „Auf der Bergnase entstand später eine Burg, die Burgherren setzen Dienstmannen als Lehen ein und gaben ihnen das Schankrecht. Schenkenzell. Man schrieb das dreizehnte Jahrhundert. Mächtig war die Burg, die die Geroldsecker erbauten. Ein fünfgeschossiger romanischer Palas mit Bergfried, doppelwandigem Zwinger und drei Ringmauern. Zu viel Prunk, zu viele Burgen im Kinzigtal, zu viele Nachkommen. Also: zu wenig Geld! Die Herren von Hohengeroldseck mussten verkaufen. So kamen die Fürstenberger vermutlich sehr günstig an die stolze Burg über Schenkenzell. Solche Dinge sollen auch heute auf der Welt noch vorkommen.

„Den Sturm des Bauernkrieges überstand die Burg sehr gut", so Willy Schoch. „Aber nicht den Zwist mit den Lehensmännern, den Junkern von Weitingen". Graf Wilhelm von Fürstenberg machte kurzen Prozess. „Die Fürstenberger rückten mit ihrem Heer an und brannten die Burg 1534 eigenhändig nieder". Die eigene Burg wohlgemerkt. Seither ist es eine Ruine. Und die Diskussionen mit den Lehensmännern hatten ein klares Ende. Heute geht das nicht mehr so einfach. Mietnomaden rauszuwerfen, und sein eigenes Haus abzubrennen, gibt Ärger. Ganz bestimmt.

„Nur einmal noch gab es Missstimmung mit den Fürstenbergern", weiß Willy Schoch mit einem Grinsen. „Als die Gemeinde Schenkenzell 1953, nach dem Erwerb der Ruine, ein Burgfest veranstaltete und Alpirsbacher Bier statt Fürstenberger ausschenkte". Die Gemeinde feierte, dass die Burg für die Bürger wieder zugänglich wurde, nachdem sie zuvor Privatbesitz war. „Stuttgarter Kaufleute erwarben um Neunzehnhundert die Ruine und bauten ein nobles Schosshotel. Dort, wo heute die Pizzeria steht. So hielt die Stuttgarter Schickeria in Schenkenzell Einzug, welches bereits 1806 Baden zugesprochen wurde. Mit noblen Mercedes Karossen fuhren sie vor, eine Attraktion für die Schenkenzeller." Zum Auerhahn jagen mit den Fürstenbergern. Aber das ist eine andere Geschichte. Und eine andere Zeit. Der Auerhahn im Logo der Duravit an der Fabrikhalle am Ortseingang wird unter diesem Gesichtspunkt zum Mahnmal.

Fünfzigtausend Mark hat die Gemeinde übrigens 1953 für die Ruine bezahlt. Hätten Sie mal noch ein paar Mark drauf gelegt, hätte das ein Jahr später einen Mercedes Flügeltürer gegeben. Der wäre heute eine Million wert, Tendenz steigend. Die Ruine kostet nur. Dafür erstrahlt sie heute in frisch saniertem Zustand. Und der Burgherr heißt Schenk. Bürgermeister Schenk. Witzig.

Ein „Gschichtle" will ich dem Willy noch entlocken. Und ich werde nicht enttäuscht. „Bürger durften mit den Händen nach Forellen fischen. Und Durchreisende erhielten in früheren Zeiten die Erlaubnis, eine Nacht in Schenkenzell verbringen zu dürfen. Starben sie in dieser Nacht, so hatte der Burgherr das Recht, dessen Ross zu behalten". „Na, Gott sei Dank bin ich nicht mit einem Porsche da, sonst hätte ich die Nacht im „Winterhaldenhof" womöglich nicht überlebt", merke ich mit einem Lachen an.

Wieder auf dem Weg

Der Socken mit dem L für links über den linken Fuß, der mit dem R über den rechten Fuß. Es fehlt nur der Hinweis, dass man barfuß in die Socken muss. Aber das kommt auch noch irgendwann. Amerika hat das bestimmt schon. Dann haben wir das auch bald. Ich bin wieder Pilger. Ich begebe mich auf den Weg. Zugegeben, es ist nur eine Tagesetappe, aber ich freue mich darauf. Auf mein Licht. Und meine Stille. Die letzten Morgennebel ziehen aus den Wäldern und Wiesen. Beide erstrahlen in frischem Grün. Vereinzelte Wolken werfen Schattenspiele auf den Anblick.

Mit einem „Grüß Gott" empfängt mich Martin Schmid auf seiner Tourist-Information. Er schenkt mir eine Broschüre über die Geschichte der Burgruine. Feinster Buchdruck auf edelstem Papier, das Wappen versilbert. Gedruckt 1956. Mein Designerherz schlägt höher. „Etwas neueres haben wir nicht". Es ist fast zu schade zum Lesen. Der Ruine ist´s egal.

Als ich den Ort talabwärts verlasse, komme ich ins Staunen. Auf einer modernen Firmenhalle steht eine knallorangene LKW-Zugmaschine. Oben drauf. Haas. Marken-Kommunikation in

Vollendung. Könnte von mir sein, diese Idee. Im Kontrast dazu, die rostige Bogenbrücke der Kinzigtalbahn. Die Eisenbahn verdrängte die Macht der Flößer, die Straße die Macht der Eisenbahn. Sensibilität für die Umwelt gibt der Bahn eine neue Chance. Auf dem Firmengelände steht ein altes rotes Feuerwehrauto. Ein Ford Transit der ersten Generation. Mit solch einem Transit war zu meinen Kindertagen Gärtner Hopp in Hornberg unterwegs. Wir Nachbarskinder waren ihm sehr fleißige Erntehelfer, sprich Tannenzapfensammler für die Gestecke.

Das Aida-Rucksäckchen spüre ich fast gar nicht, ein Lied verlässt meine Lippen. Ich fühle mich gut. Sonne statt Regen wie noch gestern bei meiner Ankunft. Für kein Geld der Welt würde ich jetzt mit meinem Bürostuhl mit Komfortfunktionen tauschen.

Der Weg führt rechter Hand am Berg entlang, vor mir die Burgruine. Wiese, Blumen, blauer Himmel, Federwölkchen. Es duftet nach Sommer. Das Zirpen der Grillen wird zum Konzert. Nur gestört durch die Geräusche der noch nahen Straße. Links eine Mauer am Weg, früher war dies die offizielle Straße nach Schenkenzell. Ein Schotterweg.

Floßknechte, Bachbrieler und Flaizer

Ich treffe wieder auf den Kinzigtäler Flößerweg, eine Schautafel klärt mich über das harte, gefährliche, und mitunter tödliche, Unterfangen auf. Matthias Bühler war einer von denen, die ihr Leben an dieser Stelle gelassen haben. Ein Bildstock erinnert an ihn. Werbefuzzi-Sonne gab es noch nicht, die Flößer mussten bei jedem Wetter raus, mussten mit einfachen Mitteln die Naturgewalten beherrschen. Laut schallten ihre Stimmen über den Fluss, raubeinig ihr Verhalten. Wen wundert´s! Und wen wundert´s, dass sie deshalb nicht angesehen waren, als gewalttätige Trunkenbolde galten. „Erst nach dem Aussterben der Flößerei wurde ihre Arbeit zum Abenteuer, ihr Mut zum Mythos erklärt. Maler und Schriftsteller gaben ihnen poetischen Glanz. Und Andenken".

Sanft und geheimnisvoll hingegen fällt das späte Morgenlicht auf den Pfad, der sich linker Hand zur Burg hoch schlängelt. Rittersleute waren bestimmt noch viel raubeiniger. Durch ein Loch in der Mauer betrete ich das Burggelände, den Zwinger.

Gier

Einige Schritte oberhalb steht der Aussichtspavillon der Neuzeit, im inneren Zwinger. Von hier aus ist der Blick in das Tal und auf Schenkenzell grandios. Und sehr romantisch. „Lustzelt" – so hießen Pavillons füher. Mein Blick fällt auf die massiven Mauern des ehemaligen Palas und des Bergfriedes. Drei auf drei Meter misst der Innenraum des quadratischen Turmes, dem letzten Rückzugsort. Drei Meter stark sind dessen Mauern. Ende der Komfortzone. Innen wurden gehauene, glatte Sandsteinquader verwendet, außen Buckelquader. Sehr hoch muss er damals gewesen sein. Die Steine wurden beim Bau der Straße für die Stützmauern gebraucht und abgetragen. Nix Denkmalschutz und so. Der Palas war größer, sechsfünfzig auf acht Meter Innenraum. Ein wohnturmartiges Gebäude. Die Ecken mit Bossenquadern eingefasst. Fünf Geschosse muss er gehabt haben, Kragsteine für die Balken sind noch erkennbar. Die schmalen Schlitze in den Außenmauern mögen sowohl als Schießscharten, wie auch für Licht- und Lufteinlass gedient haben. In den Leibungen befinden sich noch Löcher für die Auflagerklötze der Armbrustwaffen. Ich stehe, wenn man so will, im Erdgeschoss. Über mir Wohnraum und der Rittersaal. Die drei zusammengekuppelten Rundbogenfenster verleihen auch heute noch Würde. Zwei Fensterpfeiler weisen auf weiteren Wohnraum hin, bevor sich das steile Satteldach schützend über den Palas legte.

Einst, als die Burg schon eine Ruine war, hüteten Bauern ihr Vieh auf den Weiden unterhalb der Burg. Einem erschien ein alter weißhaariger Mann, der Burggeist, und führte den Verwunderten hinein in die Burg. Durch eine schwere eiserne Tür. Hinein in ein Gewölbe. Ein Glitzern und Funkeln strahlte den Bauern an, als der Begleiter des Schlossgeistes eine schwere Truhe öffnete. Goldmünzen! Mehr noch, der Bauer durfte sich so viele nehmen, wie er wollte. Mit falscher Bescheidenheit nahm der Bauer aber nur wenige davon. Der Geist durchschaute jedoch dessen gierige Absicht, später noch einmal alleine kommen zu wollen, um den ganzen Schatz zu holen. Die Gier. Es kam, wie es kommen musste. Zurück im Freien, war Geist und Türe verschwunden und konnte nie mehr gefunden werden. Irgendwie sind Sagen auch Lebensweisheiten. Heute nennt man das Schlager.

Über eine abenteuerliche Steintreppe führt der Weg hinunter in den Halsgraben, welcher von den Burgherren künstlich angelegt worden war. So ragten die massiven Mauern von Palas und Bergfried uneinnehmbar hoch nach oben. Eine lange Zugbrücke verband den Burgeingang mit den Vorwerken auf dem gegenüberliegenden Hang. Ein schmaler Pfad führt auch hier hinauf.

Räuber und Gendarm

Mühsam muss es für die Rittersleute in Rüstung gewesen sein, diesen Pfad zu besteigen, auf ihrem Weg in die Burg. Der Komfortpilger meistert dies ohne Probleme. Knorrige Wurzeln ziehen sich über den Weg. Steilwandige Gräben trennen die Vorwerke voneinander, ein Brückchen verbindet. Für die Touristen. Abenteuerlich. Lichtstreifen fallen über den Weg. Bei meinem Blick zurück baut sich die Burgruine vor mir auf. Die Giebelseite ragt auch heute noch sechzehn Meter in die Höhe, die Palasstürze sind gut erhalten. Das muss ein ziemlich beeindruckender Anblick gewesen sein, als sie noch in voller Pracht erstrahlte. Wie müssen sich die Rittersleute gefühlt haben, als die schwere Zugbrücke mit einem Knarren herunter gelassen wurde und sie mit ihren edlen Pferden durch das Portal ritten? Wehte ihnen ein buntes Fahnenmeer entgegen? Strahlten die Burgfräuleins aus den Fenstern sie an? Erklang die Musik der Gaukler? Duftete es nach frisch gebratenem Fleisch? Mühsam muss auf jeden Fall die Wasserversorgung gewesen sein, besaß die Burg doch keine eigene Quelle. Flößer berichteten noch von Gemäuern an der Kinzig, die als Wasserstelle gedient haben könnten. Sprengungen zum Straßenbau beseitigten die Spuren der Geschichte. Heute weht auch nur noch eine einsame Fahne auf der Burg. Bescheiden, aber in vollem Sonnenschein. Diese ganze Anlage ist ein Abenteuerspielplatz für die Buben. Kinderbilder gehen mir durch den Kopf. Räuber und Gendarm auf der Hornberger Burg. Oma liest ihren Arztroman.

Wellness Testcenter

Ich treffe wieder auf den Weg, die alte Landstraße. Eine Mauer aus Steinquadern schützt vor dem Abhang. Ob dies alte Quader der Burg sind? Monoton die Geräuschkulisse der neuen Landstraße entlang der Kinzig unter mir. An der Holzhütte vor mir hängt ein Schild, „Bienen erhalten die Natur“, daneben Bienenstöcke. Auf der Talvariante folge ich nicht mehr der orangefarbenen

Muschel auf weißem Schild, sondern der gelben auf blauem. Wobei man sich eigentlich nicht verlaufen kann, es geht immer talwärts, an der Kinzig entlang. Nach einem kurzen Stück auf geteerter Straße, begrüßt mich wieder ein Wiesenweg. Und Schatten. Die Sonne steht mittlerweile hoch. In einer Mulde ein uralter Heuwender oder so etwas in der Art. Ein Holzfahrzeug mit Eisenspeichenrädern. Ein Museumsstück am Wegesrand. Eine Kuhherde grast im Schatten einer Baumgruppe, die Schokoladenseite der Schenkenburg erscheint auf der Bergnase hinter mir. Die moderne Kinzigtalbahn zieht unterhalb vorbei. Dann geht es in den Wald. In das Spiel aus Licht und Schatten. Ein gebastelter Holzunterstand, bedeckt mit Zweigen, erinnert mich wieder an meine Räuber-und-Gendarm-Zeit. Ein Haus mit Dach im Schwarzwaldstil, ein historischer Speicher, ein Bahnübergang, dann bin ich da, in Schiltach. Direkt neben mir das Bahngleis, im Hintergrund die Kirche in neubyzantinischem Stil. Einige Schritte abwärts die Kinzig. Neben der Kinzig ein Park. Im Park Stationen des Flößerweges, original Werkzeug ist da zu sehen. Auf den Steinen in der Kinzig sitzen Enten. Bäume und das Blau des Himmels spiegeln sich im Wasser. Meine Füße tauchen ein in das Nass, ich kann am Uferrand sitzen. Barfuß sein ist einfach schön. Ein gesicherter Steg auf einem Wehr führt über die Kinzig und geleitet zu einem Firmenkomplex. An der Rückseite einer Firmenhalle hängt ein Schild. „Wellness Testcenter“. Hansgrohe.

Schiltach

Nun wird es stressig für meine Augen und Füße. Die Augen wissen nicht, wohin sie zuerst schauen sollen, die Füße nicht, wohin sie zuerst laufen sollen. Fachwerk wohin ich auch blicke.

Beeindruckend! Den umliegenden Höfen eine Heimat zu geben, war der Gedanke, als im elften Jahrhundert in Schiltach eine Pfarrei und dadurch eine Ansiedlung entstand. Rund zweihundertundfünfzig Jahre später bauten die Herren von Teck auf der Anhöhe eine Burg. Darunter entwickelte sich das heutige Schiltach. Eine mächtige Stadtmauer und zwei Stadttore sicherten die Stadt. Von der Burg ist nichts mehr zu sehen, wohl aber vom Städtle, wie die Schiltacher es selbst liebevoll nennen. Stolz thronen auch heute die Fachwerkhäuser auf der Stadtmauer, bei meinem Blick von der Hauptstraße hinauf zum Städtle. 1381 kauften die Württemberger die Stadt, bevor Napoleon sie 1810 im fernen Paris an Baden tauschte.

Keine Kriege, der Teufel von Schiltach, und klar, eine Hexe waren es, die 1533 einen verheerenden Stadtbrand auslösten. Schiltach fand durch das Ereignis, heute würde man sagen, mediale Beachtung. Weit über die Grenzen hinaus wurde darüber berichtet. Selbst Erasmus von Rotterdam befasste sich mit dem Fall, gab neuen Spekulationen Nahrung. Bis der Teufel von Schiltach und seine Hexe als das „Exempel Schiltach“ das koloniale Amerika erreichten. Als es wenige Jahre später in Schiltach erneut brannte, war die nächste Hexe fällig. Neun weitere folgten. Das Ereignis und seine Deutungen haben der mittelalterlichen Hexenverbrennung Nährboden gegeben. Den Gebrüdern Grimm diente der Teufel von Schiltach gar als Vorlage für „Des Teufels Brand“ in ihrem Buch der deutschen Sagen. Sachliche Interpretationen sagen, dass der Wirt seiner Magd nachstellte. Und ein Vagant, so nannte man im Mittelalter Durchreisende, für die Magd den lüsternen Wirt mit unheimlichen Geräuschen erschrecken und fern halten sollte. Des Teufels Gespenster! Die teuflische Magd wurde entlassen, der Vagant wollte sich dafür rächen und zündete das Wirtshaus an. Dem Feuer fiel versehentlich die Stadt zum Opfer.

Da die Magd zum Zeitpunkt des Feuers in Oberndorf weilte, erfand sie, laut Hexenverfolger, sogleich das Fliegen auf einer Ofengabel. Vor dem Scheiterhaufen konnte sie nicht davon fliegen. Als Fasnachtsfigur erinnert heute der Schiltacher Teufel sowie die Magd an die grausamen Geschehnisse jener Zeit. Ich hoffe, mit dem notwendigen Respekt.

Stadtbrände waren aber immer auch die Chance für einen Neuaufbau. Heinrich Schickhardt, der berühmte württembergische Baumeister der Renaissance, plante die neue Stadt. Der dreieckige Marktplatz zeigt noch heute seine Handschrift. Ebenso das Rathaus im eindrucksvollen Renaissance-Stil. Wenngleich der Staffelgiebel und die Fresken erst später hinzukamen. Die Fassadenmalerei zeigt die Stände. Und die Flößer. Sehr heroisch. Und natürlich den Teufel und seine Hexe.

Auch die roten, riesigen Sitzkissen mitten auf dem Marktplatz kamen erst später hinzu. Eine Erfindung von Bürgermeister Haas. Tourichef Jäckels, zugezogen aus dem Saarland, aber mit Herz und Kissen, legte sie dann dahin. Jüngeren Datums sind auch die Autos. Sie parken auf den Pflastersteinen des einmaligen von Fachwerk und schmucken Häusern romantisch eingerahmten Marktplatzes. Bis ins fünfzehnte Jahrhundert geht der Stadtbrunnen zurück. Der Löwe mit dem Ortswappen auf dem Brunnen symbolisiert zwar das Marktrecht, aber nicht das Parkrecht. Sind ja nicht alle zu Fuß da, so wie ich. Die Altstadt steht seit 1971 unter Denkmalschutz, 1978 Bundessieger „Stadtgestalt und Denkmalschutz". Zu Recht, wenn man mal von den Autos und Lieferwagen absieht. Fachwerkhaus an Fachwerkhaus reiht sich in Schiltach. Straßennamen die mit „Gässle" enden führen idyllisch durch die Altstadt. Fensterläden in bunten Farben als Kontrast zum dunklen Fachwerk. Kletterpflanzen und Reben ranken sich am alten Holz entlang. Die Stockwerke der Fachwerkhäuser ragen mit jedem Obergeschoss weiter in das Gässchen hinein. Damit der Regen besser abläuft und das Holz nicht angreift. Das Erdgeschoss feuerfest gemauert. Für Laden, Werkstatt, und den Stall. Waren viele Hausbewohner doch Handwerker, die nebenbei auch Landwirtschaft und Tierhaltung betrieben. Heute würde man das auch Nebenerwerbslandwirt nennen. Die Zeiten wiederholen sich. Tore und Seilzüge an der Stirnseite im Obergeschoss. Am Antiquariat begrüßen mich Muscheln am Türsturz. Am „Rössle" Wandmalerei und Lebensweisheiten, in der Speisekarte „Schiltacherer Dreierlei" und „Schwäbischer Albtraum". Schiltach besitzt Fachwerkhäuser vom sechzehnten bis zum neunzehnten Jahrhundert in seltener Geschlossenheit. Schmuckstücke, Bilderbuchatmosphäre. Am Silvesterabend erlöschen alle elektrischen Lichter in den Fenstern, kommt die gute alte Zeit zurück. Pechfackeln brennen. Und die Menschen ziehen singend durch das romantische Schiltach bis zur Kirche. Da hätte der Herr Burda in Offenburg ein Problem. Denn dann wäre sein großer Tannenbaum im Hochhaus auch erloschen, dunkel der Media-Tower.

In der „Sonne" setzte ich mich in die Sonne und blicke auf den außergewöhnlich steil ansteigenden Marktplatz, welcher seit dem Wiederaufbau nach dem letzten Stadtbrand 1791 seine verzaubernde Gestalt besitzt. Verzaubernd, bis auf die Autos, aber das habe ich ja schon gesagt. Menschen tratschen im Marktcafe, Fahrräder lehnen am Brunnen. Eine Fassade sticht aus dem Marktplatz-Ensemble besonders hervor. Sie besitzt einen wunderschönen Blendgiebel aus der Renaissance. Die Frau des Besitzers kam aus dem fernen Flandern, eine Hommage an die Heimat. Ich bestelle Linsen mit Spätzle und Saitenwürstle. Die württembergische Vergangenheit lässt grüßen. Freundlich serviert mit Berliner Schnauze. Die Gäste neben mir reden englisch, spanisch und badisch. Hansgrohe, wie ich vermute.

Klaus und Richard

Im Ort nennen ihn die meisten nur Klaus. „Wenn in Schiltach n Feschd isch, dann steht der au am Bierschdand, wie alle andre au". Ich jedoch frage höflich und ehrfürchtig am Empfang der Hansgrohe Aquademie nach Herrn Klaus Grohe. Sohn des Firmengründers. „Herr Grohe holt Sie gleich ab", sagt die nette Dame am Empfang. Herr Grohe höchstpersönlich, nicht eine Assistentin? denke ich. Und warte einfach mal ab. Nicht lange, dann kommt er auch schon. Ich hätte ihn fast nicht erkannt, hatte ich doch Nadelstreifen und Krawatte erwartet. Stattdessen Jeans und dunkles Polohemd. Eine kleine Gruppe Azubis kommt gerade vorbei, sie lächeln und sagen „Hallo". Herr Grohe lächelt, sagt auch „Hallo". Augenhöhe. Mein Blick von der Empore in die Aquademie signalisiert mir: Weltunternehmen.

Wir sitzen in einem Besprechungsraum. Klaus Grohe erzählt mir, dass er schon mehrmals auf dem Jakobusweg unterwegs war. Pilger unter sich. Er allerdings in Spanien. Seine Augen leuchten, ich kann seine Gedanken lesen. Ich fühle wie längst vergessene Erinnerungen aufsteigen. „Mit dem Fahrrad. Das ist erlaubt". Lange, bevor Jakobuswege zum Trend wurden, war er unterwegs.

Richard Grohe kommt hinzu. Jeans, Polohemd. Wie der Vater, so der Sohne. Bodenständig. „Er war über Mittag noch in der Sauna". Im Wellnesscenter der Aquademie. „Und danach bade ich gerne in der Kinzig". Er ist entspannt, so wie der Vater auch.

„Der Jakobusweg war noch nicht ausgebaut und ausgeschildert, so kamen wir auf allen Vieren aus dem Gebüsch, froh den Horizont zu sehen." Und: „kurz vor dem Ziel kommen kichernd Teenagerinnen hinter der Hecke zum Vorschein, die hatten sich noch schnell ihre katholischen Schuluniformen angezogen". Auch Richard Grohe war schon in Spanien. Vor über fünfundzwanzig Jahren. Der Vater grinst, hat eine Geschichte parat. „In Compostela führt der Weg durch eine enge Gasse, in der Gasse steht eine Skulptur des Heiligen Jakobus. Alle Pilger umarmen ihn, einer nach dem anderen. Schlange stehen die Pilger dafür. Ich konnte das von der Anhöhe schön beobachten. Doch plötzlich brach die Schlange ab, es kam niemand mehr." Klaus Grohe lacht und schaut seinen Sohn an. „Weißt Du noch, Du hattest eine breite Gummimatte auf dem Rücken und bist in der engen Gasse stecken geblieben. Die anderen Pilger kamen nicht vorbei. Deine Klamotten waren zerfetzt, man wusste nicht so genau, ob Du der Bettlerin etwas gibst, oder sie Dir".

Ein bekanntes Ehepaar der Grohes hatte sich vor einiger Zeit aufgemacht, pilgerten nach Compostela. Von der eigenen Haustüre im Nachbarort ab. Zu Fuß. Bei der Entfernung von Schiltach bis Compostela gibt es unterschiedliche Meinungen. Beide zücken fast gleichzeitig ihr Smartphone. „Das lässt sich schnell klären". Nur, der Sohn geht in Google Maps, der Vater ruft das Ehepaar an, „die müssen es ja genau wissen". „Tausendachthundertneunzig Kilometer ab Offenburg" sagt der Sohn. Beim Vater geht niemand dran. Also doch Sieg der Medien über den Menschen, denke ich mit einem Schmunzeln.

„Was war denn Ihr Antrieb?" will ich von Klaus Grohe wissen. Er überlegt. „Eigentlich keiner. Obwohl, ich bin zweisprachig aufgewachsen und im französischen Fernsehen kam einmal ein Bericht". „Auf dem Weg konnte ich nachdenken. Ich habe sogar eine Kerze für die Firma angezündet", sagt Richard Grohe. „Ich war also eher ökonomisch orientiert".

Fast zwei Stunden nehmen sich die beiden Macher für den Pilger Zeit, ich merke, es macht ihnen Spaß. Fernab Ihrer Bilanzen, Strategien und Design-Innovationen. Wir reden nicht über das Lebenswerk der Grohes. Schwarzwälder Bescheidenheit. Ist ja auch gar nicht notwendig, Hansgrohe kennt ja sowieso jeder. Aus einem Dorf nahe Berlin kommend, blieb Hans Grohe in Schiltach hängen und erkannte schnell große Chancen. Metall formte der gelernte Tuchmacher zu Gehäusen für Wecker. Junghans Uhren im benachbarten Schramberg war zu Beginn des Zwanzigsten Jahrhunderts in der Hochblüte angelangt. Die vielen Arbeiter der Industrialisierung benötigten Wecker, um pünktlich zur Arbeit zu erscheinen. Und Junghans eben Gehäuse für die Uhrwerke. Wegweisende Erfindungen wie die Handbrause und die Brausestange folgten, als das Badezimmer im letzten Jahrhundert die Behausungen eroberte. Designer in die Produktentwicklungen zu integrieren, war der nächste Schachzug. Vom Klemptner-Image zum begehrten Objekt der Schöner-Wohnen-Garde.

Ob er sich für die Zukunft Sorgen um Wasser mache, will ich von Richard Grohe wissen. „Wasser wird es immer geben. Es ist ein Verteilungsproblem. Wasser wird nicht gerecht verteilt." Und: „Warmwassererzeugung verbraucht ein Drittel des Energiebedarfes." Ich spüre das Bewusstsein für Wasser ist sein Element. Die Gene. Großvater Hans wählte nicht ohne Grund die Engstelle der Kinzig als Standort aus. Die starke Strömung war ideal für die Transmission des Wasserrades. Und dennoch ist sie nicht zu stark für das Bad nach der Sauna.

Hansgrohe unterstützt Brunnenbohrungen in Entwicklungsländern und setzt Lachse in der Kinzig aus. Heimisch sollen sie wieder werden, die Fische, die von der Flößerei und der Industrialisierung vertrieben wurden. Das Bad in der Geschichte und das Bad der Zukunft gibt es in der Hansgrohe Aquademie zu besichtigen. Mit Probeduschen versteht sich. Und Wellness-Testcenter. Das Bad danach in der Kinzig steht jedem frei.

Lebensader Kinzig

Die Geschichte Schiltachs wird im Stadtmuseum präsentiert, gespickt mit Anekdoten. Gegenüber das urige Apothekenmuseum. „Adler" prangt stolz an dem prächtigen Fachwerkbau mit Erker unterhalb des Marktplatzes. Mitten im Ort trifft das Wasser der Schiltach von Schramberg kommend auf die Kinzig, macht den Fluss mächtiger.

Hochwassermarken an Häusern der Hauptstraße zeugen von der Macht der Kinzig, der die Schiltacher immer wieder ohnmächtig ausgeliefert waren. Zuletzt vor fünfundzwanzig Jahren. Doch die Schiltacher wussten diese Macht der Kinzig auch geschickt zu nutzen. Straßburger Holzhändler begehrten schon ab dem vierzehnten Jahrhundert das Holz aus Schiltach, im achtzehnten Jahrhundert folgten die Holländer. Die große Zeit der Flößer. Reichtum für die Stadt. Und der Ort bewahrt die Tradition des ausgestorbenen Handwerkes sorgfältig, so wie die Wolfacher auch, hatten beide doch das Kinzigtäler Flößerprivileg. Der Gamber unterhalb der ehemaligen Spannstätte an der Kinzig, wo das Holz zum Flößen vorbereitet wurde, ist sehr gut erhalten. Am Ortseingang ein Schaufloß, auf Stelzen, so dass man es vom Parkplatz des Schüttesägemuseum betrachten und verstehen kann. Die Säge will ich mir nun anschauen. Denn nicht nur die Flößer nutzen die Kraft des Wassers. Ein Gewerbekanal wurde vom Fluss abgezweigt, so konnte man die Wassermenge steuern, die das rund sieben Meter große Wasserrad der Sägemühle gleichmäßig antrieb. Ein unterschlächtiges gigantisches Mühlrad, das auch heute noch läuft. Ununterbrochen speist es den Generator, welcher Strom für Schiltacher Haushalte erzeugt. Außer wenn interessierte Menschen wie der Werbefuzzi da sind. Denn dann sind auch Franz Harter und Georg Gebele da. Eingespielt hängen die beiden den Generator vom Netz und kurbeln die Transmission an das Wasserrad, welches in diesen Momenten zur kurzen Ruhe kommt. Georg Gebele hat dem Rad vorher das Wasser abgestellt. Franz Harter und Georg Gebele kümmern sich um die alte Hochsäge im Schüttemuseum. Die Säge dankt es den beiden. Zuverlässig wie ein Uhrwerk treibt die Wasserkraft die Säge nun an. Und treibt den Schlitten vorwärts, auf welchem der mächtige Baumstamm eingespannt ist. Immer und immer wieder fährt das Sägeblatt im hölzernen Rahmen hoch und fällt sogleich knirschend in den Stamm. Zentimeter für Zentimeter. Spätere Sägen waren da schon nobler, besaßen mehrere Sägeblätter nebeneinander. Der Stamm wurde in einem Durchgang zerlegt, wie die zweite Säge im Museum zeigt. Während des Sägens hatte der Sägemeister Pause, sie lief ja automatisch. Dann konnte er sich in seine Werkstatt zurückziehen und anderer Arbeit nachgehen. So wie heute an CNC gesteuerten Maschinen auch. Wenn kein Fernseher in der Werkstatt hängt. Oder Facebook-Freunde Banalitäten posten. Im Untergeschoss Flößergeschichte. Mit viel Liebe zum Detail gebaute und gebastelte Modelle. Ein Geländemodell zeigt außerdem, wie das Holz mühsam aus dem Wald zum Fluss kam.

Auf der anderen Seite des Gewerbekanales steht eine weitere Mühle. Auch dort dreht sich ein Mühlrad fleißig. Nostalgie bei der Arbeit. Filmkulisse für Dr. Brinkmann aus der Schwarzwaldklinik. Das Rad war zuständig die Lohmühle für die Rotgerber anzutreiben. Folglich finde ich im Obergeschoss Wissenswertes über die Gerberei. Im Untergeschoss ist zudem eine wissensbringende Ausstellung über die Waldwirtschaft aufgebaut. Und über die Tiere, die in dem Wald leben. Andreas Morgenstern erklärt mir alles wunderbar.

Die letzten Gerber

Zwanzig Gerber zählte Schiltach einst. Das Handwerksvolk, das nicht etwa wegen eines schlechten Rufes, sondern wegen ihres schlechten Geruches außerhalb des Ortes verbannt wurde. Talabwärts, damit die Kinzig zudem ihre Hinterlassenschaften mitnimmt. Das Endprodukt der Gerber sieht banal aus, das Rohprodukt auch, aber der Weg dorthin kann mitunter kompliziert sein. Da braucht es Profis zur Erklärung. Die Gebrüder Trautwein zum Beispiel. Beide in den Siebzigern, „eigentlich im Ruhestand", und mit die letzten Gerber, die in Schiltach und bundesweit das Handwerk noch ausüben. Ich bitte die beiden, mir das Gerben durch ein „Sendung-mit-der-Maus-Niveau" verständlich zu machen.

„Wir unterscheiden zwischen Rotgerbern und Weißgerbern. Rotgerber stellen dunkles festes Leder her, zum Beispiel für Schuhsohlen oder feste Bänder. Bänder, die die Kraft des Mühlrades auf das Mühlwerk übertrugen, zum Beispiel. Oder Kühen um den Hals hängen, mit der Glocke unten dran. Wir Weißgerber machen feineres Leder. Für den Orgelbau zum Beispiel oder auch für die Orthopädie, da Sämischleder keine Allergien auslöst. Oder wir gerben Schafsfelle, an denen das Haar dran bleibt. Kuscheldecken für Babys zum Beispiel". Oder Kleinkinder, denke ich. Mein erster Gang bei der Oma war immer, das weiche Schafsfell zu holen, und dann obendrauf neben ihrem Sessel am Fußboden zu liegen.

„Nur die Rotgerber, die überwiegend Rinderhäute verarbeiteten, brauchten eine Mühle, um aus Eichenrinde oder Fichtenrinde durch mehrmaliges Zermahlen Gerblohe herzustellen. Die Häute, an denen Fleischreste abgeschabt worden sind, kamen zusammen mit der Lohe, Schicht für Schicht, in die tiefe Grube vor der Gerberei und wurden so über Monate gewässert.

Anschließend ging es in die große, runde Holztrommel zum Spülen. Wie in einer Waschmaschine. Nur mit viel mehr Gestank. Umdrehung für Umdrehung. Und immer wieder neues Wasser. Das alte schwamm Richtung Wolfach". Als Dank für den Zoll, den die Schiltacher Flößer auf ihrer Durchfahrt bezahlen mussten, vermute ich.

„Die Weißgerber nutzten keine pflanzlichen Gerbstoffe wie die Rotgerber. Sie rieben neben Salz feuchten Alaun in die ausgewaschenen Lederhäute und Felle. Und auch beim Weißgerben mussten vorher Fleischreste abgeschabt und die Häute gebeizt, straff gezogen und immer wieder in den Trommeln ausgewaschen und geschliffen werden. Und natürlich wurden auch die Haare entfernt, wenn Leder und kein Fell gewünscht war. Alaun verfärbt das Leder nicht, so wie Gerblohe."

Bei der sämischen Gerbung werden die Schafshäute ohne Salz, dafür mit Tran, dem Fischöl von Atlatikdorschen, gesättigt, gewalkt und mit Sodalösungen ausgewaschen. Das wird besonders weich und hautfreundlich. „Das beherrschen in Deutschland nur ganz wenige Gerber, Orthopäden wissen es zu schätzen. Denn die Salze verursachen Hautirritationen."

Viele Maschinen ersetzen heute einen Großteil der Handarbeit früherer Zeiten bei den Trautweins. Fingerspitzengefühl ist aber auch weiterhin gefragt, weil jede Haut und jedes Fell einzeln eingerieben und in die Maschinen eingelegt werden muss. Sechs Menschen arbeiten heute noch in der Gerberei. Und der Sohn natürlich. Die fünfzehnte Generation. Zukunft gesichert. Kein Job für weiche Seelen. Sicher ist aber sicher. Über der Gerberei strahlt ein Einkaufsparadies, das nicht nur die Felle verkauft, sondern sich auch einen Namen für Leder- und Trachtenmode erarbeitet hat. Die Tochter will ja auch beschäftigt sein.

Das Gewissen

„Für uns werden keine Tiere getötet“ betonen die Trautweins. „Wir verwerten Abfälle, die Tiere werden zum Verzehr getötet“. Das können schon mal tausend Schafe im Monat sein, zu fast neunzig Prozent aus der Region. Der Werbefuzzi wird an seine Grenzwerterfahrung erinnert. Er sitzt im Flieger nach Brasilien. Das Ziel: ein Hersteller von Schlachtanlagen. „Fünfhundert Schafe, neunhundert Schweine, dreihundertsechzig Rinder“. Pro Stunde versteht sich. Die Aufgabe: den europäischen Markt erobern. Die noch viel schwierigere Aufgabe: das eigene Gewissen beruhigen! „Kein Job für Vegetarier“ hatte der deutsche Geschäftsführer gesagt. Der Werbefuzzi ist kein Vegetarier, er isst gerne Fleisch. Aber er kommt ins Grübeln. Der Geschäftsführer hat aber auch gesagt: „bei uns gilt Animal Welfare“. Will heißen, so sanft wie möglich, keine wilde Kopfschlachterei. Seither wird beim Werbefuzzi zu Hause keine Wurst und kein Fleisch mehr weggeworfen. Bewusster Einkaufen nennt sich das. Ende der übersättigten Wohlstandsgesellschaft mit Luxusproblemen.

Omas Tannenzapfen

An der Häberlesbrücke, gleich vor den Trautweins, steht eine Infotafel des Flößerweges, daneben Klaus Grimm. Geograph und Naturführer. Ein Profi. Er stellt auch gleich freundlich klar, dass er Fachwissen vermittelt und kein Belustiger sei. Dazu dient ihm der historische Stich auf der Infotafel, welcher Schiltach zu Beginn des neunzehnten Jahrhunderts zeigt. „Schadensbild“ nennt er es. Zwei weitere Teilnehmer an der Führung und ich schauen verwundert. „Schauen Sie sich das Bild einmal genau an. Die

Hügel sind kahl, alles abgeholzt. Raubbau, die nächsten Generationen der Zukunft beraubt." Schnellwachsende Fichten wurden deshalb angebaut. Monokultur. Was schneller wächst, kann auch schneller wieder geschlagen werden. Nicht nur in Schiltach. Ursprünglich standen im Schwarzwald hauptsächlich Weißtannen und Buchen, die dem Klima besser gewachsen waren. Aber eben langsamer gedeihen. Holz war Geld und Rohstoff. „Fichten sind Flachwurzler, bei Stürmen fallen die schneller um. Wie bei Sturm Lothar". Die Führung verspricht spannend zu werden, wir gehen in Richtung Wald. Klaus Grimm zeigt auf die Anhöhe gegenüber. Man sieht, wie sich der Wald die Wiese wieder erobert. Ich frage nach „Offenhaltung der Landschaft". Wegen der Touristen und so. „Jemand muss sich eben mühen. Der Mensch, das Tier oder die Natur". Passiert nichts, wächst es zu.

„Man hat aber auch dazu gelernt, Förster setzen auf Artenvielfalt. In sogenannten Plenterwäldern kommen zudem alle Jahrgänge vor." Gefallen hat der Borkenkäfer an der Fichte, eine ideale Nahrungsquelle. Der Borkenkäfer wäre wiederum eine ideale Nahrungsquelle für den Dreizehenspecht. Der kommt aber nicht mehr, da ihm das Totholz fehlt, der Wald ist zu aufgeräumt. Schön für das Auge, sicherer für Waldarbeiter, aber eben schlecht für den Zyklus der Natur.

Klaus Grimm malt mit einem Stock einen Kreis auf den Waldweg, zeichnet mit Strichen verständlich den Lebenszyklus des Menschen ein. Zeugung, Geburt, Kleinkind, Kindheit, Adoleszenz, Abitur, Erwachsensein, Tod, Verwesung. Achtzig bis neunzig Jahre. Daneben zeichnet er die Striche für einen Laubbaum. Bis zu achthundert Jahren kann der natürliche Lebenszyklus gehen. Bei einer Linde bis zu tausend Jahren. Meist lautet das Schicksal aber Fällung. Gleich nach dem Abitur. Da muss ich nicht Waldwirtschaft studieren, um zu erkennen, dass das den natürlichen Kreislauf des Waldes und den darin lebenden Tieren durcheinander bringt.

Der Begriff Nachhaltigkeit wurde in der Waldwirtschaft geschaffen, die Umsetzung braucht Zeit. Nationalpark Schwarzwald ist eines der heiß diskutierten Themen.

Wir kommen an Tannen vorbei. Zumindest habe ich das bis eben geglaubt, denn Herr Grimm fragt: „Tanne oder Fichte?“ Wir Teilnehmer schauen uns fragend an. „Fassen Sie in den Zweig, dann spüren Sie es. Die Fichte sticht, die Tanne nicht.“ Und, „schauen Sie die Unterseite der Nadeln an, Tannen haben zwei weiße Längsstreifen“. Klar, deswegen auch Weißtanne. Er optimiert auch gleich noch mein Halbwissen. „Die Äste der Tannen wachsen nach oben, die der Fichte hängen nach unten“. Und es wird noch dramatischer für mich. Mein Kindheitsbild der Tannenzapfen, die wir mit der Oma gesammelt haben und der Duft, den diese in ihrem Stubenofen verbreitet haben zerplatzt mit einem Wimpernschlag. Denn das, was wir als Kinder gesammelt haben, waren keine Tannenzapfen, sondern Fichtenzapfen. „Fichtenzapfen wachsen nach unten und fallen ab, liegen am Boden. Tannenzapfen wachsen nach oben und zerfallen am Baum“. Ende meiner heilen Tannenzapfenwelt. Darauf muss ich nachher erst einmal ein Fichtenzäpfle trinken. Obwohl, manche sagen ja auch Rottanne zur Fichte.

Der Schienenseppl

Nach dem Schüttesägemuseum führen zwei Brücken über die Kinzig. Eine davon ist eine ganz besondere Brücke. Einzigartig in Südwestdeutschland. Für Autos und Fußgänger überdimensioniert. Aber dafür wurde sie ja auch gar nicht gebaut. Es ist eine

Eisenbahnbrücke, erschaffen 1891. Eine „Stahl-Parallelgurtbrücke mit untenliegender Fahrbahntrasse und doppeltem Fachwerk, System Linville", wie mir die Infotafel verrät. Mit einer Spannweite von fünfzig Metern. Und das 1891! Beeindruckend. War bestimmt ganz schön teuer. Züge fahren keine mehr, die Gleise sind abgetragen. Zu langsam für die Neuzeit. Die Gitterkonstruktion wirft ein streng geometrisches Schattenmuster auf die Fahrbahn. Campingfreunde zelten am Uferrand unter der Brücke. Der dazugehörende Tunnel in Richtung Schramberg ist verwaist und gesperrt. Auf der einstigen Bahntrasse führt heute ein Radweg nach Schramberg. Hans Grohe war froh um die Trasse, wartete Junghans doch auf die Weckergehäuse. Abgetragen ist auch die Lokomotivdrehscheibe und der Wasserturm für die Dampfkolosse am Schiltacher Bahnhof. Die heutigen Triebwagen auf der Kinzigtal-Linie nach Wolfach oder Freudenstadt brauchen das alles nicht mehr.

Mein Herz schlägt trotzdem höher. Vor dem Bahnhof strahlt mir ein Schienenseppl entgegen, in Schiltach nennen ihn die Menschen Roter Brummer. Die Bahn nannte ihn Schienenbus VT98. Ein rotes Gehäuse, an den Ecken gebogen. Mit einem gewölbten Dach. Dazwischen Fenster, nur unterbrochen durch schmale Streben. Mit Sitzbänken, die auf das Nötigste reduziert waren. Unten vier Räder. Und irgendwo zwei Dieselmotoren. Vorne und hinten zwei runde Scheinwerfer, wie ein lustiges Gesicht. Fertig! Klein waren meine Schwester und ich noch, als uns unsere Oma in Hornberg in solch einen Schienenseppl setzte und mit uns regelmäßig nach Lahr fuhr, wo sie aufgewachsen war. Dort schauten wir aus dem Dachfenster und beobachteten Störche auf Nachbars Dach.

Mit feuchten, glänzenden Augen gehe ich weiter, meinem Ziel Wolfach entgegen.

Ich leide

Das geschlossene Bahnhofshotel zeugt von glanzvollen, vergangenen Zeiten. Der Flößerweg erinnert an die Flößer, die „Urmenschen an Kraft“, wie Hansjakob sie nannte. Dreieinhalb bis viereinhalb Gulden und ein Suppengeld gab es für die gefährliche Fahrt bis Willstätt. Und den Fußmarsch nach Hause gratis obendrauf. Nur wenn in Schiltach schon das nächste Holz sehnsüchtig auf den Abtransport wartete, gab es einen Rücktransport. Ich marschiere in die andere Richtung. Die Sonne steht kräftig über mir, ich folge der langen geraden Teerstraße aus dem Ort hinaus. Und treffe wieder auf Hansgrohe, noch ein riesiges Werk.

Nach einem Bahnübergang geht es an einen kleinen Anstieg. Auf Teer, in der prallen Sonne. Dreißig Grad schätze ich. Unter mir baut sich in der Talsohle das nächste große Unternehmen auf. VEGA. Auch ein Marktführer. Prozessmesstechnik. Der Herr Grieshaber ebenso mit dem Schwarzwald und den Menschen hier verbunden, wie der Herr Grohe. Schiltach hat mehr Arbeitsplätze als Einwohner im arbeitsfähigen Alter. Luxusproblem. Und vermutlich mehr Gewerbesteuer als Ausgaben, nicht umsonst ist das Städle so herausgeputzt, die Museen mit freiem Eintritt. Mit der Tuchfabrik Karlin begann die Industrialisierung in Schiltach. Und der Ärger mit den Flößern. Ende des Wassermonopols. Dort, wo heute die VEGA steht. Vor der VEGA übernahmen die Herren Baumgartner und Brand aus Schiltach das Gebäude. Kurz BBS. Das sind die, die den Reifen von Schumis Formel Eins Boliden sicheren Halt gaben und ihn zur Weltmeisterschaft begleiteten. Legendär das Kreuzspeichendesign am RS Rad. Als es BBS an das andere Ende von Schiltach zog, übernahm Herr Grieshaber das Gebäude. Allen Unternehmen gemeinsam ist die saubere Produktion, Schiltach ist Luftkurort. Meine Lungen danken es.

Frische Luft habe ich auf meinem Weg jedenfalls genug. Und Sonne. Unbarmherzig strahlt sie auf mich herunter. Ich leide. Wo ist der Regen von gestern, wo der Schatten? Schildchen mit Sprüchen an den Obstbäumen sorgen für Unterhaltung. „Das Reh springt hoch, das Reh springt weit. Warum auch nicht, es hat ja Zeit." Heinz Erhardt. Auch ich habe Zeit, mein Smartphone ist ausgeschaltet.

Ein Bienenhotel, fleißig mit Naturmaterialien geheimwerkt, ein steinernes Jesuskreuz, Holzstaigen. Wärme für den Winter. Und dann geht es endlich in den Wald. Laubwald. Endlich Schatten. Der Pfad ist fast zugewachsen. Im Schwarzwald ist pilgern eine einsamere Sache als in Spanien. Gott sei Dank. Ein Bildstock. Der Glaube der Bauersleute begleitet mich. Und ihr Leiden. Magdalena Haaser fand hier den Tod. Warum kann ich nicht mehr erkennen. Zu lange schon steht der Bildstock. Eine verwunschen zugewachsene Steinmauer schützt auf dem schmalen Weg vor dem Absturz, hinunter auf die Gleise der Kinzigtalbahn. Dann bin ich auch schon wieder auf einer grünen Wiese. In der prallen Sonne. Ich leide.

Staatsvertrag

Rechts führt eine Straße hoch nach St. Roman. Dorthin, wo ich auf meiner ersten Pilgerreise die Idylle fand. Auf der Infotafel des Flößerweges erfahre ich, dass schon in Sebastian Münsters Cosmographia Universales von 1544 von den Kinzigtäler Flößern zu lesen ist und dass sie „durch das Wasser Kinzig gen Straßburg flötzen und groß Geld jährlich erobern". Ich bin nicht auf der Kinzig, ich bin auf einer Teerstraße in der Sonne, ich leide. Direkt neben mir die Gleise. Ohne Zaun. Jetzt bloß nicht depressiv werden, wie der Hans in Schenkenzell. Walnussbäume. Ein Blick über die Kinzig. Hinüber auf die andere Seite des Taleinschnittes. Schwarzwaldromantik. Dann ein Tunnel direkt neben mir. Schon irgendwie imposant, so eine Tunneleinfahrt. Dem Granit eine Durchfahrt abgekämpft, das Portal säuberlich mit geschlagenen Steinen befestigt. Fast vierhundert Arbeiter waren am Bau der Bahnlinie beschäftigt. Ein grenzüberschreitendes Bahnprojekt. Ein Staatsvertrag zwischen Württemberg und Baden sicherte Umsetzung und Finanzierung. Streit um Bahnhofsstandorte und Tunnelkosten in Schiltach. 1886 dann Licht am Ende des Tunnels. Württemberg und Baden sind verbunden. Freudenstadt mit Hausach. Dreizehn Jahre, nachdem von Hausach aus schon ein Dampfzug auf der badischen Schwarzwaldbahn nach Villingen schnaufen konnte. Acht Jahre später legt das letzte Floß in Schiltach ab. Ende einer rund fünfhundertjährigen Ära. Dafür brachte die Eisenbahn Touristen. „Luftschnapper" hieß das früher.

Gastarbeiter

Ein uriges Schwarzwaldhaus, zufriedene Luftschnapper sitzen glücklich im Schatten auf der Bank vor dem Haus. Daneben der alte Speicher, die großen Holztore in den Steinmauern ausgebleicht. Es folgt ein Wiesenweg in der Sonne. Kühe grasen auf der Anhöhe, Offenhaltung der Natur.

Im nächsten Waldstück treffe ich auf eine alte Bäuerin und ihren Mann bei der Waldarbeit. Gezeichnet von der Arbeit. Krumm der Rücken. Arbeiten bis zum Umfallen. Ohne Jammern. Schwarzwälder. Der Weg führt direkt an einem Hof vorbei, ich vermute deren Hof. Hühner laufen ohne Zaun spazieren. Freilandhaltung. Ohne Wenn und Aber. Frisch gewaschene Wäsche hängt an einer

Leine, die zwischen zwei Obstbäume gespannt ist. Nicht die aktuellste Haute Couture, aber sie passt. Vermutlich. Und wärmt und schützt. Schief steht die Holzleiter am Kirschenbaum, gerichtet für die Ernte. Ich hoffe, dass der alte Bauer einen Sohn hat.

Neben mir plätschert die Kinzig. So ganz arbeitslos wurden die Flößer nach dem Ende der Flößerei auf der Kinzig nicht. Sie mussten nur flexibel sein. In Rumänien, in Siebenbürgen, war Fachkräftemangel, Gastarbeiter willkommen. Heute ist das andersrum. Mit den Gastarbeitern und dem Fachkräftemangel.

Römisch Wasser

Teerstraße, Sonne. Und eine erste Erlösung. Ich treffe auf Fahnen. Eine der Wolfacher. Und eine der Alpirsbacher Bierbrauer. Mein Herz schlägt höher, meine Kehle zuckt. Auf einem Schild steht „Trend Camping. Camping Restaurant". Wenig später sitze ich auf der Terrasse des Restaurants im Schatten. Pilger können hier auch übernachten, „aber bitte vorher anrufen".

Der Weg führt über die Straße nach Halbmeil. Ein Gastwirt hat ein Floß bauen lassen, als Lounge, wie das auf Neudeutsch heißt. Es liegt fest verzurrt am Ufer beim „Löwen". Hätte ich nicht gerade eben erst Pause gemacht, so wäre das eine willkommene Einladung. Klar, auf Teer und in der Sonne, führt der Weg weiter durchs Dorf. Grazile Schmiedekunst am Wirtshausschild des „Engel". Schindeln bedecken die Fassade. Der Hornberger Landsknecht lacht mich von den Laternen an. Apropos Landsknecht. Als der Herr Ketterer, das ist der, der das Bier mit dem Landsknecht braut, im Wald nach einer neuen Wasserquelle für sein Bier suchte: die Sensation! Mit Schaufel und Spaten gruben die Schwarzwälder an einem Rinnsal ein Loch, auf der Suche nach dem Ursprung. Aus dem Loch wurde eine Grube und aus der Schaufel ein Bagger. Tief und mitten im Wald. Droben auf dem Windkapf. Nichts. Aber der Herr Ketterer gab nicht auf, grub weiter und weiter. Schwarzwälder Durchhaltevermögen. Und fand etwas. Den Eingang zu einem Stollen, fein säuberlich von Hand zugemauert. Er ließ in öffnen und traute seinen Augen nicht. Tief und weit ging der Stollen in den Berg. Von Hand hineingeschlagen. Gefüllt mit Wasser. Urreinem Wasser. Mit „Lebensquell" wie nun auf den Mineralwasser-Etiketten steht, ein Bild des Stollens mittig platziert. Die Römer sollen es gewesen sein, Wasserversorgung für Rottweil, der ältesten Stadt in Baden-Württemberg.

Kinzigtal

Die Talvariante verläuft nun auf dem Kinzigtäler Radweg. Im Schatten. Neben der Kinzig. Und durch Kinzigtal. Einem kleinen Ort, der den Namen des Tales trägt. 1246 fand die Ansammlung von Höfen erstmals Erwähnung als Kinzichental. Ein kleines Städtchen, als Stab für die Fürstenberger für Halbmeil zuständig. Fürstenberger heißt darum auch die Tracht. Statt des protestantischen roten Bollenhutes trägt die ledige Frau einen „Schäppel". Ein kronenartiger Kopfschmuck mit vielen kleinen Glasperlen und Spiegelchen sowie Tüll und Draht. Besonders schön ist die blumenbestickte schwarze Seidenschürze sowie das blumenbestickte schwarze Fransentuch mit geknüpften weißen Bändeln um den Hals der Frauen. Durch das Gebüsch wird der Blick frei über die Kinzig und die Straße, hinüber zu einem alten Hof, tief heruntergezogen das Schwarzwälder Walmdach. Ein Strohdach. Mannhaft steht es an der Straße, wehrt sich dagegen, dass die Autos durch die gute Stube fahren wollen.

Ist die Frau dann verheiratet, kommt nur noch eine dunkle, schwarze Spitzenkappe, bestickt mit silbernen Fäden, auf den Kopf. Der Balzschmuck wandert in den Schrank. Nicht nur in Kinzigtal, sondern auch in allen Orten, in welchen die Fürstenberger regierten. Zum Beispiel in Wittichen bei der Creszentia Mäntele. Heimat im Herz und auf der Haut, auch lange nach der Regentschaft der Fürstenberger.

Der Weg führt weiter an der Kinzig entlang. Das Tal öffnet sich zusehends, wird breiter, Wiesen säumen das Wasser ein. Viele unterschiedliche Herrschaftsgebiete mussten die Flößer auf ihrem Weg von Schiltach bis Willstätt durchfahren. An jeder Grenze Zölle und Gebühren. Immerhin hat man es zu einheitlichen Geldern geschafft, vor Ippichen soll ein Zollhaus gestanden haben. An der schicken Brücke, das ist die, wo das Auge mitisst, treffe ich wieder auf den mir bekannten Kinzigtäler Jakobusweg, der über Wittichen und St. Roman hier her führt. Dort kam ich bei meiner ersten Reise den Berg hinunter.

Kurz vor Wolfach, bei den ersten Industriebauten, biegt der Weg für die Pilger bekanntlich links ab, hoch zur Jakobuskapelle. Ich gehe weiter geradeaus nach Wolfach, bei der Kapelle war ich ja schon.

Die Fürstenberger

Ich stehe wieder in Wolfach vor dem Schloss der Fürstenberger. Das größte im Schwarzwald. Mächtig ist es, aber schlicht. Knorbelstil nennt man das. So ganz anders, wie man sich Schlösser vorstellt. Fast hundert Meter lang ist die Südfront, wie eine Stadtmauer riegelt es Wolfach ab. Ein Tor erlaubt die Durchfahrt. Die Straße führt sozusagen durch das Schloss. Vier Flügel hat der Bau, trapezförmig ist der Grundriss. Das Vorgängerschloss war durch Truppenunterkünfte unbewohnbar geworden, so ließ Maximilian Franz von Fürstenberg das Schloss 1671 sanieren und ausbauen. Der Hungerturm ist erhalten geblieben. Maximilian hoffte, die Reichsfürstenwürde zu erhalten, das Schloss zu einem Residenzschloss auszubauen. Beide Pläne scheiterten. Das Schloss wurde zum Verwaltungsgebäude. Das ist bis heute so. Erst die Nachkommen erlangten die hohe Würde, das Interesse an einem Residenzschloss war jedoch erloschen. Heute gehört es der Stadt. Öffentlich zugänglich ist das Museum. Stadtgeschichte und Flößertraditionen sind da zu sehen. Prachtvoll erhalten ist die Schlosskapelle im Schlosshof.

Die Fürstenberger haben im Kinzigtal ihre zahlreichen Spuren hinterlassen, haben Geschichte geschrieben. Aber sie sind nicht Geschichte, es gibt sie noch. Zwar nicht mehr im Kinzigtal, aber in Donaueschingen. Viel Wald besitzen Sie auch heute noch. Nur kein eigenes Bier mehr.

Mitläufer

Der „Herr Christo" hat seine Arbeit beendet, das Gerüst vor dem Wolfacher Rathaus ist entfernt. Höher ist es, als die anderen Häuser in der Reihe, dokumentiert seinen Status als erstes Haus am Platz. Neorenaissance-Stil. 1894. Massiv die Sandsteinquader und die Säulen im unteren Teil. Kunstvoll auch die Steinmetzarbeiten am Balkon und den Köpfen in den Fensterstürzen. Auf dem Giebel ein Glockentürmchen. Im Giebel die Rathausuhr. Die Steinmetzornamentik auf der Zinnengiebelfassade erinnert an das Fürstenberger Schloss am Ortseingang. Obergeschoss und Giebel besitzen kunstvolle Fresken von Eduard Trautwein. Nicht dem Gerber. Von dem Maler. Sehr heroisch. Saat und Ernte, Bäuerin und Bauer zieren die Uhr. Und Tannenbäume. Darunter sehe ich Trachten, Waldarbeiter und den Schmid. Auch sehr heroisch. Aus der Zeit, als Heimat noch anders definiert wurde als heute. „Mitläufer", so die spätere offizielle Beschreibung des Malers. Hakenkreuze und ein NS-Mann im Giebelfresko wurden später entfernt. Wie am Rathausfresko in Schiltach auch. Entfernt wurde von Trautwein bereits die aufwändige ursprüngliche Fassadenmalerei aus der Neorenaissance.

Schlaganfall

„Ich hoffe es für ihn". Für Björn, den sympathischen Juniorchef aus der Wolfacher „Krone". „Den Schlaganfall überlebt und wieder auf dem Wege der Besserung" ist mir im Gedächtnis geblieben, als ich mich letzten Sommer auf meiner ersten Pilgerreise von ihm verabschiedet habe. Und ich habe für ihn gehofft, dass dies auch stimmt. Dass er die gelbe Karte des Lebens gesehen und verstanden hat.

Umso mehr freut es mich deshalb nun, ihn im Garten seiner „Krone" sitzen zu sehen, ein Strahlen im Gesicht, als er mich erkennt. Seine Tochter gibt ihm Küsschen, verabschiedet sich in den Musikunterricht bei der Stadtkapelle. Anzumerken ist ihm nichts, er wirkt sehr entspannt. „Geht scho. Ä medizinisches Wunder kann i net erwarte". Will sagen, weiter auf dem Wege der Besserung, aber mit der einen oder anderen Einschränkung. Hoffnung glänzt in seinen Augen.

Als der Reisebus von der Schwarzwaldfahrt zurückkommt und die Gäste in das Hotel strömen, springt er auf, „die Pflicht ruft". Wie gesagt, ich hoffe es für ihn.

Piff Paff

Nicht einen Schlaganfall, sondern ein Attentat hat der Mann überlebt, mit welchem ich mich nach meiner Pilgerreise und zum Abschluss meines Buches in Offenburg treffe. Wie ich, ist auch er in Hornberg aufgewachsen, dann Gengenbach, jetzt Offenburg. Ein echter Kinzigtäler. Sein badischer Akzent flimmert regelmäßig weltweit über die Bildschirme. Man sieht ihn ab und zu, wenn er unterwegs ist, auf der Straße neben dem Jakobusweg. Aber er läuft nicht, er sitzt im Rollstuhl. Leibwächter begleiten ihn. Er ist Bundesfinanzminister. Kein anderer Abgeordneter gehört so lange dem Bundestag an, wie er. Über vierzig Jahre schon. Fast vierundzwanzig Jahre davon im Rollstuhl. 12. Oktober 1990. Drei Schüsse feuert ein Attentäter ab. Zwei treffen ihn, einen Schuss seinen Leibwächter Michalsky.

Nun sitze ich ihm gegenüber, zu Hause auf seiner Terrasse in Offenburg. Daheim bei den Schäubles. Nicht über die große Politik will ich mit ihm reden. Mich interessiert seine Kindheit und Jugend im Kinzigtal, was ihm die Region bedeutet. Und ich will mit ihm über sein Schicksal und das Nichtaufgeben reden. Medialer Hoffnungsträger für viele Menschen, die im Rollstuhl sitzen. Weltweit. Ich bin nervös. Wird schon.

Hornberger unter sich. Ich war ein Hornberger Lausbub, ich will wissen, ob auch er einer war. „Klar, wir haben ständig irgendwelche Sachen gemacht. Am meisten haben wir aber gekickt, nach der Schule, draußen auf der Straße“. Den Ball in Nachbar Weingärtners Garten, versteht sich. Der fand das gar nicht lustig. Einmal rief Lausbub Schäuble und seine Freunde die Hornberger Feuerwehr auf den Plan. Aus Decken ein Zelt gebaut, gezeltet „am Hang beim Tunnel“. „Feuerle gmacht zum Abkoche“. Ein Windstoß, der Hang stand in Flammen. „Wir konnten es nicht mehr löschen, also sind wir abgehauen", ein schelmisches Lächeln verlässt Wolfgang Schäubles Gesicht. Verhör durch den katholischen Vater. „Oh je!" denke ich, wenn das jetzt die Boulevard-Presse liest, steht morgen bestimmt in der Zeitung: „Schäuble hinterließ verbrannte Erde". Armer Herr Schäuble.

So wie mein Vater kam auch Wolfgang Schäubles Vater von Schramberg nach Hornberg, war kaufmännischer Leiter in der Buntweberei Schoffer, die über viele Jahre Hornbergs Aufschwung mitbestimmte. Heute ist sie Geschichte. So wie DUAL mit den berühmten Plattenspielern, die gleich nebenan produzierte.

„Wir waren in der gleichen Grundschule in Hornberg, im selben Gymnasium in Hausach und haben beide in Freiburg studiert. Warum bin ich eigentlich nicht auch Minister?", will ich von Herrn Schäuble mit einem Grinsen wissen. Herr Schäuble lacht, „kann ja noch werden". Die ersten Jahre verbrachte er allerdings im Gymnasium in Triberg, weil der große Bruder dort war. Mit dem Schulbus ging es talaufwärts, im Winter die Hoffnung, dass die Straße nicht befahrbar ist. Klassenkameradinnen die Zwillinge Wädle. Dunkles Hornberger Geschichtskapitel. Karin Wädle wurde Opfer des Serienmörders Heinrich Pommerenke. In Hornberg. Ende der heilen Welt.

Wolfgang Schäuble organisiert auch heute noch alle fünf Jahre ein Klassentreffen. „Einer muss es ja machen. Ich war nun mal der Klassensprecher."

Stefan Strumbel hat Recht. Auf „Heimat" angesprochen, nennen die Befragten ihren Geburtsort. So auch Wolfgang Schäuble. „Hornberg. Ich wurde zwar in Freiburg entbunden, aber aufgewachsen bin ich in Hornberg. Meine Kinder sind in Gengenbach geboren, für die ist Gengenbach Heimat." Seine Augen leuchten. Er erzählt wieder vom Kicken. Hornberg hat damals noch viel höher gespielt. Tausend Zuschauer keine Seltenheit. Lokal-

Star und Trainer war der Hugo Ohlsen. Als Maler hat es ihn von Itzehoe nach Hornberg verschlagen. Er wusste die Buben zu motivieren. „Der Fritz Walter von Hornberg". Und er hat Eindruck hinterlassen. Als Wolfgang Schäuble vor einiger Zeit in Itzehoe auf Wahlkampf war, fragt er nach ihm, findet ihn. Verabredet sich für den Gegenbesuch Ohlsens im Hornberger „Adler". „Aber i hab dann beim beschde Wille kei Zeit ghabt". Die Weltpolitik. Auch heute schaut der Minister noch im Offenburger Tageblatt, wie die Hornberger gespielt haben.

Als sich Wolfgang Schäuble „Das Wunder von Bern", in welchem auch original Filmszenen eingeblendet waren, angeschaut hat, dachte er: „mein Gott, wie armselig die Zeit war. In den Erinnerungen war das aber gar nicht so, man war glücklich." Subjektives Empfinden. Endspiel Fußball WM. Nicht 1954, sondern 1974. Wolfgang Schäuble sitzt als junger Sportbeauftragter des Bundestages im Stadion neben Fritz Walter. Dem richtigen. Glücksmoment.

1974 in Hornberg. Mein Vater schaut mit seinen Buben das Endspiel im Wirtshaus „Mohren". Zu Hause gab es noch kein Farbfernsehen. Public Viewing at it´s best.

Aber auch die evangelische Kirche in Hornberg war Heimat. In der Kleinstadt war nicht viel los. Hat mir auch mein Onkel Siegfried mal erzählt, er saß damals mit Wolfgang Schäuble in der Konfirmandenrunde. „Sonntags in die Kirche, danach kicken und anschließend bisch heim". Oder in den Wald. Mit dem Vater viel mit dem Schwarzwaldverein unterwegs gewesen. „Das Wandern vermisse ich heute schon mit am meisten", sagt Wolfgang Schäuble und meint den Rollstuhl. Ganz sachlich sagt er das.

Ob er nach dem Attentat den Glauben an die Kirche verloren habe, frage ich. „Nein, ich hatte keinen Zweifel an Gott. Im Gegenteil. Wenn es dir dreckig geht, hast du eher das Gefühl.

Man hadert. Aber bei existenziellen Dingen kommen Sie eher darauf zurück. Weil man sich vorher auch nicht damit beschäftigt". Hass auf den Attentäter hat Wolfgang Schäuble nicht, sieht es als Unfall. „Der Mann war krank". Aber er hat auch kein Mitleid. Das hat er nur mit den Eltern des Attentäters. „Für die war es ganz schwer". Kein Hass hatte auch Nelson Mandela, Schäuble bewundert ihn, traf ihn einst in Südafrika. „Dreißig Jahre in Haft und kein Rachegefühl. Eine der größten menschlichen Persönlichkeiten". So wie auch Gorbatschow, „der war fest entschlossen keinen Krieg zu riskieren, bei anderen war man sich da nicht so sicher".

„Kann ein Minister einfach sagen, am Wochenende geht's ins Gasthaus?" „Die Leute erkennen mich natürlich, schon wegen des Rollstuhles. Sie wissen aber, dass ich nix besonderes bin, sie haben ein Gefühl dafür, wissen, ich bin auch nur ein Mensch, lassen mich in Ruhe. Wenn dich keiner kennt, isch ja au net gut".

Ich will noch wissen, ob er als Finanzminister oft auf das Hornberger Schießen angesprochen wird, dessen Moral ja bekanntlich ist, „wer ewig lebt in Saus und Braus, dem geht zu früh das Pulver aus". Der Finanzminister nimmt´s mit Humor. „Eigentlich nicht. Wir sind ja auch ironisch. Ich sage dann immer, das Hornberger Schießen war die erste Abrüstungsoffensive der Welt."

„Würden heute auch alle nur „Piff-Paff" schreien statt zu schießen, dann wäre die Welt besser."

Wanderführer-Tipp

Als informativer Reiseführer mit Streckenverläufen und Höhenangaben diente mir auf meinem Weg:

„Der Kinzigtäler Jakobusweg“
Autor: Kurt Klein
TBB Verlag

Der mit farbigen Fotos und Karten reich bebilderte Wanderführer begleitet den Jakobuspilger von Loßburg nach Schutterwald. Neben einer detaillierten Wegbeschreibung liefert Kurt Klein auch viele heimatkundliche Informationen.

Besonderen Dank

an die Menschen, die sich die Zeit für ein persönliches Gespräch genommen haben:

Werner Joppek (Loßburg), Dr. Stefan Zizelmann, Carl Glauner, die nette (unbekannte) Klosterführerin (alle Alpirsbach), Franz Kook (Schenkenzell bzw. Hornberg), Martin Schmid, Willy Schoch (beide Schenkenzell), Roman Gebele, Manfred Haas (beide St. Roman), Gerhard Maier, Holger Müller, Margarete Dieterle (alle Wolfach), Helmut Meyerhöfer (Hausach), Alois Krafczyk, Martin Schwendemann, Binnur Aksu, Hans-Peter Matt (alle Haslach), Heinz Scherzinger, Gottfried Zurbrügg (beide Zell am Harmersbach), Heinrich Riehle, Gaby Spitzmüller (beide Nordrach), Michel Bahr, Konrad Schilli, Barbara und Reinhard End, Jochen Basler, Schwester Roswitha, Lothar Kimmig (alle Gengenbach), Martin Wagner, Gabi und Horst Schimpf-Schöppner, Kurt Erhart, Jess Haberer, Stefan Strumbel, Dr. Hubert Burda, Dr. Wolfgang Schäuble (alle Offenburg), Martin Heuberger, Kurt Schley (Schutterwald), Franz Grathwohl (Niederschopfheim, für die Kinzigtäler Jakobusfreunde), Renate Hauer (Goldscheuer), Carola Vogt, Klaus Gras (beide Kehl sowie Straßburg). Talvariante: Klaus und Richard Grohe, Gebrüder Karl und Hans Trautwein, Klaus Grimm, Franz Harter, Georg Gebele, Andres Morgenstern (alle Schiltach).

Vielen Dank an Gudrun Schillack und Monika Haberer (beide Offenburg) „fürs Drüberlesen". Und Gerd Dörfelt für die Tipps!

Quellen- und Literaturnachweis:

Loßburg
Werner Joppek, Ortshistoriker
Infotafeln „Kinzigtäler Flößerweg“

Alpirsbach
Dr. Stefan Zizelmann, Archivar Alpirsbach
Die nette (unbekannte) Klosterführerin
Carl Glauner, Inhaber Alpirsbacher Klosterbräu
Hartmut John, Alpirsbacher Brauwelt
Helmut Held, Tourist-Information

Schenkenzell
Martin Schmid, Tourist-Information
Franz Kook, Vorstand i.R., Duravit AG
Willy Schoch, Amtsleiter i.R., Ortshistoriker
„Die Schenkenburg“, Hermann Fautz (1954)
„Klostermuseum Wittichen“, Ernst Stoll

St. Roman
Roman Gebele, Waldbesitzer
Manfred Haas, Hotel Adler St. Roman

Wolfach
Gerhard Maier, Tourist-Information
Margarete Dieterle, Flößermuseum Wolfach
Holger Müller, Glasbläser Dorotheenhütte Wolfach
Ralf Müller, Dorotheenhütte Wolfach
Björn Tibaldi, Hotel Krone Wolfach
„10 Jahre Wolfacher Kinzig-Flößer“, Eugen Dieterle, Wolfacher Kinzigflößer
„Deutsche Flößereivereinigung 22. Flößertag“
„Kinzigtal-Magazin 2014“, Gudrun Schillack

Hausach
Helmut Meyerhöfer, Ortshistoriker
„Flößerei- und Verkehrsmuseum Gengenbach“, Konrad Schilli, Reiff Verlag
„Die Schwarzwaldbahn“, Dr. Martin Ruch, Schwarzwald Verlag
„Das Kirchspiel Hausach“, Kurt Klein

Mühlenbach
Alois Krafczyk, Heimathistoriker
„Sehenswürdigkeitenführer Kinzigtal"
„Fest und Alltag", Hansjakob-Verlag Haslach

Haslach
Martin Schwendemann, Stadt Haslach
Alois Krafczyk, Heimathistoriker
Binnur Aksu, Moschee Haslach, Türkischer Kulturverein
Hans-Peter Matt, Firma mahp - Beratung für barrierefreies Bauen etc.
Kirchenführer „Haslach im Kinzigtal", Hermann Brommer,
Verlag Schnell&Steiner München

Steinach
„Sehenswürdigkeitenführer Kinzigtal"

Zell am Harmersbach
Heinz Scherzinger, Ortshistoriker
Gottfried Zurbrügg, Schriftsteller
„Stadtführer Zell am Harmersbach", Tourist-Information Zell a. H.
Zeller Keramik

Nordrach
Gaby Spitzmüller, Puppen- und Spielzeugmuseum Nordrach
Heinrich Riehle, Ortshistoriker

Gengenbach
Barbara und Reinhard End, Museum Haus Löwenberg
Schwester Roswitha, Franziskanerkloster Gengenbach
Konrad Schilli, Flößermuseum Gengenbach
Michel Bahr, Gengenbacher Urgestein
Jochen Basler, Gengenbacher Winzer eG
Lothar Kimmig, Kultur- und Tourismus GmbH
„Kirchen und Berglekapelle", Hermann Brommer, Kunstverlag Josef Fink
„Hexen in der Ortenau", Franz Volk, Verlag Gustav Roth
„1125 Jahre Wein in Gengenbach", Dr. Martin Ruch, Gengenbacher Winzer eG
„Die Kinzig und die Flösserei", Bruno Lehmann, Flößerei- und Verkehrsmuseum
„Mein Stadtbuch Gengenbach", Barbara End, Förderverein Haus Löwenberg e.V.
„Sehenswürdigkeitenführer Kinzigtal"
„Wellenreiter", Gottfried Zurbrügg, Lindemanns Bibliothek

Berghaupten und Ohlsbach
„Sehenswürdigkeitenführer Kinzigtal"

Ortenberg
„Zusammengefasste Historie der alten Reichsburg und Schloß Ortenberg",
Friedrich Stigler

Offenburg
Martin Wagner, ehemaliger Fussball-Nationalspieler und WM-Teilnehmer
Gabi und Horst Schimpf-Schöppner, Hotel Sonne
Jess Haberer, Offenburger Urgestein
Stefan Strumbel, Heimatkünstler
Kurt Erhart, Pfarrer im Ruhestand
Dr. Hubert Burda, Kunsthistoriker und Verleger
Dr. Wolfgang Schäuble, Bundesfinanzminister
„Geschichte der Stadt Offenburg – Rundgang zu den Baudenkmälern",
Stadt Offenburg
„Offenburg – Kleine Geschichte der Stadt", Wolfgang M. Gall, G.Braun Verlag
Kirchenführer Dreifaltigkeitskirche Offenburg, Kunstverlag Josef Fink
„Geschichte des Hotels „Sonne" in Offenburg", Dr. Martin Ruch

Schutterwald
Martin Heuberger, ehemaliger Handball Bundestrainer
Franz Grathwohl, Kinzigtäler Jakobusfreunde
Kurt Schley, Storchenexperte

Goldscheuer
Renate Hauer, Kirchenführerin
Kirchenführer Maria-Hilfe der Christen, Pfarrer Thomas Braunstein,
Kath. Kirchengemeinde St. Arbogast
Stefan Strumbel, Heimatkünstler

Rhein
„Leben mit dem wilden Rhein", Landratsamt Ortenaukreis, Forst BW

Kehl am Rhein
Carola Vogt, Tourist-Guide, Durbach
Klaus Gras, Buchautor, Historiker und Gästeführer, Kehl
„Kehl am Rhein", Klaus Gras und Udo Jockers, Morstadt Verlag
„Die Lange Bruck", Angelika Sadlau, Helmut Schneider, Carl Helmut Steckner,
Stadt Kehl Kultur- und Verkehrsamt

„Im Zeichen der Vereinigung – Kehl im deutschen Kaiserreich“, Stadt Kehl
„St. Johannes Nepomuk Kehl“ Kirchenführer, Gerhard Bernauer,
EK Service Porth
Infobroschüre „Biblischer Garten“

Straßburg
Carola Vogt, Tourist-Guide, Durbach
Klaus Gras, Buchautor, Historiker und Gästeführer, Kehl
„Lady Liberty“, Arte
„Das Straßburger Münster“, Roger Lehni, La Goélette Verlag
„Strasbourg Guide Découverte“, Gilbert Poinsot, Christophe Hamm, ID LÈdition
“Das Straßburger Münster”, Jean-Francois Kovar, Èditions du Signe

Talvariante

Schenkenzell
Willy Schoch, Amtsleiter i.R., Ortshistoriker
„Die Schenkenburg“, Hermann Fautz

Schiltach
Christian Jäckels, Tourist-Information
Klaus und Richard Grohe, Hansgrohe
Karl und Hans Trautwein, Gerberei Trautwein
Klaus Grimm, Geograph und Naturführer, Naturpädagoge
Andreas Morgenstern, Franz Harter, Georg Gebele, Schüttesägemuseum
„Spaziergang durch die historische Altstadt“, Tourist-Information Schiltach
„Der Teufel von Schiltach“, Hans Harter

Sowie diverse Infotafeln am Wegesrand (Kinzigtäler Flößerweg, Hansjakobweg, u.a.)

Internetseiten der jeweiligen Städte, Gemeinden und Einrichtungen,
Stand 2013/2014

Und, man möge es mir verzeihen: auch mal Google und Wikipedia

Zum Autor Elmar Langenbacher

Jahrgang 1967. Geboren und aufgewachsen in Hornberg im Herzen des Schwarzwaldes. Behütete Kindheit im Schatten des großen Kastanienbaumes auf dem Minigolfplatz der Eltern. Mit den „Naturfreunden“ unterwegs im Schwarzwald.

Wilhelm-Hausenstein-Schule Hornberg, Robert-Gerwig-Gymnasium Hausach. Abitur am Oken-Gymnasium Offenburg.

Der frühe Tod der Mutter, mit 14 Jahren umgesiedelt von Hornberg nach Offenburg. Die Jugend bei den DPSG-Pfadfindern, die Natur erlebt.

Mit 16 Jahren gründet Elmar Langenbacher als Musiker seine erste Firma, Auftritte im gesamten Schwarzwald.

1989 Praktikum im Burda-Verlag Offenburg, anschließend Studium in Freiburg zum Grafik- und Kommunikationsdesigner.

1993 Gründung einer Werbeagentur, in der Region und in der Welt Zuhause. Seit 2005 Schwerpunkt Tourismus.

2007 Tod des Vaters.

2013 Unterwegs auf dem Jakobusweg. Im Schwarzwald. Was als Reisereportage für den Tourismus beginnt, wird zur Reise des Lebens. Sein Leben ändert sich.

2014 Debüt als Autor und Verleger